UN APOTRE

VIE DU PÈRE ÉMILE SALADIN

OUVRAGES DE M. LE CHANOINE E. GUERS

1º **Les Prisonniers Français en Allemagne.** — Lyon. chez Josserand. — Epuisé.

2º **Les Droits de la Papauté.** — Lyon, chez Josserand. — Epuisé.

3º **Origines de saint Martin en Hongrie.** — Recueil des articles parus dans la *Revue des Sciences Ecclesiastiques*.

4º **La Terre Sainte.** — Préface des discours du Marquis de Schedoni des princes Chigi.

5º **Principes de Philosophie Scolastique.** — Chez Tolra, 112, rue de Rennes, Paris. — Ouvrage approuvé par Leurs Eminences les Cardinaux Zigliara, Donnet, de Bonnechose, Mermillod et autres Archevêques et Evêques.

6º **Les Soldats Français.** — Chez Bloud et Barral, 4, rue Madame, Paris : 7º édition. Approuvé par le Ministère de la Guerre pour les bibliothèques de garnisons, et honoré de plusieurs traductions en langues étrangères.

« C'est un livre *tout saignant* de nos malheurs, fait pour relever nos âmes et nous exciter au devoir jusqu'à tout lui sacrifier. »

✝ Ernest Cardinal Bourret, Evêque de Rodez.

« C'est un beau, édifiant et utile ouvrage. Puisse-t-il pénétrer dans l'armée ! il y ravivera l'esprit de religion et de patriotisme. »

✝ Ch. Cardinal Lavigerie.

« Mon cher aumônier, votre œuvre est une véridique et véritable page de notre histoire de France. »

❋ Général Lewal, ancien ministre de la Guerre.

« On ne saurait rien lire de plus émouvant et de plus patriotique. »

❋ Comte Lavedan, Direct. en chef du *Correspondant*.

7º **Une Grande Œuvre à Paris.** — Librairie de la « France Illustrée », 40, rue La Fontaine. 5º édition.

« C'est l'histoire des Apprentis-Orphelins d'Auteuil. C'est un chapelet d'anecdotes piquantes, incroyables. C'est un défilé de petits martyrs et parfois de petits héros ! Il est impossible de n'en être pas impressionné, ému, conquis ! Je ne connais pas de lecture plus attrayante. Après l'avoir faite je défie à un cœur de ne point se briser, à un œil de ne point pleurer, à une main de point s'ouvrir. »

Aimé Giron.

8º **Manuel des Pasteurs et Prédicateurs, d'après Bourdaloue.** — Chez Bloud et Barral, 4, rue Madame, Paris.

9º **Un Apôtre. Vie du P. Emile Saladin, missionnaire apostolique à Siam.** — Item. chez Bloud et Barral.

10º **Histoire du Général Kanzler, ministre des armes de Pie IX.** — *En préparation.*

PÈRE ÉMILE SALADIN

UN APOTRE

VIE DU PÈRE ÉMILE SALADIN

Prêtre de la Congrégation des Missions Etrangères de Paris

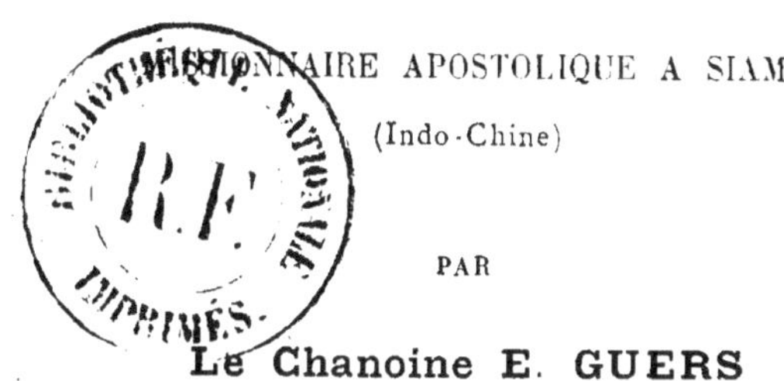

MISSIONNAIRE APOSTOLIQUE A SIAM

(Indo-Chine)

PAR

Le Chanoine E. GUERS

Docteur en Théologie et Droit Ecclésiastique
Aumônier militaire à l'armée du Rhin, au 17ᵉ corps et en Tunisie
Ancien Grand-Vicaire et Archiprêtre de Carthage

———

PARIS

BLOUD ET BARRAL, ÉDITEURS

4, RUE MADAME, ET 59, RUE DE RENNES

INTRODUCTION - DÉDICACE

« Sors de ta patrie ; quitte ceux que tu
aimes ; éloigne-toi de la maison de ton
père ; et viens dans la terre que je te mon-
trerai. »

Genèse, XII, 1.

Christophe Colomb écrivait à la reine Isabelle
de Castille : « Princesse, le monde est trop petit
et trop étroit. Réalisant le beau nom que j'ai reçu
au saint baptême, il me faut l'agrandir, et porter le
Christ dans un continent nouveau ! » Or, ce n'est pas
le globe physique seulement qui est trop petit et
trop étroit. C'est surtout le monde des âmes.

Frère par la même patrie, la même éducation,
la même formation sacerdotale et, surtout par le
cœur, d'un autre héros du Christ, plus modeste,
mais non moins magnanime, dont nous avons, pas
à pas, fidèlement suivi toutes les précieuses traces,
nous venons les enregistrer dans ces pages, pour

la gloire de Dieu, l'honneur de l'Église catholique et l'édification des âmes.

Déjà, sa mort prématurée remonte à vingt ans. Chaque année depuis lors, nous rencontrant avec son frère Ferdinand et sa sœur Augusta, pour revivre ensemble ce passé, à la fois délicieux et poignant, nous relisions dans l'intimité ces captivantes correspondances ; nous évoquions ces souvenirs lointains, mais toujours rayonnants d'un charme sacré ; et, chaque fois, pénétrés d'un parfum vraiment céleste, nous aimions à leur redire, avec notre plus suave poète français :

> « Ces trésors dont le ciel voulut vous embellir,
> Les avez-vous reçus pour les ensevelir (1) ? »

Discrètement, ils nous répondaient : « Nous sommes et trop mêlés, et trop intéressés dans cette vie de notre Émile pour la raconter nous-mêmes. Mais vous, prenez-les donc ces trésors, à nos yeux, d'un plus grand prix que toutes les perles et tous les diamants de la terre, mettez-les au jour, et que, par eux, notre tant aimé et tant pleuré frère reste, dans sa mort, ce qu'il a été dans sa vie, le vaillant apôtre du Christ. »

Cette tâche nous a souri. Elle était facile et douce. Quand on aime un travail, il n'est plus labeur mais

______

(1) Racine. *Britannicus*.

délice. Et d'ailleurs, comme pour Ruth au fertile champ de Booz, il ne consistait pas à glaner çà et là quelques rares épis, mais à ramasser à pleines mains d'opulentes gerbes, à l'heure même de la moisson.

En intitulant cette biographie si pleine des lettres de son intrépide héros, *Un Apôtre, Vie du Père Emile Saladin,* il ne nous paraît pas lui donner un titre présomptueux. A notre humble sentiment, tous les gestes, comme tous les écrits de ses admirables collègues, divins pionniers de l'Évangile, devraient être ainsi soigneusement gardés et consignés, comme des reliques, dans les annales de l'Église. Leur ensemble formerait sa plus radieuse couronne de gloire, la preuve la plus éclatante de sa divinité, et la plus splendide galerie de tableaux et de caractères que l'œil humain puisse contempler.

A cette heure aussi, et plus que jamais, il nous semble opportun de montrer aux croyants qui sommeillent ou se cachent, et aux impies qui se moquent de nos faiblesses et de nos défaites quels sont nos gages certains d'espérance et de victoire.

Depuis vingt siècles, la croix de Jésus, éternelle victime plantée au Calvaire pour le salut du monde l'enseigne, l'attire et le domine. Autour d'elle, il faut, dans tous les temps et sur tous les continents, des apôtres et des martyrs qui répètent les leçons du Christ, perpétuent son sacrifice, propagent sa foi, prêchent sa morale et restent ses fidèles témoins à travers tous les âges.

Voici un de ces hérauts revêtu de cet honneur suprême. Voici un ces champions divinement trempés. Voici un de ces cœurs tout pétri de foi, tout enraciné dans l'amour, tout armé de vaillance, tout brûlant de charité. Voici un de ces athlètes appartenant à la race des braves par qui le salut est donné en Israël. Voici un de ces apôtres martyrs.

Nous allons le voir consommer, sans balancer, l'holocauste complet de lui-même à Dieu et à l'Église, rester impitoyable à toutes les affections comme à tous les intérêts terrestres, entreprendre gaiement des labeurs surhumains, dépenser toute sa vie pour des âmes inconnues et délaissées, tantôt sous la hutte, tantôt dans les cavernes, tantôt au bord des fleuves, tantôt dans les bois, tantôt à travers les vallées, les rizières, les canaux et les montagnes, tantôt blotti parmi les joncs et les roseaux pour échapper aux farouches pirates, tantôt affrontant les boas, les crocodiles et les fauves, pour sauver un seul des plus chétifs enfants de Dieu.

Il nous apparaîtra toujours fidèle à lui-même, à la prière, à l'oraison, aux règles de sa Congrégation, à sa vocation trois fois sainte jusqu'au dernier soupir. Et nous dirons avec certitude qu'une religion capable d'enfanter de tels héroïsmes, seule est celle de Dieu et de son Christ, illuminant, comme le soleil, l'univers entier d'un pôle à l'autre pôle.

En lisant l'admirable journal écrit à sa mère, à sa sœur, à son frère, nous l'entendrons avec ravissement distiller de sa plume alerte, joyeuse, sereine, toutes les clartés du dogme catholique, et faire vibrer tous les tressaillements de la charité chrétienne. Et nous conclûrons, avec une entière évidence, que seule l'Église, mère de tels enfants, a les promesses de la vie éternelle.

En effet, depuis vingt siècles aussi, l'apostolat catholique est le plus visible et le plus continuel miracle, chaque jour renouvelé, que Dieu opère ici-bas. Entre ses mains tremblantes, le missionnaire la prend, cette croix de Jésus-Christ pour la couvrir de ses baisers, la mouiller de ses larmes, l'arroser de ses sueurs et de son sang, et la porter avec amour et fierté jusqu'aux extrémités de la terre. Et il part! Et il abandonne tout, et ce Ciel de la patrie que ses premiers regards ont contemplé et qui reste toujours le plus beau, et ce toit natal qui abrita son berceau, et la maison paternelle remplie de souvenirs sacrés, et ces arbres familiers qui ombragèrent les jeux de son enfance, et l'église où il fut baptisé, et l'autel de sa première communion, et le prêtre et les maîtres vénérés qui dirigèrent ses premiers pas dans la vertu, et le cimetière qui garde la tombe de ses parents sur laquelle il ne viendra plus pleurer et prier, et ses frères et ses sœurs, et son père et sa mère en larmes, dont il reçoit les derniers baisers! Et il disparaît dans l'inconnu! Et portant dans les plis de son unique soutane l'Évangile du Christ, il s'en va chez ces barbares prêts à le massacrer, porter la lumière dans les ténèbres, et prêcher la véritable foi au milieu des erreurs et des crimes du paganisme. Ce n'est plus un homme. C'est un Christ sur terre. Il plantera la croix sur de nouveaux rivages. Cet étendard sacré flottera, d'île en île et de continent en continent, vaillamment porté par un apôtre, pauvre, chétif, désarmé, dépouillé de tout.

Oui, dépouillé de tout! « L'Apostolat catholique, en effet, a dit Louis Veuillot; c'est, sur la terre, l'art divin de mourir à tout et tous les jours. » Le missionnaire meurt d'abord à sa famille selon la chair; il la quitte, il ne lui appartient plus; il ne la reverra plus. Il meurt à ses frères selon l'esprit, parmi lesquels il s'était engagé pour partager leurs travaux. Il quittera aussi cette maison paternelle pour n'y plus rentrer. Il meurt encore à la patrie; il ira sur une terre lointaine où, ni les cieux, ni le sol, ni la langue, ni les usages ne lui rappelleront la terre natale; où l'homme souvent n'a rien de ceux qu'il a connus, sauf les vices les plus grossiers et les plus accablantes misères !

« Et quand ces trois séparations sont accomplies, quand ces trois morts sont consommées, il y en a une autre où il doit arriver et qui ne s'opérera pas d'un coup, mais qui sera de tous les instants jusqu'à la dernière heure de son dernier jour. Il devra mourir à lui-même, non seulement à toutes les délicatesses et à tous les besoins du corps, mais à toutes les nécessités ordinaires de l'esprit et du cœur.

« Parfois, il n'a pas de demeure fixe, pas d'asile passager, pas une pierre où reposer sa tête, pas d'ami, pas de confident, pas de secours spirituel permanent et facile. Il court à travers de vastes espaces. Quelques chrétiens, cachés sur un territoire immense, voilà sa paroisse et son troupeau. Il en fait la visite incessante, à travers des périls incessants. Trois sortes d'ennemis l'entourent sans relâche : le climat, les bêtes féroces et le plus cruel de tous, les hommes. Si Dieu lui impose encore l'épreuve d'une longue vie, il vieillira dans ce dénuement terrible, et chaque jour l'amertume des ans comblera et fera déborder le vase de ses douleurs.

« Il n'aura plus cette vigueur et ces ardeurs premières qui donnent un charme à la fatigue, un attrait au danger, une saveur au pain de l'exil. Il se traînera sur les chemins arrosés des sueurs de sa jeunesse et qui n'ont pas fleuri ! Il portera, dans son âme, ce deuil qui fut le fiel et l'absinthe aux lèvres de l'homme-Dieu, le deuil du père qui a enfanté des fils ingrats ! Contemplant ce peuple toujours infidèle, énumérant les lâchetés, les obstinations, les refus, les perversités renaissantes, hélas ! les apostasies, voyant le sang de Jésus devenu presque infécond par l'effet de la malice humaine, il courbera la tête, et il entendra dans son cœur un écho de l'éternel gémissement des envoyés de Dieu :

« *Curabimus Babylonem et non est sanata!* »

Ainsi s'achèveront ses jours fanés, presque dès l'aurore ! Ainsi il attendra que son pied se heurte à la pierre des chemins où il doit tomber, que sa vie s'accroche à la ronce où elle doit rester suspendue, une masure, une cachette au fond des bois, un fossé sur la route ! ; car, le cimetière même, cet asile dans la tombe consacrée, le missionnaire ne l'a pas toujours. Trouvant à mourir jusque dans la mort, il se dépouille aussi du tombeau ! » Dans ce ravissant tableau, le grand écrivain n'oublie qu'un seul coup de palette ; c'est que le missionnaire portant toujours en lui la joie même du ciel, ne cesse de s'écrier avec saint Paul :

« Superabundo gaudio in omni tribulatione nostra ! »

C'est son refrain habituel, *Vive la joie quand même !*

Tel fut, durant toute sa vie apostolique et jusqu'au dernier soupir, le père Émile Saladin. Sans aucun mérite de notre part, ce modeste livre consacré à un tel champion du Christ ne sera qu'un écho fidèle de ses actes et de ses écrits. Le plus souvent nous aimerons à le laisser parler lui-même, et nous entendrons, avec recueillement, cette voix d'outre-tombe raconter elle-même, sans aucun fard et à cœur tout ouvert, son émouvante autobiographie.

Avec justice nous le dédions au digne père et à la sublime mère de notre apôtre parce que, maintenant devant Dieu tous les deux, ils ont la gloire de l'avoir donné à la vie, à l'Église et à Jésus-Christ.

Avec bonheur nous le dédions à son frère, le nôtre aussi, M. le Chanoine de Bordeaux, Ferdinand Saladin et à sa sœur Mlle Augusta Saladin qui nous ont confié, inspiré, souvent même dicté ce labeur pour celui qu'ensemble nous avons tant chéri !

Avec orgueil nous le dédions à tous nos aimés confrères des séminaires de Rodez, de Paris et d'Issy qui seront heureux et fiers de reconnaître en ces pages notre apôtre, et de retremper leurs âmes au réconfortant contact de la sienne.

Avec gratitude, nous le dédions à ces vénérés

maîtres de Villefranche, de Saint-Pierre, de Notre-Dame-des-Champs, de Saint-Sulpice, des Missions Étrangères qui ont enfanté un tel apôtre de l'Évangile.

Avec émotion, nous le dédions à toutes les sociétés de missionnaires français, magnifique légion des porteurs de la foi, à travers tous les continents, la plus belle, après celle qui suit toujours au ciel le cortège de l'Agneau, et qui, sous les drapeaux de Jésus, de Marie, de François d'Assise, de Dominique, d'Ignace, de Xavier, de François de Sales, du vénérable Liberman, éclairent l'univers chrétien des splendeurs de la foi et le vivifient de tous les héroïsmes de la charité.

Avec les plus ardentes espérances, nous l'offrons à cette chère jeunesse de nos écoles, de nos collèges, de nos séminaires catholiques éprise, à l'heure de Dieu, des saintes ambitions de l'Apostolat. La grâce de cette vocation n'est pas permanente. Elle est passagère. Elle est transitoire. Elle doit être saisie et gardée avec un saint transport, quand le Seigneur la présente et l'accorde.

Avec cette secrète confiance, nous le présentons à tous ces futurs émules de notre héros, marqués déjà au front du sceau des élus, pour devenir chacun un autre *Porte-Christ* au milieu des peuples assis encore à l'ombre de la mort, et, nous voulons leur dire ici : « Vous aussi, vous surtout, lisez cette vie et cette correspondance du Père Saladin. Elle nous confond, nous autres ouvriers défaillants, lâches, amollis ou découragés dans la vigne du Père de famille; mais, comme le pain des forts, elle est faite surtout pour vous qui voulez et devez noblement l'imiter.

Écoutez ces vibrants conseils du Père E. Saladin (1) :

« Heureux, heureux, ceux qui se donnent à Dieu, à l'Église et aux âmes dans les Missions Étrangères! Ils portent au pressoir le pur froment et le raisin vermeil, et non le sarment et la paille qu'on jette au feu! Ah! ne vous laissez pas déconcerter ou décourager par ces erreurs et ces préjugés passés en France à l'état de vérité.

« En mission, il n'y a plus de vie spirituelle. Chacun y est abandonné à lui-même! Le missionnaire y vit seul et sans secours! Son âme délaissée ne peut que très difficilement y opérer son salut! »

« Oh! que de vocations naissantes ces bruits erronés étouffent dans leur germe! Que de braves ouvriers apostoliques ces dictons, légèrement répétés, ont refroidis! Oui, tout cela est faux! Nous avons, chaque année, nos retraites générales ;

____

(1) Lettre, 8 nov. 1875.

chaque quinzaine, notre confession ; chaque jour, notre messe, notre visite au T.-S. Sacrement, nos exercices de piété. Le missionnaire est-il donc seul avec de tels trésors ? Est-il abandonné, toujours abrité sous le même toit que le divin captif de l'Eucharistie ? Ah ! je voudrais, pour nos Missions, me faire dans tous nos collèges ou séminaires de France, l'Apôtre des vocations ! Je voudrais pouvoir m'en aller dans tous les pays catholiques du monde dire à ceux qui veulent se ceindre les reins pour les Missions Étrangères : « Ne craignez rien,... allez,... allez... Dévouez-vous... Pour le prêtre fidèle, la mission est le plus sûr chemin du Ciel ! Partez ! En sauvant les âmes qui se perdent là-bas innombrables, faute d'ouvriers apostoliques, la vôtre est déjà marquée par le doigt de Dieu lui-même, du signe des élus ! Vous êtes déjà au nombre des prédestinés ! Vous êtes déjà au paradis ! »

Sur les glorieux pas de notre Émile, vous aussi, levez-vous donc bientôt ! Dieu le veut ! Plus forts que le lion et plus rapides que l'aigle, volez vers ces lointaines plages, où l'appel du Roi des Apôtres vous convie ! Ne perdez pas, comme nous, votre vie à poursuivre des chimères et des futilités ! Comme notre Émile, dévouez-vous en acte et non en rêve ! Comme notre Émile, franchissez les océans, les fleuves, les pics, les plaines, les vallons et les forêts ; ensanglantez vos pieds encore humides des baisers et des pleurs de vos pères, de vos mères, de vos sœurs, de vos frères, aux rudes sentiers de l'Apostolat ; comme notre Émile, n'ayez de repos que lorsque le ciel soudain s'entr'ouvrira, laissant paraître pour votre main la palme, et pour votre front la couronne réservée aux apôtres-martyrs ; comme notre Émile, soyez les plus ardents amis de Jésus, ses plus autorisés témoins ici-bas, l'éclatante lumière du monde, le sel vivifiant de la terre affadie, les hardis pionniers de l'Évangile, les véritables conquérants des âmes ; et (pourquoi ne pas le dire aussi ?) les plus pures gloires de la France sur tous les continents ; et, comme notre Émile, votre gerbe bientôt pleine, vous irez, et plus haut, et plus vite et plus droit au Ciel !

Chanoine E. GUERS.

Saint-Georges-Luzençon (Aveyron).

Fête de la Visitation, 1899.

UN APÔTRE

VIE DU PÈRE ÉMILE SALADIN

CHAPITRE PREMIER

> Le Seigneur m'a rempli de son onction
> sainte. Il m'a choisi pour prêcher la grâce
> aux captifs et la liberté à ceux qui sont
> dans les chaînes.
>
> (ISAÏE, LXI, 1.)

Famille du Père Émile Saladin. — Son Enfance. — Émile de
Girardin et Delphine Gay. — Deux mères. — Émile au collège
de Villefranche-de-Rouergue. — Au Petit Séminaire de Saint-
Pierre-sous-Rodez. — A Notre-Dame-des-Champs à Paris. —
Premières visites au Séminaire des Missions étrangères. —
A la Salle des martyrs. — Conseils de M. Albrand.

Au dire des plus illustres docteurs de l'Église,
parmi tous les dons de Dieu, le plus divin est celui de
l'apostolat. Il prend l'homme dans sa misère, sa faiblesse, sa corruption, son indignité même, et, par un

indicible miracle de la grâce, l'élevant jusqu'au ministère suprême du Très-Haut qui est le salut des âmes, il en fait sur terre un autre Jésus-Christ.

Or c'est bien ainsi que ce divin Maître a voulu instituer la mission de ses apôtres. Un jour, sur la rive solitaire de Génézareth, entre tous ses disciples, il en choisit douze, et leur dit : « Allez ! Instruisez toutes les nations ! Baptisez-les au nom du Père, du Fils et du Saint-Esprit ! — Et soyez mes témoins jusqu'aux extrémités de la terre ! — Celui qui vous écoute m'écoute ! — Ce que vous ferez je le ratifierai dans les cieux ! — Je serai avec vous jusqu'à la consommation des siècles ! » — Et c'est bien ainsi que l'Église catholique continue à instituer ses apôtres. — Chaque année, elle prend quelques jeunes gens, elle les jette sur la dalle du sanctuaire, elle les sacre, elles les oint, et elle leur répète les mêmes paroles divines. Et ils se relèvent transfigurés. Et ils partent, et ils volent à la conquête du monde. Où les trouve-t-elle et qui les lui suscite ? C'est le secret de Dieu. Dans le silence et le recueillement lui seul les appelle et les dirige. Et joyeux ils lui répondent : « Me voici ! Envoyez-moi ! » Et leur cortège triomphateur va de l'Islande à l'Alaska, de la vieille Europe à la jeune Amérique, de la sauvage Afrique à la Chine, au Japon et à l'Australie, et il pénètre même les plus petites îles anthropophages de l'Océanie. Armés de la seule vertu pacifique de la croix, revêtus de la blancheur du lys et de la pourpre âpre de la rose, ils endurent toutes les privations et toutes les angoisses, ils livrent chaque jour de leur vie les plus rudes combats, ils remportent les plus solides victoires. Ils tombent moissonnés avant l'heure les uns d'un coup de lance, de sabre, de flèche, de hache ou de sagaie (et ceux-là sont les privilégiés!); les autres sous les coups répétés d'un holocauste plus long qui ne finit pour eux qu'avec le dernier souffle exhalé. Et si tous n'emportent pas, de haute main, la radieuse palme du martyre, s'ils ne tombent pas étouffés, étranglés, décapités, scalpés, éventrés, crucifiés, ils succombent à la fin sous les étreintes du martyre plus dur, plus raffiné, plus méritoire peut-être de la perdition graduelle de toutes leurs énergies vitales par l'épuisement total.

Parmi ces derniers doit être rangé Louis-François-Émile Saladin, prêtre de la Congrégation des Missions étrangères de Paris, missionnaire apostolique au royaume de Siam dans l'Indo-Chine.

Antique et noble famille originaire de Provence, celle des Saladin ayant quelques branches émigrées en Belgique et en Angleterre porte encore la couronne de baron armée de gueules, au léopard lionné d'argent et à l'écu timbré d'un casque de chevalier aux lambrequins aussi d'argent et de gueules. En 1848 le Baron de Chazal, ministre de la guerre du Roi des Belges, avait fait inviter son cousin M. Saladin, chanoine de Rodez, prédicateur renommé, à donner un carême à la cour. La pieuse reine des Belges, fille de Louis-Philippe, fut si frappée de son talent qu'elle demandait peu après pour lui un évêché en France au roi son père. Seule, la révolution de Juillet fit sombrer le projet.

Le grand-père paternel de notre héros, après avoir été commandant de place à Tarascon et à Cette, en prenant sa retraite, avait été nommé conservateur des hypothèques à Rodez.

Notre Emile naquit le 17 février 1846 à Sergines-Yonne — où son père remplissait les fonctions de Receveur de l'Enregistrement. Le 20 du même mois, il y était ondoyé par le curé de cette paroisse, M. Longin.

Son oncle, M. l'abbé François-César Saladin, chanoine titulaire de la cathédrale de Rodez, y vint lui conférer le baptême solennel, le 3 octobre 1847, alors que l'enfant atteignait déjà l'âge de deux ans. Un témoin oculaire, M. l'abbé Auguste Houssin, aumônier de l'Hôtel-Dieu de Tonnerre, a gardé un fidèle souvenir de ce beau jour. « Je me souviens encore très bien de cette fête, écrit-il. J'avais alors dix ans. Je vois M. Saladin son père, Mlle Augusta sa sœur, Ferdinand son frère, et la foule considérable de curieux qui assistaient au baptême. La petite ville était sur pied ; le temps splendide, la population en liesse. C'était ma pauvre mère qui portait Émile dans ses bras à l'église. M. le doyen de Sergines que j'ai interrogé sur ces lointains incidents m'a répondu : « La famille Saladin était et très chrétienne et très charitable. A Sergines elle a laissé les plus précieux souvenirs. »

Du côté maternel, la famille Saladin étant apparentée ou intimement liée avec toute la haute société du Limousin, venait chaque année passer ses vacances à Bourganeuf (Creuse).

Le célèbre M. Émile de Girardin habitant le château du Verger, à quelques pas de la ville, ami du père, voulut être le parrain du fils et lui donner son nom.

Durant chaque séjour à Bourganeuf, les relations furent étroites entre les Girardin et les Saladin. Le château du Verger était la promenade habituelle d'Augusta, de Ferdinand et d'Émile.

Ornement d'un grandiose massif d'arbres verts et dressé devant la porte principale du château, en pleine cour d'honneur, le buste gracieux de Delphine Gay en marbre blanc souriait à leurs joyeux ébats.

M. Émile de Girardin fut le grand maître de la presse contemporaine. Son père, général de Napoléon Ier, puis grand veneur de Louis XVIII et de Charles X, l'avait élevé pour la littérature et les Beaux-Arts. Il se fit journaliste et fut député depuis 1834 jusqu'à sa mort 1885. Sous la Restauration, le gouvernement de Juillet et Napoléon III, sa vogue fut immense. En 1836 il fonda le premier journal à bon marché « *La Presse* ». Quand on lui demandait alors quel était le meilleur de ses milliers d'articles? il disait : « Celui que j'ai refait cinq cents fois. »

Notre Émile eut ainsi pour parrain un des personnages les plus influents et les plus fortunés du XIXe siècle. Madame de Girardin, née Delphine Gay, avait reçu de sa mère une éducation toute littéraire. Par son esprit et sa beauté, elle obtint à Paris les plus légitimes succès. A peine âgée de 17 ans, l'Académie française l'avait couronnée pour son élégie intitulée : « *Les sœurs de Sainte Camille* » dont elle avait harmonieusement chanté le dévouement aux pestiférés de Barcelone. Ses poëmes, ses livres, ses lettres publiés dans le journal « *La Presse* » lui valurent aussi, jusqu'à sa mort (1855) la plus grande réputation. On l'appelait « *La dernière des Muses* », « *La seconde Madame de Staël.* » Qui ne sait l'influence des premières impressions de l'âme sur nos émotions d'enfant? Sans doute ce fut au château du Verger qu'Émile puisa cet amour de la grande et belle nature qui ne le quitta jamais. Dans les bois fleuris de Saint-Pierre à Rodez, d'Issy et de Meudon à Paris, et jusque dans les forêts vierges de Siam, il aima toujours à s'isoler pour en jouir à l'aise et l'embellir encore de ses chants mélodieux. Delphine Gay, le gracieux peintre de la nature, exerça peut-être cette influence mystérieuse sur son âme en attendant que Dieu la pétrît tout entière de surnaturel. En inspirant ainsi les premiers avant-goûts de la vie à cet enfant, elle accomplit la meilleure et la plus salutaire de ses actions. Parmi les écrivains français dont le talent s'est épanoui au milieu de ce siècle, elle eut en effet et au plus haut degré le sentiment de la nature et le don d'en exprimer artistement toute l'attirante beauté. Ses œuvres que l'on dirait écrites avec la plume de Bernardin de Saint-Pierre au service de l'esprit de J.-J. Rousseau, contiennent les plus utopiques théories sur Dieu, l'âme, la religion et la société. Mais chaque fois que, fatiguée de planer dans les espaces chimériques de la pensée, elle est ramenée, par sa tendresse pour le sol natal, à toucher la terre, elle est exquise d'intérêt, de charme et de vérité. Cette secrète influence des premiers objets qui frappèrent l'imagination d'Émile n'est, pour nous, qu'un incident sans importance et même une simple conjecture. Il en est une autre à la fois très réelle, très profonde et très vivante sur laquelle nous devons insister davantage. C'est celle de sa mère. Il faut connaître Monique pour comprendre saint Augustin, Dorase pour entendre saint Jean Chrysostôme, Blanche de Castille pour apprécier saint Louis. A peu d'exceptions près, il en est de même pour toutes les grandes âmes chrétiennes. On ne comprendra bien le courage, la décision, la piété, la foi et le dévouement d'Émile qu'après avoir contemplé à l'œuvre celle qui lui donna le jour. Arrêtons-nous donc un délicieux moment devant cette figure toute faite de tendresse et de force, de résignation et de vaillance, d'immolation et d'amour, de sourires voilés de larmes, qui fut celle de la suave mère de notre apôtre.

Madame Saladin née Thérèse-Céleste Berger, en 1825, à Bourganeuf (Creuse), appartenait à l'une des meilleures familles du pays. Élevée au couvent de la Visitation à Limoges elle avait reçu, avec les principes de la plus solide piété, l'éducation la plus distinguée. Son souvenir resta longtemps vivant dans cette sainte maison où il n'est pas encore effacé.

L'aménité de son caractère lui attirait toutes les sympathies. Sa droiture était telle que, de l'aveu de ses parents, de ses maîtresses, de ses compagnes et de ses enfants, jamais elle ne mentit.

Sa délicatesse et son désintéressement étaient si grands, qu'au moment de son mariage, elle ne voulut à aucun prix se laisser avantager, au détriment de sa sœur plus jeune qu'elle, malgré toutes les instances de son père, homme de loi, expert dans les affaires, et connaissant si bien toutes les incertitudes de la vie.

Un grand esprit de foi était l'âme de tous ses actes. Elle se plaisait à se montrer particulièrement bonne envers ceux qui l'avaient désobligée. Si sa piété la rendait aimable envers tous, pour elle-même, elle était d'une extrême austérité. Les jours de jeûne et durant tout le carême, elle pesait le pain permis à la collation. A chacun de ses repas, détournant l'attention des siens, elle se privait au détriment de son appétit pour faire la portion du pauvre. Elle suivait ponctuellement un règlement de vie depuis le lever du matin, à heure fixe même en hiver, jusqu'à la prière du soir faite avec ses enfants. Son esprit de mortification se traduisait surtout par une bienveillance extrême envers tous. Sa devise paraissait être celle de Jeanne de Chantal : « *Ne faire peine à personne, aimer tous en général et obliger chacun en particulier.* »

Ses deux enfants premiers-nés Augusta et Ferdinand étaient tous les deux, dans sa pensée, destinés à Dieu, et, dans la pensée de Dieu, réservés comme leur mère à une vie toute tressée d'épreuves cuisantes et d'amers sacrifices. Amoureusement elle les initiait, par la parole et l'exemple, à cette voie royale de la croix qui s'appelle une vie calvairienne. Comme le plus jeune, Emile eut le privilège de recevoir la suprême empreinte de son âme. Par elle, Dieu prépara de loin notre apôtre, comme il fait grandir les chênes, au sein des plus âpres sentiers, parmi les rochers les plus durs et les plus hérissées broussailles des monts. Ses genoux furent pour lui la première chaire et le premier autel qu'il approcha, profondément ému, par les leçons qu'il y entendait et les sacrifices qu'il y voyait s'accomplir.

La plus filiale piété envers Marie, l'oblation totale de soi-même à Jésus dans l'innocence, la foi et l'amour, telle était la pensée habituelle comme la recommandation constante de sa mère.

Merveilleusement Émile en profita. L'exemple plus éloquent et plus persuasif que la parole se réunissait d'ailleurs en elle pour captiver, assouplir et former le cœur de son enfant. Au contraire de tant d'autres mères chrétiennes, elle ne gourmandait jamais, elle souffrait, elle travaillait et elle aimait toujours.

Émile ne la vit devant lui, sur terre, que le visage entouré de ce nymbe radieux que portent autour de leur front les seuls élus du Seigneur, tout tressé de piété, de recueillement, de souffrance, de résignation et d'espérance, dans la bonne comme dans la mauvaise fortune. Telle une constante vision céleste, semblant lui répéter sans cesse, avec un doux regard profondément mélancolique et ce navrant sourire toujours baigné de pleurs qui caractérisaient sa physionomie : « Mon Émile, aimer et souffrir, voilà et le seul bonheur et le seul honneur d'ici-bas ! »

S'il est vrai que Dieu a fait le cœur des mères chrétiennes pour être le siège habituel de la douleur, celui de Madame Saladin fut ainsi un autel d'immolation perpétuelle pour les siens et pour Dieu.

Nous le verrons bientôt, une seule fois, dans la miraculeuse apparition que sa mère lui fit en Indo-Chine, quand elle eut exhalé à Villefranche-de-Rouergue le dernier soupir de ses angoisses temporelles, il fut donné à notre Émile de contempler sa mère et toute heureuse et toute sereine et toute radieuse, parce que déjà, dans le sein de Dieu, elle était enfin éternellement transfigurée.

Trop absorbé par les graves devoirs de sa charge publique et les fréquentes mutations de son poste, le chef de cette chère famille abandonnait l'entière sollicitude de son intérieur et de ses enfants à Madame Saladin.

De Sergines on était venu à Mende et de Mende à Villefranche. Cette dernière promotion avait bien mis le comble à leurs vœux, en les ramenant tous au pays natal près de leurs parents et amis les plus chers : mais, si leur situation restait estimée, de plus en plus brillante, toutes ces lointaines mutations diminuaient d'autant pour elle et l'aisance réelle et à plus forte raison la fortune. «Chaque déménagement équivaut à un incendie. » Tel est le dicton de la sagesse populaire. Quel ménage même opulent résisterait donc à tant d'incendies consécutifs? Ce ne fut que par des merveilles d'ordre, d'économie et de labeur que Madame Saladin sut toujours tenir les siens au rang distingué que leur état social leur assignait.

Émile commença ses études au collège de Villefranche à côté de son bien-aimé Ferdinand, sous les yeux de sa grande sœur et de ses père et mère. Il était le Benjamin de tous.

Dès ses plus jeunes années, dit le Père Maury, dans la belle mais trop courte notice qu'il lui a consacrée, il montra les plus heureuses dispositions pour la vertu. Il était d'un caractère doux et tranquille, d'un cœur excellent et sensible à toutes les souffrances dont il était le témoin.

Bien des fois en voyant dans les rues de la ville des pauvres et des malheureux, il lui est arrivé de glisser dans leur main les petits sous qu'il recevait de ses parents pour acheter quelque friandise. Souvent aussi lorsqu'il allait à l'école ou en promenade, il se dépouillait de ses provisions pour les nécessiteux. Ces actes sont d'autant plus méritoires pour les enfants qu'ils ont l'estomac bien près du cœur.

Il avait fait la connaissance d'un aveugle très-âgé, appelé « *le pauvre Jacques* », qu'il rencontrait sou-

vent dans les rues de Villefranche. C'était son bonheur
de lui donner la main et de le conduire sûrement au
lieu où il voulait se rendre. Lorsqu'il ne le trouvait
pas sur son passage, il allait, pour lui rendre le même
service, le chercher chez un coutelier où celui-ci tour-
nait la meule. Le pauvre Jacques était l'ami du jeune
Émile et ne voulait plus que lui pour conducteur.

C'est ainsi que, par des vertus enfantines, il prélu-
dait aux vertus sacerdotales et apostoliques qu'il
devait pratiquer plus tard au milieu des infidèles.

Sa sensibilité envers les nécessiteux faisait pressentir qu'un jour il en chercherait de plus malheureux
encore pour se dévouer à leur service et leur consacrer sa vie. Dès lors, il commençait à dire à ses amis
qu'il voulait être soldat du Christ.

À la même époque, le jeune Émile, comme il le
racontait plus tard à son frère, s'échappait quelquefois de la maison paternelle, à la grande surprise de
ses parents, et passait une partie de la journée à la
campagne, vivant d'un morceau de pain mendié, afin,
disait-il, de s'habituer aux fatigues et aux privations
de la vie de sacrifice à laquelle il aspirait. Ceci ne
serait qu'une témérité d'enfant, si ce n'était un acte
de vertu sublime, et que pouvait seule inspirer la
grâce divine dans un âge encore si tendre. Telle la
fleur légère précède le fruit savoureux.

Pendant son séjour au collège de Villefranche,
Emile ne donna que des consolations à ses maîtres.
L'un d'eux, M. Gineste, son professeur de 8e, disait

en apprenant sa mort qu'il était heureux et fier de l'avoir eu pour élève, et il demandait comme un précieux souvenir un lambeau de sa soutane.

L'enfant venait à peine d'atteindre l'âge de 14 ans, lorsque le coup le plus cruel d'ici bas, après la mort d'une mère, vint frapper sa famille, et comme la foudre, briser avec toutes ses espérances son brillant avenir. Ce fut le trépas prématuré de son père.

Vérificateur de 1ʳᵉ classe de l'enregistrement à Villefranche, M. Louis-Auguste Saladin y jouissait de la considération générale. Les jeunes receveurs, ses subordonnés, disaient de lui : « Ce n'est pas un chef, c'est un père ! » Atteint d'une maladie mortelle à la fin de février 1860, il recevait la visite de son frère M. le chanoine Saladin qui se rendait à Saint-Cérès pour y prêcher la station du Carême et lui révélait la gravité de son état. Aussitôt, mandant auprès de lui M. Turq, curé de Saint-Joseph, ami intime de la famille, le malade réclama tous les sacrements de la sainte Église : et, les jours suivants, il ne cessait de dire aux nombreux amis qui le visitaient : « Je suis prêt à paraître devant Dieu ! mais ces pauvres enfants que je laisse si jeunes ici-bas ! que deviendront-ils ?.. » Entouré de tous les siens et les bénissant, il s'éteignit pieusement dans le Seigneur, à l'âge de 45 ans, le 14 avril 1860 à 4 heures du matin.

Comme partout où ils étaient passés, et plus encore à Villefranche, Madame Saladin et les siens avaient conquis l'estime, l'affection et l'admiration des familles

les plus distinguées et les plus chrétiennes de la contrée.

Les Cibiel, les Dubruel, les Roques, les Boutaric, les Chassoux, les Galtié, les Marty, les Andorre, les de Brassier Saint-Simon, de Saint-Rémy, de Corneillon, Maruéjouls, Fraissines, Caylet et tant d'autres, les entourèrent de leurs plus ardentes sympathies, prodiguant à l'envi, à la veuve et à ses trois orphelins toutes les consolations et tous les dévouements. Hélas ! les secours humains, même les plus empressés, restent vains et inefficaces devant ces catastrophes lamentables qui ravissent à jamais leur chef à des familles dont il était la seule ressource et l'unique soutien. Tel l'essieu du char qui se brise et laisse abandonnés sur le grand chemin les pauvres voyageurs. Telle l'hélice du vaisseau qui se rompt, désorientant en pleine mer, fragile jouet des flots, le navire désemparé dont le pilote s'engloutit dans l'abîme !

La famille Saladin en était là. Hier, elle appartenait à la société la plus fortunée comme la plus distinguée. Aujourd'hui, elle tombait en pleine tempête ; et, Mme Saladin restait seule en face des terribles luttes de la vie et du précaire avenir de ses trois enfants.

Mais le malheur assouplit les âmes bien trempées, ainsi que le joug fait courber le front indompté du taureau en même temps que celui de la tendre génisse. Au sein de son incurable détresse, cette mère ne cherchait et ne trouvait de consolations que dans la prière. Matin et soir, elle aimait à s'agenouiller devant la croix, entourée de ses enfants, recueillis, les mains jointes, les yeux levés vers ce ciel mystérieux où leur père tant aimé venait de disparaître, semblant avec leur mère l'y retrouver encore ! Et elle baignait de pleurs ces trois jeunes fronts sur lesquels de si bonne heure s'était appesantie l'infortune. Et soir et matin aussi, l'ange de l'espérance descendait en son foyer désolé. Et près du calice débordant des eaux de l'amertume, il posait la coupe remplie des flots de la résignation ! « O Dieu, pouvait-elle répéter, vous ne demandez à la fleur que son parfum, à l'oiseau que son cantique, à l'enfant que son regard, à l'homme que son cœur. Prenez-les donc ces quatre cœurs que je vous offre et qu'ils soient entièrement à vous pour toujours ! ».

Ah ! qu'ils sont heureux ceux qui, s'endormant dans le baiser du Seigneur, les premiers s'envolent vers la gloire et la paix ! Ils y reposent ! Les seuls vraiment à plaindre sont bien ceux qui restent après eux.

Abandonnés et isolés ils portent tous les fardeaux et tous les coups sur leurs épaules meurtries ! Seuls ils gardent saignantes toutes les blessures de l'âme plus cuisantes que celles du corps ! Le délaissement en effet, voilà bien le plus amer veuvage d'ici-bas.

Seule ! Non ! Madame Saladin ne le fut pas. Déjà mûrie par l'épreuve, grandie par une éducation soignée, profondément pieuse, capable et jalouse même de suivre sa mère dans l'âpre sentier de l'immolation, son Augusta était à côté d'elle.

Après avoir constaté la froideur des indifférents et reçu les démonstrations verbales des parents même les plus proches, sous l'œil de Dieu, ces deux femmes se concertèrent. Ensemble elles prirent l'héroïque résolution de se consacrer totalement à faire cet avenir des deux orphelins. Et au lieu de perdre un temps précieux à gémir, comme leurs amis et leurs proches, surtout ceux qui auraient dû par leur fortune, leur situation et leur exemption de toute charge de famille, venir à leur aide, elles se mirent au labeur pour les deux chers adolescents.

Nous aimons à le dire, seules elles firent ces deux prêtres de Jésus-Christ. D'autres s'en sont arrogé le mérite. Ils ne l'eurent pas. Et, elles se dirent : « A nous deux, nous les sauverons, nous les élèverons et nous les donnerons à Dieu ! » Et le terrible coup de la mort qui dépouillait cette famille de tous les biens terrestres, de sa situation officielle, de son rang si enviable dans le monde, lui donna en double le plus grand trésor d'ici-bas, le cœur d'une mère. Ferdinand et Emile en eurent deux : Madame Saladin et Mademoiselle Augusta.

Dans une maison d'éducation de Provence, nous connaissons, à cette heure, une autre femme, une autre mère, portant l'un des plus nobles noms du Languedoc, qui naguère défaillante, fut frappée de ces mêmes épreuves. Au lieu de rester affaissée dans les stérilités des lamentations, d'attendre et d'implorer l'assistance des parents ou amis bientôt importunés et lassés, prenant aussitôt un poste dans l'enseignement, elle a gagné le pain de ses enfants.

Elle a fait de l'un un officier français et de l'autre une religieuse du Sacré-Cœur. Et, chaque année, quand elle revient en Languedoc, émus, tous les gens de cœur se découvrent avec respect et admiration devant elle, disant : « Voilà un homme ! voilà un père! »

Mais qu'il est dur, disait le Dante, de toujours monter et descendre l'escalier d'autrui ! surtout lorsqu'après vous avoir reçus par l'escalier d'honneur certaines nobles familles ne vous ouvrent plus que l'escalier de service.

Tels furent la décision et le martyre d'Augusta et de sa mère. Saluons-les de même. Elles ont donné à l'Eglise deux prêtres selon le cœur de Dieu. Les milliers d'âmes qu'ils ont consolées et sauvées feront un jour au ciel la couronne et la récompense de ces deux véritables mères.

Sous les cuisantes serres de la douleur, parfois il reste encore aux malheureux le suprême bonheur de souffrir avec ceux qu'ils aiment, de ne jamais s'en séparer, et de mêler toujours avec eux leurs larmes et leurs prières. Pour les cœurs réellement affectionnés la plus amère lie de calice est sans contredit la séparation forcée dans la cruelle épreuve.

Cette lie, tous, ils durent non seulement y tremper leurs lèvres, mais à longs traits, la boire et l'épuiser jusqu'au fond.

Pour ces quatre cœurs si aimants et si aimés, à

partir de cette heure lugubre entre toutes, le doux foyer fut détruit, le nid tutélaire abattu, la familiale union balayée par la tempête, et ce fut hélas ! pour toujours !

Dès qu'elle sonna, la famille Saladin n'eut plus de maison paternelle, plus de vie commune, plus de ce bonheur le plus réparateur que la Providence a fait ici-bas, celui d'être, de rester, de revenir, de souffrir et de mourir avec les siens sous le toit chéri et sacré des aïeux.

Pour assurer l'avenir de leurs deux fils Mme Saladin suivit Augusta que ses rares qualités avaient déjà désignée pour les plus avantageux partis dans le monde, et qui venait d'agréer une place d'enseignement dans les maisons religieuses du Mur de Barrez en Aveyron, d'Ax (Ariège) et Gabarret dans les Landes.

> « Ce dévoûment obscur a durée des années !
> « Beauté, jeunesse, fleurs loin du soleil fanées,
> « Tout fut sacrifié sans plainte et sans regret ! (1).

Ainsi pour ces deux âmes héroïquement trempées le sacrifice fut celui de toute leur existence. Non, l'Esprit-Saint ne s'y trompe pas quand il nous dit que seul l'amour est puissant comme la mort emportant et engloutissant tout sur son passage !

De leur côté, sur les conseils mais non sur la bourse

______

(1) F. Coppée. *Le reliquaire*. — *Une sainte*.

de leur oncle M. le chanoine Saladin, les deux
orphelins vinrent au Petit Séminaire de Saint-Pierre-
sous-Rodez afin d'y poursuivre le cours de leurs
études. Bientôt Ferdinand laissa même son jeune frère
seul dans cet établissement pour venir à Paris dans
la célèbre maison de Notre-Dame-des-Champs fondée
par Mgr Dupanloup. Son frère Emile venait l'y
rejoindre, à l'âge de 17 ans, afin d'y terminer aussi ses
classes. Leur parent Mgr Mouly, évêque de Pékin, avait
obtenu pour eux une demi-bourse dans cette maison.

C'est à Saint-Pierre d'abord et puis à Issy que Dieu
nous a donné d'être l'ami d'Emile. Nos souvenirs personnels ne seront donc démentis par aucun de ses
anciens condisciples encore nombreux autour de nous.

Au physique, c'était un bel adolescent de moyenne
taille, au teint frais et rosé comme celui des charmants
enfants de Dickens, aux cheveux noirs et abondants,
aux larges épaules, à la plus solide carrure. Il semblait
en l'embrassant qu'on baisait et qu'on sentait à la fois
une large rose de Bengale.

Il resta tel jusqu'à son départ pour Siam, et partout on aimait à l'appeler « *le charmant poupon Émile* ».
Ces avantages naturels dénotaient chez lui une
puissance d'âme et une force de santé qui frappaient
en les éblouissant, tous ceux qui le voyaient. Ils se
disaient aussitôt sans exception : « Voilà un gars
taillé en hercule ! Il est évidemment destiné à devenir
centenaire ! Il écrira certainement l'épitaphe de toute
sa génération ! »

Hélas ! dix années d'apostolat devaient bien vite moissonner tous ces charmes et briser toutes ces espérances.

On l'a dit, tout homme n'est réellement beau et grand que dans la mesure exacte où il participe à la perfection de Dieu, le révèle et le reflète autour de lui. Alors, en effet, il en est et le rayonnement et l'image. En mettant à part les ombres que la fragilité humaine laisse toujours çà et là dans le tableau, chacun de nous, par son caractère et sa vie, est un miroir où, par quelque côté, Dieu lui-même se montre.

Emile était ainsi beau, surtout par le rayonnement de son angélique visage, par sa maturité précoce, par sa vive intelligence, par son cœur tout limpide, et par sa charité aux inépuisables tendresses qui le faisaient se dépouiller pour ses condisciples moins fortunés que lui, comme, petit enfant, il avait su déjà le faire à Villefranche en faveur des indigents.

Cependant quelques traits principaux nous paraissent avoir été les siens. Par ses larmes, ses prières, ses exemples et ses vertus, sa mère les lui avait inculqués avec le lait si pur qu'elle lui donna.

Quand Dieu fit le cœur de l'homme, a dit notre Bossuet, il y déposa premièrement au fond la bonté. Emile fut avant tout foncièrement bon.

Reflet de son âme, son regard bienveillant et gracieux ne laissait jaillir autour de lui que des éclairs séduisants. Ses lèvres, comme disposées en sourire constant, semblaient dire, avant même de s'entr'ouvrir, qu'il voulait toujours plaire et obliger. Il était si condescendant et si tendre que ses yeux se voilaient de larmes dès qu'en présence de la tristesse ou du malheur il se sentait impuissant à les soulager.

Émile était pur. Sa vie entière ne fut qu'un harmonieux concert de chasteté parfaite. Comme à tout autre, ses relations de famille et ses avantages personnels auraient pu lui permettre ces plaisirs futiles et ces passe-temps mondains qui ternissent si vite le cœur du jeune homme, et, bientôt éteignent en lui l'idéal noble et pur de ses premières aspirations. Toujours il les méprisa pour mieux garder la vie des anges. Jamais on ne le surprit en défaillance sur ce point, ni par une parole légère, ni par une allusion voilée, ni même par une réticence à double sens. S'il fut sévère, intransigeant, indomptable sur un point, ce fut celui-ci, la garde innocente de son cœur. Il y puisa une force d'âme, une énergie de caractère, une élévation de vie qui étonnèrent et parfois déconcertèrent, non pas seulement ses condisciples, ses amis et ses parents, mais eux-mêmes ses professeurs, ses directeurs et ses supérieurs.

Émile avait le zèle des âmes. Épris de Dieu et passionné pour sa gloire, il aimait cette céleste blessure, voulait l'inculquer aux autres et en multiplier partout les coups et les victoires. Précoce conquérant des âmes, nous l'avons vu se faire catéchiste avec ses petits camarades, humble frère prêcheur avec les mendiants et les pauvres pour les conquérir à Jésus-Christ.

Quand les compagnons de ses premières études lui posaient leur banale question : « Que veux-tu faire de ta vie, Émile? » « Moi, répondait-il, je veux gagner à Dieu beaucoup d'âmes, surtout celles qui ne le connaissent pas. »

Au grand séminaire de la rue du Bac, son cœur n'éprouvait pas de plus grand bonheur qu'à l'assurance de l'arrivée d'un nouveau missionnaire. Il écrivait alors des mots charmants à son frère ou à ses amis. « Consolez-vous, filles de Sion, et du haut de vos murailles ne le suivez pas des yeux; un vaillant vient de partir du séminaire de Rodez pour s'enrôler parmi nous. » — « Ce soir, si les anges d'Issy ont pleuré, les archanges des Missions étrangères ont tressailli d'allégresse, — pour la première fois M. X. a dormi parmi nous. Je lui ai fait son lit. Gloire à Dieu ! »

Il me souvient qu'après une course folle au jeu de barres, dans la cour de Saint-Pierre, Émile s'arrêta un jour à mes côtés, tout écumant de sueur et comme hors d'haleine. « Quelle fièvre te dévore, cher Émile, pour t'élancer, bondir et transpirer ainsi? » — « Ami, sache-le bien, je m'exerce déjà et fais mon apprentissage, pour courir plus vertigineusement encore, à la conquête des âmes que bientôt le bon Dieu me confiera. »

Au jour de l'Épiphanie 1861, on nous lisait au

réfectoire l'admirable sermon de Fénelon, prêché aux Missions étrangères de Paris, en présence même des ambassadeurs du roi de Siam, et au moment où ils venaient de saluer à Versailles Louis XIV, lui promettant la conversion prochaine de leur indien monarque, et lui présentant les hommages et les requêtes de son premier ministre, Constance Falcon, un Français, que le vent de la fortune avait porté là-bas au pouvoir. Comme nous tous, Émile entendit, avec ravissement, ces inimitables accents, et, pour la première fois sans doute, par une coïncidence providentielle, son cœur tressaillit d'un mystérieux amour pour ce lointain pays de Siam, qui devait un jour être le sien. Et nous entendions Fénelon s'écrier : « *Surge illuminare Jérusalem!* — Béni soit Dieu ! puisqu'il met aujourd'hui sa parole dans ma bouche pour louer l'œuvre qu'il accomplit dans cette maison ! Je souhaitais, il y a longtemps, je l'avoue, d'épancher mon cœur devant ces autels et de dire à la louange de la grâce tout ce qu'elle opère dans ces hommes apostoliques pour illuminer l'Orient. C'est donc dans un transport de joie que je parle aujourd'hui de la vocation des gentils, dans cette maison d'où sortent les hommes par qui les restes de la gentilité entendent l'heureuse nouvelle.

A peine Jésus, l'attente et le désiré des nations, est né, et voici les Mages, dignes prémices des gentils qui, conduits par l'étoile, viennent le reconnaître. Bientôt les nations ébranlées viendront en foule après eux ; les idoles seront brisées, et la connaissance du vrai Dieu sera abondante comme les eaux de la mer qui couvrent la terre. Je vois les peuples, je vois les princes qui adorent, dans la suite des siècles, celui que les Mages viennent adorer aujourd'hui. Nations de l'Orient, vous y viendrez à votre tour, une lumière dont celle de l'étoile n'est qu'une ombre frappera vos yeux et dissipera vos ténèbres. Venez, venez, hâtez-vous de venir à la maison du Dieu de Jacob !

O Église, ô Jérusalem réjouissez-vous, poussez des cris de joie ! Vous qui étiez stériles dans ces régions, vous qui n'enfantiez pas, vous aurez dans cette extré-mité de l'univers des enfants innombrables. Que votre fécondité vous étonne ! Levez les yeux tout autour et voyez ! Rassasiez vos yeux de votre gloire ! Que votre cœur admire et s'épanche ! La multitude des nations se tourne vers vous ! les îles viennent ! la force des nations vous est donnée ! Les nouveaux Mages qui ont vu l'étoile du Christ en Orient viennent du fond des Indes pour le chercher ! Levez-vous, ô Jérusalem, *surge illuminare !*»

« Ami, n'as-tu rien senti dans ton cœur en écoutant ce sermon ? me disait Emile à la récréation suivante. — Non, très cher ! » « Et moi il m'a fait tout sursauter. Rappelle-toi qu'un jour je partirai pour sauver les infidèles et que je serai missionnaire de Jésus-Christ. »

Ainsi déjà, du haut des cieux, la flèche pénétrante de la grâce, par le roi des apôtres, avait été lancée. Ainsi déjà, le javelot sacré avait entr'ouvert la divine blessure. Ainsi déjà, par une merveilleuse indication d'en haut, le trait révélateur était tout juste tombé sur Siam !

Le jeudi suivant amenait la sortie générale du premier de l'an pour tous les élèves de Saint-Pierre. Ferdinand et son frère vinrent le passer chez leur oncle, M. Saladin, chanoine titulaire de la cathédrale de Rodez. Auprès de lui, les grands cœurs des deux adolescents se trouvaient toujours gênés et comme à l'étau. En attendant que nous ayons occasion de faire plus ample connaissance avec lui, disons qu'il était oncle comme il était chanoine, hautain et tranchant. Prédicateur distingué, il avait fait bonne figure dans les principales chaires de nos grandes villes. Il avait de gros capitaux et de plantureux revenus. A ses neveux, il prêchait toujours l'épargne et l'économie, insoucieux de leur faire la moindre largesse pour améliorer leur sort.

A côté de lui cependant se cachait dans l'ombre, le dévouement et le sacrifice, une figure vraiment belle, celle de sa très-canonique et très-humble servante Mariannou, âme toute pétrie de lumineuse foi, d'espérance ardente et de discrète charité. Ce fut la Providence de nos deux jeunes séminaristes. Émile surtout resta son privilégié. Elle ne cessa jamais de travailler pour lui. Sur sa prière, et sans même sourciller, le majestueux chanoine consentait à lui adresser fidèlement ses gages, d'ailleurs assez maigres, jusqu'à Siam.

Émile ne tarissait pas d'éloges et de gratitude sur cette chère Mariannou. Dans le ciel, le Dieu de toute charité les a ratifiés, sans aucun doute, selon ses ineffables mérites.

Avec une filiale simplicité, le futur missionnaire s'ouvrait, en ce jour, de ses projets d'avenir avec son oncle. Le grave dignitaire se contenta d'en rire. « Toi aux missions étrangères ! mais c'est folie de t'arrêter à semblable pensée ! Travaille tes thèmes et tes versions ! Ce sera bien plus pratique et plus sérieux de ta part ! »

Émile confondu ne souffla plus mot de sa vocation à son oncle ; mais, quand il lui reprochait dans la suite d'avoir caché son jeu à tous les siens, il écrivait, de la rue du Bac, au chanoine courroucé de ses décisions, une lettre du 9 juin et à sa sœur une autre du 21 juin 1866 dans lesquelles il répète tranquillement ces paroles : « Je ne mérite pas tant d'affectueux mais injustes reproches. Dès Saint-Pierre, en quatrième, j'avais très-explicitement avisé mon oncle de la vocation irrésistible que le bon Dieu m'assignait. »

En 1863, Émile quittait Saint-Pierre-sous-Rodez. Ce séminaire modèle, fondé par l'illustre cardinal Giraud, dirigé d'abord par le docte M. Noël et le pieux Mgr Foulquier, évêque de Mende, était alors confié à des maîtres aussi vénérés que distingués. C'étaient MM. Truel, Matet, Vayssier, Sannet, Delpon, Guy, Boulouis, Azémar, Alazard et Majorel.

Tous, nous le savons, gardèrent de lui et de son

frère un souvenir précieux, comme les deux élèves leur vouèrent une impérissable affection.

A Paris, un milieu tout différent réunissait enfin les deux frères. La maison de Notre-Dame-des-Champs était alors dirigée par M. Place, plus tard évêque de Marseille et cardinal-archevêque de Rennes, comme supérieur, par M. Foulon, futur cardinal-archevêque de Lyon, comme directeur, par MM. Piot, Tapie, Reulet, Bureau, Porte, Hutellier, Vergnes, etc. Ils y firent bonne figure. Leurs mérites et leurs vertus y sont encore cités comme exemplaires aux générations plus jeunes et non moins distinguées qui se succèdent tour à tour dans cet établissement de véritable et forte éducation, réputé de premier ordre, entre tous ceux de la capitale de la France.

Quand le soir de la rentrée, Émile fut présenté à son illustre supérieur, il s'entendit poser cette première question : « Mon ami, quel doit être votre correspondant ? » « Monsieur le supérieur, ma bonne mère m'a recommandé d'aller voir mon parrain, M. Émile de Girardin ! » « Votre parrain M. Émile de Girardin ! Ah ! je vous en prie, mon enfant, n'allez jamais chez lui, qu'il ne vienne jamais vous voir, et ne parlez jamais de cet homme ; car, je ne crains pas de le dire, il pourrait vous compromettre et compromettre aussi la maison. » Émile ne fut jamais assez profond politique pour saisir la portée de cette prudente tactique d'un ami du pouvoir existant. Il obéit, il se tut. Aucun de ses condisciples ne l'entendit faire même allusion à ce compromettant parrainage.

Cette année 1865 qui bientôt allait voir les deux frères embrasser la carrière ecclésiastique fut cependant entre tous ceux de notre histoire un moment solennel.

A Biarritz, la côte de Biscaye recevait et Napoléon III et M. de Bismarck et M. de Girardin. Ordinairement radieuse, elle fut désolée par les bourrasques et les tempêtes. Fatal présage! disaient les superstitieux.

Émile de Girardin qui venait de vendre son journal « *la Presse* » à M. Détroyat pour la somme ronde d'un million y avait sa jeune fille mourante d'un mal très contagieux. Le 25 octobre, laissant au palais les deux sombres diplomates-potentats discuter des intérêts de l'Europe et du monde, l'Impératrice Eugénie vint s'asseoir au foyer désolé de M. de Girardin, soigner elle-même de ses mains délicates, la pauvre malade et consoler son père désespéré.

Cette courageuse visite fut commentée par toute la presse contemporaine. L'adversaire de l'Empereur était devenu son ami! Quelles hautes protections notre Émile aurait pu trouver alors pour lui et tous les siens, s'il n'avait pas été de ceux qui placent leur vie sous le seul œil de Dieu et non comme les arrogants et les fiers entre les mains des hommes du jour!

Notre humble séminariste qui avait, à Rodez et à Lyon, des oncles opulents, et à Paris un parrain millionnaire, tour à tour craint et caressé par les maîtres couronnés des Tuileries garda inviolablement toujours la même réserve.

A Notre-Dame-des-Champs, l'année scolaire 1863 s'ouvrit par les exercices d'une retraite restée célèbre parmi la génération contemporaine. Prêchée par l'éloquent curé de Saint-Laurent Mgr Duquesnay, plus tard évêque de Limoges et archevêque de Cambrai, elle y produisit les plus merveilleux effets de salut.

Orateur de marque, tour à tour fin, délicat, subtil, ému, simple et sublime, il savait subjuguer et conquérir les plus difficiles auditoires. Celui d'enfants l'est entre tous.

Nous avons sous les yeux un cahier où le jeune Émile résume jour par jour les instructions données et les impressions reçues. Il déclare dès la première page qu'il fait cette retraite sous l'œil et la protection de la Très sainte Vierge afin de bien connaître et suivre sa vocation. Le premier discours de M. Duquesnay roula sur ce texte : « *Transiens in Macedoniam adjuva nos.* » Pour le prédicateur, la Macédoine c'était le Petit séminaire ; pour Émile c'était déjà son cher Siam entrevu et deviné, dans un prochain avenir. En terminant son pâle résumé il s'écrie comme Samuel : « Parlez Seigneur, parlez, votre serviteur écoute et il vous obéira. A Notre-Dame-des-Champs comme à Saint-Pierre il jure de vous donner sa vie entière et de mourir pour vous ! »

O maîtres et prédicateurs de notre jeunesse léviti-

que ou chrétienne, que votre rôle en apparence si
modeste est en réalité beau et grand ! On le voit bien
dans ces simples cahiers de notre Émile. Chacune des
instructions de Mgr Duquesnay fut gravée à jamais
dans son âme. On les retrouve à chaque page de ses
écrits et jusqu'à sa mort, fortes, puissantes, révéla-
trices, indestructibles. Comme avec un poinçon d'or
elles restèrent imprimées en son cœur ainsi que sur
l'airain. Elles devinrent son aliment quotidien, son
breuvage préféré, sa conviction intime, sa pensée fixe,
sa foi indéfectible. Nous n'insistons pas sur les sermons intitulés : la Conversion, le Salut, la Mort, le
Jugement, l'Enfant Prodigue, la Communion. Qu'il
nous soit permis d'observer au moins que le discours
dont l'effet produisit en lui la plus profonde impres-
sion roula sur le malheur, le crime et l'esclavage du
péché. Émile en fut tellement touché qu'il écrivit à la
fin de son résumé : « *Ce sermon m'a tant ému que
j'aurais consenti à l'entendre à genoux dans la neige !* »

Ses correspondances de cette heure avec sa mère
et sa sœur emportent au loin un puissant écho de cette
retraite. Il ne leur dévoile pas encore l'appel prochain
de Dieu, mais il le leur fait entrevoir avec une si exquise
délicatesse, avec des ménagements si tendres, avec
des condescendances si douces qu'elles peuvent encore
bercer leur cœur entre la crainte et l'espérance,
l'angoisse et le bonheur d'avoir un tel fils. Telles ces
lampes sacrées, qui nuit et jour se consument lente-
ment dans le coin d'une église, en face d'un autel

vénéré pour éloigner un malheur imminent ou hâter une grâce inespérée.

La rentrée 1864 vint encore séparer les deux frères. L'aîné entrait au grand séminaire d'Issy, laissant son Emile suivre la rhétorique à Notre-Dame des Champs.

Au moment de la séparation toujours cruel pour deux véritables frères : « Cher Ferdinand, lui disait-il, c'est la dernière fois qu'il nous a été donné de passer une année entière ensemble ! » — « Et pourquoi donc, Emile ? Ne viendras-tu pas me rejoindre l'an prochain à Issy ? Ne seras-tu pas ensuite comme moi prêtre à Paris ? Là nous passerons encore de longues années côte à côte ! » — « Non, très-cher, Paris sera pour toi qui as tout ce qu'il faut pour y réussir à tous égards dans le saint ministère. Pour moi, il me faudra un théâtre plus vaste, plus large et plus beau que ton Paris... des montagnes, des vallées, des rivières, des coteaux à perte d'horizon ! » « — Alors c'est de l'Aveyron que tu rêves maintenant, Emile ? Notre oncle le chanoine te l'a justement prophétisé. — Tu es fait pour nos montagnes et nos populations si simples et si chrétiennes. » — « Oui, oui, plutôt notre pauvre Aveyron que ton brillant Paris ! ».

En réalité dans les mains adorables de la Providence ces deux frères n'étaient destinés l'un et l'autre ni à Rodez ni à Paris.

Le 28 octobre 1864 Emile suivait à Notre-Dame-des-Champs sa dernière retraite scolaire prêchée par

M. le chanoine Codant, célèbre missionnaire de Versailles et aumônier des Dominicaines de Sèvres. C'était un esprit supérieur, un fin moraliste, un piquant narrateur et surtout un courageux athlète ayant le trait vif souvent et parfois mordant. En pleine crise romaine, prêchant dans l'église de Saint-Roch, à deux pas des Tuileries, il avait osé commencer un de ses sermons toujours courus par ces ironiques paroles : « Mes frères, ... Sa Majesté l'Empereur ... Valérien... ainsi appelé, ..., sans doute, parce qu'il ne valait pas grand chose ..., etc. » — Emile rédige encore les instructions comme les impressions de ces saints exercices. Parmi ces notes éparses, je remarque ces résolutions inspirées par le prédicateur :

1° Comme saint Stanislas-Kotska et saint Louis de Gonzague, je mets toute ma vie et chacun de mes actes sous la protection de Marie qui ne m'a jamais délaissé, me protégeant au contraire visiblement toujours.

2° Comme Samuel j'écouterai fidèlement l'appel de Dieu en dépit de tous les obstacles de la terre et de la famille. Chaque matin et chaque soir je lui dirai : « Parlez, Seigneur, votre serviteur vous écoute. »

3° Comme saint Louis à Vincennes et comme le grand Dauphin de France à Versailles, je préférerai la mort à l'impureté. Avec le souvenir constant de ma mère, je me rappellerai toujours les belles paroles de Blanche de Castille, mère du premier : « Mon fils, je préférerais vous voir mort à mes pieds que souillé d'un seul

péché mortel ». La mère du second, la douce et pure
Marie Lekzinska ayant appris qu'il allait succomber
au vice eut le courage de crier au ciel : « Ah ! que mon
Louis meure sur-le-champ s'il devait être impur !
« Quelques instants après, quatre pages lui portaient
le grand Dauphin allongé sur un brancard ; et, trois
jours après il expirait innocent dans les bras de sa
mère qui murmurait ces sublimes paroles : « Merci,
mon Dieu ! Vous m'avez prise au mot ! Je ne m'en repens
pas. Au lieu d'être roi d'un jour sur la terre, mon Louis
est désormais roi pour l'éternité !...

4° Comme l'abbé de Rancé après sa conversion,
malgré toutes les distractions du monde et toutes les
occupations de la vie, je tâcherai d'unir constamment
mon cœur au cœur de Jésus-Christ en le priant par
Marie et Saint Joseph de me sanctifier chaque jour
davantage.

« Vivre sans être un saint, c'est vivre en insensé ! »
On le verra dans la suite de ces pages, ces résolutions
à la fois si simples et complètes devinrent la charte
suprême de la vie intime et publique de notre futur
apôtre. Elle resta comme stéréotypée dans son âme.

Cependant l'heure des suprêmes décisions approchait.
Dans quelques mois elles devaient être résolues : et,
pour y préparer déjà sa mère, il lui écrit le 27 décembre 1864, à l'occasion du nouvel an, cette lettre charmante de tendresse et de ménagements :

« A toi mes premiers souhaits de bonne année ! Une

mère passe toujours la première ; et je ne veux pas que d'autres aient les prémices de mon cœur qui t'appartient tout entier. Pourquoi ne puis-je pas te dire, face à face, les sentiments que je voudrais t'exprimer de vive voix ?

« Ce bonheur m'est refusé ! Mais un jour viendra où les souvenirs du passé et les joies du présent nous apporteront les consolations que de trop longues années d'épreuve nous ont refusées. Il n'est pas très éloigné ce temps où toutes tes peines doivent finir, tes chagrins cesser, tes malheurs avoir un terme. Alors tu auras avec le cœur d'un prêtre celui d'un fils tout aimant et ne soupirant qu'après ton bonheur.

« J'ai lu dans une de tes lettres que tu ne comptes pas trop sur moi pour réaliser cet avenir, puisque je t'ai déjà émis l'idée d'entrer dans une congrégation spécialement destinée à la conquête des âmes. Crois-tu donc que j'irai chercher ailleurs un bonheur que je ne puis trouver qu'en ta présence ! Crois-tu que j'irais sacrifier à d'autres les soins et les affections que tu mérites seule à tant de titres ? Non, il n'en sera pas ainsi ! Je te prouverai plus tard tout ce que peut l'amour d'un fils envers la plus tendre et la plus éprouvée des mères.

« Tu me parles de faire mon grand séminaire à Rodez. Depuis longtemps j'en ai le projet, car je comprends que Paris ne me va pas. Si j'entre à Issy, il n'en sera pas ainsi, car l'Archevêque aura tout droit pour m'y faire rester. Ce sont des questions que nous discuterons aux prochaines vacances avec mon oncle le chanoine et toi. »

Trois mois après, Émile prenait une décision définitive. Au lieu d'aller à Issy au mois d'octobre 1865, il entrerait aux Missions étrangères comme aspirant. Il s'en ouvrit aussitôt à son oncle, le chanoine de Rodez, en le priant de garder à ce sujet un secret absolu. Il l'observa, en écrivant une lettre pleine de reproches menaçants et en dévoilant tout ce projet à sa mère en pleurs qui s'empressa de demander à son fils s'il avait résolu de la faire mourir ou de la rendre folle. Émile recevait ces lettres à la fin de ses vacances de Pâques.

Elles s'étaient passées à Paris. Datée du 25 avril 1865, sa réponse en rend un compte exact et minutieux, mais en même temps elle frappe l'impitoyable grand coup.

        « Ma chère Mère,

« Grâce à la bonté de M. Foulon, notre vénéré supérieur, nos vacances ont été très agréables. Le premier jour, il nous a fait assister aux offices de Notre-Dame, la cathédrale de Paris. Le mardi, nous sommes allés à Versailles, depuis neuf heures du matin jusqu'à sept heures du soir, visitant les musées, le parc, les Trianon. — Le mercredi, j'ai été à Issy embrasser Ferdinand et passer avec lui la journée entière. Quand la nuit est venue, nous nous sommes quittés avec peine ! Le jeudi a été consacré à Sèvres,

à ses fabriques de porcelaine et à ses sites encha-
teurs. Le vendredi, à l'Hôtel-de-Ville. Le samedi,
nous avons passé une charmante journée dans les
bois de Sceaux. Le dimanche enfin, nous sommes
allés à Saint-Sulpice entendre le P. Félix dont tu
connais la renommée. — Je ne veux pas non plus
passer sous silence une visite que j'ai faite seul aux
Missions étrangères. J'en suis sorti le cœur tout ému
et embaumé. Comment ne le serait-il pas quand on
s'est agenouillé dans la salle des martyrs, quand on
a constaté le dévouement de ces héroïques missionnaires qui donnent à Dieu la plus grande preuve
d'amour en versant leur sang pour la foi?

« Naturellement ceci m'amène à traiter avec toi la
question qui t'a causé tant de peine. Mon oncle t'a
donc fait part de mes projets? Je le regrette, car il
t'a vivement affligée avant le temps. Et tu me dis ou
que tu mourras ou que tu deviendras folle si je les exécute. Comment! parce que ton fils servirait la plus
grande cause de Dieu, irait porter l'Évangile à des
peuples qui l'ignorent et planterait au loin hardiment
la croix de Jésus-Christ parmi les infidèles ; toi, sa
vaillante mère chrétienne, tu te vouerais à la mort ou
à la folie! Ces seules assertions me surpassent. Ne
devrais-tu pas, au contraire, comme Marie, t'estimer
bien heureuse, remercier le Seigneur de m'avoir
accordé une telle vocation, t'en glorifier et m'en féliciter? Assurément, je comprends tes alarmes, tes
craintes, tes angoisses. Il faudra se séparer en effet,

et pour toujours. Mais qu'est donc cette séparation en face d'un Dieu crucifié pour le salut des âmes ? Lui aussi n'avait-il pas une mère qu'il aimait autant et plus que je t'aime et dont il était aimé autant et plus que je le suis de toi ? A-t-il reculé, Jésus ? A-t-elle reculé, Marie ? Non ! Il en sera de même pour nous. L'un et l'autre nous prendrons courage au pied de la croix. Nous y pleurerons, nous y souffrirons avec eux, nous y accepterons ensemble la volonté divine ; et, après les éphémères douleurs de cette misérable vie qui n'est elle-même qu'une longue mort, nous nous retrouverons avec eux au Ciel à jamais bienheureux ensemble. »

-. Au sortir de cette première visite à la salle des Martyrs, Émile s'était présenté au vénérable supérieur des Missions étrangères, M. Albrand, qui, l'accueillant les bras et le cœur paternellement ouverts, lui prodiguant ses plus sages conseils touchant la marche à suivre pour voir son dessein sûrement couronné de succès, avait inscrit déjà son nom parmi les recrues de l'année suivante. « Vous irez faire à Issy votre cours de philosophie, lui dit-il, mais à partir d'aujourd'hui, vous êtes à nous et nous sommes à vous ! Revenons maintenant sceller cette mutuelle promesse devant les reliques de nos martyrs ! »

Et ce fut, dans ce sanctuaire tout garni des restes sacrés des hérauts de la foi et devant ces incomparables reliquaires abritant ce qu'ils eurent de mortel ici-bas ; et ce fut, en face de ces écrins remplis des instruments de leurs tortures, de ces ossements, de ces anneaux, de ces pinces, de ces verges, de ces glaives, de ces cangues, de ces chaînes, de ces rotins, de ces linges et de ces vêtements teints de sang coagulé ou noirci par l'injure des ans ; et ce fut devant ces tableaux primitifs et sans art représentant au naturel les divers supplices, et les bourreaux léchant avec une joie bestiale leurs sabres rougis ; et ce fut, sous les palmes vertes, les couronnes d'or, les paillettes d'argent tapissant les murs, et sur les bandes de fin velours empourpré comme des filets d'un sang à verser encore ; et ce fut, à côté de ces statues et de ces marbres où sont écrits tous ces noms harmonieux des vaillants qu'ont répétés tant de mères, tant de sœurs et tant de frères inconsolables, qu'ont invoqué tant de peuples chrétiens régénérés et qu'au Ciel chantent maintenant à jamais les anges dans leurs cantiques glorieux, que notre Émile, agenouillé sous la main bénissante de M. Albrand, se releva joyeux en s'écriant : « Désormais, quoi qu'il arrive, je suis aspirant missionnaire ! »

CHAPITRE II

———

> O Seigneur ! que les pieds de Celui qui
> annonce la paix sur les montagnes d'Israël
> sont beaux ! les pieds de Celui qui prêche
> la bonne nouvelle du salut, et qui dit à
> Sion : « Votre Dieu va régner et vous ré-
> gnerez avec lui ! »
>
> ISAÏE, LII, 7.

Le grand Séminaire de Saint-Sulpice, à Issy, en 1865. — Entrée
d'Emile aux Missions Etrangères. — Vie des aspirants. — Leurs
vacances à Meudon. — Impressions d'un premier départ de
missionnaires. — Pourquoi ils doivent être excellents nageurs
et rameurs. — Les Martyrs de Corée. — Progrès spirituels de
l'apôtre. — Humbles et sages conseils à sa mère. — Ses ordinations à la Tonsure, au Sous-Diaconat, au Diaconat. — Son
appel au Sacerdoce.

Au crépuscule du 2 octobre 1865, une cinquantaine
de recrues sacerdotales entraient paisiblement au
grand Séminaire de philosophie d'Issy-Paris, dirigé
par les Messieurs de Saint-Sulpice, dignes fils et con-
tinuateurs du grand M. Olier, dont la pensée première,
comme celle de saint Vincent de Paul, son émule dans

les voies du Seigneur, fut de consacrer sa vie aux Missions Etrangères dans l'extrême Orient. Rarement les portes de l'antique château royal des Valois, devenu le modeste noviciat du clergé parisien, s'étaient ouvertes devant une phalange aussi nombreuse, fervente et distinguée. Les uns venaient des séminaires de la capitale, de la province et de l'étranger. Les autres avaient déserté les carrières d'honneur ou de lucre purement humaines du barreau, de l'armée, de la marine pour se ranger humblement dans la cléricature. Confondus au milieu de leurs anciens empressés à les accueillir et à les installer, il y avait là toute une pléïade d'Eliacins, aujourd'hui devenus grands prêtres, non pas seulement aux quatre coins de la France, mais du monde, comme Archevêques, Evêques, Vicaires généraux, Chanoines, Archiprêtres, Curés, Missionnaires et Religieux de tous ordres. Au hasard de notre pieux souvenir, nommons Mgr Herrera, archevêque de Santa-Fé de Bogota ; Mgr Harkins, évêque de Providence ; MM. Hertzog, curé de la Madeleine et d'Angély ; son vicaire ; de Beauchamps, curé de Saint-Etienne-du-Mont ; Lefèvre, curé de Saint-Denys-du-S.-S.; Delamaire, curé de Notre-Dame-des-Champs ; Marbeau, curé de Saint-Honoré-d'Eylau ; Blériot, curé de Montrouge ; Delaperche, curé de l'Immaculée-Conception ; Acard, curé de Notre-Dame des Blancs-Manteaux ; Montiton, curé de Sᵗ-Germain-de-Charonne ; Delfau, otage de la Commune, premier vicaire de Saint-Augustin, à Paris ; Sisson, général du Tiers-

Ordre de Saint-Dominique ; Mott, assistant de Saint-Lazare ; de Vrégille et de Jallerange, chanoines de Besançon ; de Bellune, grand vicaire de Tours ; le P. Thédenat de l'Oratoire, devenu membre de l'Institut de France ; Crozes, grand vicaire de Perpignan, puis fils de Saint-Dominique ; Gervais, vicaire général de Montpellier ; Artigùes, curé de Cessenon ; le Très Révérend Père Leclerc, général des Frères de Saint-Vincent-de-Paul ; de Tourville ; Ackerman, professeur de l'Université catholique de Paris ; Guilhemat, archiprêtre de Foix ; Roque, supérieur du Saint-Séminaire d'Avignon ; Vindry, grand vicaire de Lyon ; de Castries, officier de cavalerie, neveu du maréchal de Mac-Mahon, auxquels venaient se joindre le prince de Broglie, capitaine de vaisseau, décoré de la Légion d'honneur ; Combes ; Bonnel de Longchamps, et Hugard, neveu du T. R. P. Jeandel, général de l'Ordre de Saint-Dominique ; tous les trois bientôt moissonnés, en odeur de sainteté, et à la fleur de l'âge, comme notre Emile, cherchant à s'effacer, humble et ignoré au milieu de tous.

Fénelon, mourant, écrivait à Louis XIV, en lui recommandant la maison et la société de Saint-Sulpice : « Sire, on ne peut rien trouver de plus vénérable, de plus apostolique et de plus maternel dans votre royaume. » Toutes les tribus sacerdotales qui ont été formées depuis deux siècles dans ce cénacle français, que le pape Léon XIII a nommé lui-même une école de vertus et de piété, confirment ces magistrales pa-

roles. Nous eûmes la première preuve de leur vérité
dès la réunion du soir en la grande salle des exercices.
Le Supérieur, M. Maréchal, prêtre à l'âme tendre, à
la voix émue, aux yeux pleins de larmes, qu'on aurait
pu appeler, comme saint Bernard, l'orateur melliflue,
nous saluait en ces termes : « Voyez comme il est doux
et bon de se retrouver et d'habiter en véritables frères ! La joie répandue sur tous vos visages, manifeste
celle de vos âmes. Ici, vous êtes tous frères, car vous
avez un seul et même père, Notre-Seigneur Jésus-
Christ. C'est lui qui vous a choisis, élus, amenés et
réunis sur son cœur. Hier, séparés et inconnus les
uns des autres, il est venu vous inviter tous à faire
ensemble cette retraite décisive pour votre vocation,
et qui s'ouvre ce soir. Vous y apprendrez à voir, à
vouloir, à espérer tout de sa grâce pour l'accomplissement de ses desseins secrets sur chacun de vous. »
Tel fut son thème chaleureux et vibrant. Il nous saisit
tous ; et à trente ans de distance, pour moi, le dernier
de ces élus qui l'écoutaient, j'en entends chaque jour
encore les pieux et fidèles échos.

Aux jours suivants, tour à tour, vinrent nous entretenir le doux M. Dugrais *du péché véniel,* avec son
exquise histoire de cette reine désolée d'un de ses
actes de vivacité, répondant à sa dame d'atours qui
l'en consolait en lui disant : « Ce n'est qu'un petit
péché véniel ! — Ah ! il est mortel pour mon cœur ! ;
l'austère et original professeur à l'école polytechnique
M. Pinault qui avait vu de ses yeux tomber les têtes

de Louis XVI et de Robespierre, de son *Éternel Rien de toutes choses* ; le savant M. Lehir, de *la Chasteté sacerdotale*, nous répétant cette typique parole de M. Mollevault : « Chers MM., vous devez éviter désormais tout ce qui, par une trente-sixième conséquence, peut ternir la pureté de vos âmes ; le suave M. Vigouroux, de *l'Esprit ecclésiastique*, consistant surtout dans une grande ferveur de notre sanctification personnelle, le zèle des âmes, l'amour de l'Église et du Pape et une attention scrupuleuse à tous les rites du culte. Vous voulez tous être prêtres, s'écriait-il ? Qu'est-ce à dire ? que vous ne vivrez plus désormais pour vous, mais pour Dieu et le prochain, que vous ferez pour eux le sacrifice total de vous-même, que, à partir de ce jour, vous serez des condamnés aux travaux forcés à perpétuité et que vous serez prêts à voler au bout du monde, si Jésus vous le demande, pour le salut des siens ; le distingué M. Hogan, sur *la Direction*, par le choix d'un ami, d'un guide, d'un père qui nous comprenne et nous aime ; le grave M. Bouet, *de la Charité sacerdotale*, en sa nécessité, ses sources, ses caractères, qu'il terminait en nous appliquant la parole de saint Paul: « Désormais, vous avez tout sacrifié et vous vous êtes sacrifiés par dessus tout vous-mêmes pour le salut des âmes. »

Émile, attentif et recueilli se fit, durant ces saints exercices, une solitude du cœur pour mieux savourer et boire à leur source, ces salutaires enseignements. Elles convenaient si bien à l'appel intime de Dieu et à l'attrait de son cœur, qu'il fut surtout frappé par les instructions relatives au zèle des âmes. Sur son cahier de résolution, on lit en effet cette conclusion aussi belle que profonde d'une retraite qui nous laissait à tous les plus délicieux souvenirs : « Saint François de Sales aimait à dire : « Il y a déjà trois saints François. Je serai le quatrième ou bien j'y perdrai la vie! » Je termine cette retraite, en répétant devant Dieu : « Je serai missionnaire, c'est-à-dire sauveur des âmes qui ne connaissent encore ni sa grâce, ni son nom, ou bien j'y perdrai la vie! »

M. Vigouroux, déjà directeur de son bien-aimé Ferdinand dont il partageait et la cellule et les études, devait attirer l'âme d'Émile. Il avait fait tant de bien à son frère! Il l'avait compris si pleinement! Il l'aimait si parfaitement! Il était de plus leur compatriote et il devenait leur professeur! Pour Émile, c'était l'idéal de celui dont on venait magistralement de nous esquisser le portrait, c'est-à-dire, l'ami, le guide, le père! Émile fut donc le dirigé de M. Vigouroux comme l'était son frère; et, si quelqu'un ne comprit pas alors ces deux cœurs avides d'immolations sacrées, lui sut les pénétrer, les défendre, les encourager, les soutenir, les consoler et en faire deux prêtres martyrs, toujours sur la brèche, en avant et face à l'ennemi, au danger et au sacrifice, dans toutes les situations parfois difficiles que la Providence leur réservait.

Entrant dans les vues si sages de M. Albrand,

M. Vigouroux prescrivit à Émile un silence absolu sur
sa vocation envers ses amis, ses parents, son Ferdinand lui-même, jusqu'à la fin de l'année scolaire. Ce
cours de philosophie une fois terminé, il entrerait
directement aux Missions Étrangères, unique objet de
ses pensées et de ses vœux. La tactique fut rigoureu-
sement observée. A voir ce séminariste modèle de
travail, de règle, de piété et d'entrain, aucun de nous,
même ses plus intimes amis, ne soupçonna le coup
qui se préparait en secret. Ferdinand écrivait le
15 janvier 1866 à sa mère : « Ne te fais plus de chagrin, Émile me paraît avoir bien renoncé à ses projets. Il ne parle que du ministère dans le diocèse de
Rodez. Il y sera un curé de campagne, bon, solitaire,
trop timide et indulgent peut-être, et sacrifiant seulement au péché mignon de la gourmandise pour les
dîners des conférences ou du château. »

Le 13 février 1866, au milieu de l'année scolaire,
Émile écrit à sa mère afin de lui en rendre compte,
ainsi que du résultat de ses premiers grands examens.
Il lui dit : « Hier, à quatre heures et demie, j'ai été
cité devant le jury. Au milieu de toute la communauté
silencieuse, réunie pour m'écouter dans une vaste
salle, j'entends prononcer mon nom...... je quitte mon
camail...... je comparais seul, avec ma science devant
une chaise tremblante sous ma main...... je tire un
numéro, le craignant mauvais...... Oh! bonheur!
j'avais appris la veille toutes les questions que j'avais
à résoudre en latin...... Sans broncher, je débite mon

numéro avec un aplomb imperturbable. Je suis donc heureux, mère, de te dire que mon examen a été bon. Pour mieux m'en assurer, j'ai consulté M. Vigouroux ce matin même, et il m'a répondu comme Napoléon Ier : « *Soldat, je suis content de vous !* » Partage donc avec moi ce petit succès. Il est bien minime en réalité, mais il me donne du courage pour travailler avec plus d'ardeur, jusqu'au jour prochain où je viendrai t'embrasser. Mon bonheur est complet, car Ferdinand, de son côté, a très bien réussi. C'est pour ta consolation que nous travaillons tous les deux. » Il ne paraît pas possible à un fils de donner encore à sa mère quelques plus délicieux moments d'allégresse avant d'être obligé de blesser son cœur.

Le 6 juin 1866, voyait luire à Issy, la fête de l'Adoration perpétuelle réunissant pour la célébrer les deux communautés de théologie et de philosophie. L'Archevêque de Paris, Mgr Darboy vint la présider. Il y prononça le soir une enlevante allocution dont nous avons le résumé sous les yeux, sur ce texte : « Bone Pastor ! » Voici le bon Pasteur. » Quel homme ! Quel grand homme ! me fredonnait Emile à l'issue de la cérémonie, « rarement quelqu'un m'a empoigné comme lui ! » Ce n'était pas fait pour me laisser soupçonner le drame qui allait se terminer dans la cellule des deux frères, un moment après ! Assez longtemps, en effet, le feu avait couvé sous la cendre. L'année scolaire venait de se terminer avec tout le programme des études philosophiques. Sur

le double avis de M. Albrand et de M. Vigouroux,
le 7 juin était fixé à Emile pour se joindre à un groupe
d'aspirants missionnaires qui le soir viendraient le
prendre à Issy, et l'amener au séminaire de la rue du
Bac à Paris. Il lui était permis de s'en ouvrir seulement à son Ferdinand, et à ses professeurs en prenant
congé d'eux. Comme quelqu'un qui accomplit un
devoir longtemps entrevu et préparé, il le fit simplement et joyeusement. « Emile, Emile, s'écrie Ferdinand en pleurs, as-tu bien pensé que tu vas tuer notre
mère ? — Oui. — Et cela ne t'arrête pas ? — Non, comme
Marie au Calvaire, elle restera debout, et ne faiblira
pas ! » — Et s'arrachant aux baisers, aux larmes et
aux regrets du plus tendre des frères, il partit !

Va, fils de Dieu, les Anges du Seigneur t'accom-
pagnent ! la tribu des apôtres t'appelle ! la légion
empourprée des martyrs te salue ! et le Christ,
désormais ton unique amour, murmure à ton oreille
docile sa divine promesse : « Celui qui pour moi
quitte sa mère, sa sœur, son frère, recevra le centuple et possédera la vie éternelle ! »

Quand il vient de traverser une mer fertile en nau-
frages, le premier mouvement du matelot est de se
retourner tendrement vers ceux qu'il a laissés au
lointain rivage. Du regard, du geste et des lèvres, il
semble leur crier comme au fond de son cœur :
« Tranquillisez-vous sur moi ! Je suis au port ! »

Le 8 juin 1866, après avoir passé sa première nuit
dans la pauvre cellule d'aspirant missionnaire à la rue

du Bac, tel est le premier mouvement de notre Emile.

Il se tourne d'abord vers son bien-aimé Ferdinand, et à cette date, il lui écrit : « Je n'oublierai jamais la journée d'hier qui a vu s'accomplir mon entrée aux Missions étrangères. Quelle fraternité ! quelle amabilité ! C'est vraiment la maison du bon Dieu et de ses apôtres ! Ma première visite a été pour M. le Supérieur et MM. les Directeurs qui m'ont accueilli à bras ouverts, heureux, disaient-ils, d'inscrire un nom de plus sur le livre de vie, au registre des aspirants. La chapelle des martyrs a eu la seconde. Je leur ai annoncé mon arrivée, et il m'a semblé que tous me souriaient. Je leur ai dit que je marcherais sur leurs traces jusqu'à l'effusion de tout mon sang. On m'a conduit à ma petite chambre au cinquième étage, n° 97, donnant juste en face Saint-Sulpice dont j'aperçois les tours, et plus loin le Panthéon et Notre-Dame. Dalquier, Parguel et Soulé sont venus prendre mes effets, accommoder mon lit, installer ma bibliothèque. Elle est superbe, et repose sur une large table en noyer. Après le dîner, j'ai été accueilli par tous les confrères qui m'ont donné l'accolade en disant : « Soyez le bienvenu ! Un missionnaire de plus, c'est un trésor de plus ! » De ce pas nous sommes allés chanter un hymne à l'oratoire ; et tous les alentours ont retenti de nos joyeux refrains : « Reine des Apôtres ! Reine des Martyrs ! Reine des Confesseurs ! Etoile de la mer, priez pour nous ! » Alors il m'a sem-

blé que je comprenais combien il est doux de tout
quitter pour Jésus. Et me voilà devenu le P. Saladin !
Quelle chance ! Et toi, cher Ferdinand, es-tu consolé ?
Tu sais que le bon Dieu seul l'a voulu ! Tu sauras te
soumettre à lui, comme je l'ai fait moi-même ! Adieu !
Adieu ! »

Une lettre plus difficile à écrire était celle qu'il
adresse à son oncle, le lendemain 9 juin : « Je ne veux
pas qu'une main étrangère vous annonce mon entrée
aux Missions étrangères, effectuée avant-hier 7 juin.
Encore assis sur les bancs du petit séminaire, je vous
avais soumis mes projets. Cette année, je les exécute
avec l'assentiment du Directeur de mon âme et de
M. le Supérieur. Le sacrifice m'a coûté beaucoup :
mais, sur l'appel de Dieu, je n'ai pas hésité. Il semble
m'en récompenser déjà en me donnant la joie et la
paix du cœur si nécessaires aux missions. Soyez assez
bon pour ne pas annoncer la nouvelle à ma mère. Je
dois seul le faire avec tous les ménagements qui lui
sont dûs. »

A cette heure, le chanoine Saladin se préparait
justement à gagner Paris afin d'y prêcher une retraite
à Vanves. Il devait aussi prononcer un grand discours
à Plaisance, pour la bénédiction des cloches en présence de Son Excellence M. Duruy, ministre de
l'Instruction publique et de l'Archevêque, Mgr Darboy.
Couramment le bruit circulait à Rodez que de tels
honneurs étaient pour lui le prélude certain de l'épiscopat.

La lecture de cette lettre à la fois si digne et si ferme ne fit qu'accélérer son départ. « Je profiterai de cette course apostolique, disait-il, pour mettre à la raison cet écervelé neveu et le ramener, contrit et humilié, au grand séminaire de Rodez où il terminera ses études à la satisfaction de tous les siens. » Laissons-le poursuivre à loisir ce voyage doublement désintéressé.

Notre nouvel aspirant avait encore à faire la plus importante et la plus délicate de ses communications. Il mit une semaine entière à la réfléchir. Quand il en eut assez médité les termes, elle jaillit d'un trait sous sa plume dans une page inimitable de foi, de tendresse et de filial abandon.

« Paris, ce 16 juin 1866.

« Bien chère Mère, — Si un grand roi, passant dans nos contrées, avait besoin de moi, et voulait m'amener avec lui dans des régions lointaines, pour le bien de ses états, en me promettant une grande récompense, m'y laisserais-tu aller ? Oui, certainement. Et ce grand prince, te privant de mon secours, ne te laisserait pas dans la peine ! Or, le Roi des Rois, Dieu lui-même, est passé par le séminaire d'Issy et il m'a dit : « Viens avec moi. Je t'ai choisi pour travailler dans un de mes royaumes encore couvert de ronces et d'épines, et une grande récompense sera le fruit de tes labeurs et de tes généreux sacrifices. » Ah ! si un simple roi de la terre m'avait ainsi parlé,

je sens qu'à cause toi, je lui aurais résisté, tendre
mère. Mais comment résister à mon Dieu? Je l'ai
suivi. Il ne m'a pas encore mené dans le champ que
je dois lui défricher; mais, pour essayer mes forces,
il m'a placé en apprenti dans une maison d'apôtres.
Ce toit, aussi cher que béni, tu le connais par son
nom. C'est le séminaire des Missions étrangères !
Halte-là, ô ma mère ! pas de pleurs ! Si tu en verses,
qu'ils soient de joie ! Laisse-moi finir. Tu te figures
que sous peu, je vais partir pour l'Extrême-Orient.
Détrompe-toi. Je suis à Paris pour trois ans, au bout
desquels, si ce n'était pas ma vocation, je reviendrais
près de toi. Ici, on ne prend aucun engagement.
Chacun est libre de se retirer quand bon lui semble.
Après avoir fait d'excellentes études théologiques, si
Dieu me veut prêtre, je le serai dans trois ans comme
notre Ferdinand, qui approuve mes résolutions.

« Avant-hier, mon oncle nous est arrivé. J'avais bien
peur qu'il vînt me monter une comédie *Coram populo*.
Il a eu le bon goût de n'en rien faire. Venu triste,
il est reparti joyeux parce qu'il a vu, de ses yeux,
tout ce que je t'écris. On ne paie absolument rien
ici. On nous fournit tout, depuis la chemise jusqu'à
la soutane, sauf l'argent. Cette bourse entière obtenue
soudainement, a paru lui sourire surtout. Quant à
moi, j'ai là, dans mon tiroir, trois sous pour toute
fortune ; et, je me considère comme plus riche que
lui. Ici, nous sommes sept aveyronnais. La charité
règne en maîtresse avec eux et avec tous. Nous ne

faisons qu'un cœur, une âme et une bourse. Adieu, mère, je t'aime plus tendrement que jamais. »

Le 24 juin, il écrit enfin à son Augusta : « Il est des circonstances, dans la vie, où l'amour se manifeste plus clairement que jamais. Ta lettre en est la preuve. Ton amour m'y parle un langage dur, mais il n'en est pas moins un réel amour. Oui, tu m'aimes ! Oui, je t'aime ! Oui, tu t'es sacrifiée pour mon bonheur. Oui, je t'en remercie encore et je prie Dieu de t'en récompenser. Mais tu veux mon bonheur temporel et éternel. Or je ne les aurai ni l'un ni l'autre si je n'accomplis pas la volonté de Dieu. Il ne le permettra pas. Depuis longtemps, je ne lui adresse que cette prière : « O Dieu, vous m'appelez ! Je quitte tout pour vous suivre, Seigneur. Mais chargez-vous de consoler ma mère et ma sœur ! » Il m'exaucera. Il vous consolera lui-même. Ce matin, j'ai parlé de vous au Directeur de ma conscience. « Sont-elles bonnes chrétiennes ? » m'a-t-il demandé. « Oh ! si elles ne l'étaient pas, Monsieur, je ne serais pas entré ici. Ce sont elles qui ont jeté dans mon cœur les germes de piété et de dévouement sans lesquels le séminaire est une prison ! » — « Eh bien, soyez tranquille, un jour votre mère et votre sœur seront heureuses de vous savoir aux Missions ! »

« Chère Augusta, dis à maman d'imiter ces mères qui ont leur fils ici. L'une disait récemment : « Je suis si contente que mon fils soit missionnaire que si je devais, par une parole, l'en dissuader, je ne la prononcerais pas. Et c'était son fils unique ! Nous avons au Thibet trois missionnnaires qui sont frères, et dont un autre le quatrième, va les rejoindre prochainement. Ils étaient sept enfants, deux filles et cinq garçons. Le cinquième fils est trappiste. Une sœur est fille de la charité. La dernière, récemment mariée, se plaint seule de son sort ! Ces sept enfants ont laissé leur père octogénaire seul. A chaque départ des missionnaires, il arrive ici pour y baiser les pieds des partants, soutenu par son fils et un de nos confrères. Voilà qui est beau ! Il vient de nous arriver de Saint-Etienne, M. Chausse, ayant un frère trappiste lui aussi, et laissant dans le monde une mère infirme et sans soutien, qui, ne pouvant aller l'accompagner, lui a dit : « Va, mon fils, cours où Dieu t'appelle. Bientôt, nous nous retrouverons au ciel ! » Je ne veux pas te rappeler que le premier commandement concerne l'amour de Dieu, et non pas l'amour des parents. Tu sais aussi que Notre-Seigneur nous a dit en son Évangile : « Quiconque aime son père et sa mère plus que moi, n'est pas digne de moi. » O chère sœur qui es aussi ma mère, je te supplie de mettre comme moi en pratique cette prière que nous adressons tous les jours à Dieu : « Seigneur, que votre sainte volonté soit faite ! »

Avant de quitter Paris, le chanoine qui n'avait pas eu le courage de servir une scène publique à son neveu dont l'attitude résolue l'avait déconcerté, trouva celui d'en faire une, en particulier, à son supérieur, M. Albrand. « Émile est mineur, lui dit-il ; la loi donne à sa mère, tutrice légale, et à moi, son subrogé-tuteur, le droit de le retirer de votre maison où vous aviez le devoir de ne pas l'admettre sans notre consentement. Nous sommes décidés à l'exercer, ce droit, même par la force. Veuillez éviter à vous, à nous et à Émile, ces rigueurs, et lui ordonner de me suivre à Rodez où il terminera ses études, sauf à vous revenir quand il sera prêtre, si sa prétendue vocation apostolique lui reste encore. » « Monsieur le Chanoine, notre première règle, ici, c'est de n'y admettre et de n'y garder personne par force. Émile est venu à nous librement. Chaque jour de sa vie, il peut nous quitter librement. Si sa famille recourt aux droits extrêmes de la force, il s'exécutera lui-même. Quant à moi, je ne deviendrai jamais son bourreau, mais je resterai toujours son père. »

Madame Saladin, Mademoiselle Augusta et, gagné par elles, Ferdinand lui-même, entreprirent à leur tour la même campagne ; et, dans une série de lettres poignantes, ils menacèrent aussi leur Émile de toutes les rigueurs de la loi et de l'incessante intervention de la police. Il les soumit toutes à son supérieur. « Répondez-leur que vous sortirez, s'ils l'exigent, et attendez. Ils sont tous trop parfaits chrétiens, pour en venir à ces extrémités ! » M. Albrand y voyait clair. La lutte dura trois ans. Elle ne s'évanouit qu'avec le vaisseau qui emportait Émile à travers les flots azurés de la Méditerranée vers l'Indo-Chine ; mais les expulseurs ne parurent jamais au n° 97, cinquième étage, du séminaire des Missions étrangères.

Émile se mit tranquillement à son œuvre d'étudiant et d'aspirant. Il ne pensa plus aux siens que pour calmer leur douleur, endormir leur persistante opposition, s'en amuser parfois avec eux, les mettre au courant de sa nouvelle position et les aimer chaque jour davantage. Le 5 juillet 1866, il écrit à Augusta : « Maintenant que tu es complètement remise des premières émotions, je puis te parler raison. Plus que ma mère et toi, j'ai souffert de notre dure et subite séparation. Mais, j'obéissais à ma conscience, à mes directeurs et à Dieu. Lui seul m'a soutenu et m'en a donné le courage. Vois, il m'en récompense, en vous donnant à toutes les deux une résignation qui fait l'admiration de notre excellent supérieur et à moi, une surabondance de joie qui m'épanouit tout entier, depuis que je suis devenu l'hôte des apôtres et des martyrs. Remercions-le ensemble ce Dieu si bon. Aux uns et aux autres il a mâché le sacrifice ! Je suis si heureux, que je voudrais vous voir toutes les deux dans une maison religieuse. Le monde n'est rien en comparaison de la retraite. Maman m'a déjà dit qu'elle songeait à entrer en religion. Oh ! que j'en suis heureux ! Dieu lui donne, par ce seul désir, une marque certaine de son amour. Et toi, belle et chère sœur, ne recevras-tu pas la même grâce ? Tu me disais dans ta première lettre : « Si tu ne nous reviens pas tout de suite en Aveyron, si tu ne quittes pas, dès maintenant, cette traîtresse maison de la rue du Bac, nous te suivrons, maman et moi, partout où ton supérieur, vrai chef de brigands, t'enverra. » Eh bien ! je te prends au mot. Les sœurs de Charité ont la chance d'être missionnaires. Fais-toi fille de Saint-Vincent-de-Paul. Nous nous retrouverons sur la terre lointaine. A deux pas de chez nous, se trouve la maison-mère de ces héroïnes. Veux-tu que j'aille y retenir ta place ? Oh ! viens ! viens-y ! Nos beaux jardins sont contigus. Nous nous verrons tous les jours. Tu m'entendras chanter, et tu me répondras. Chaque soir, leur joie comme la nôtre, se manifeste par des cantiques. Souvent, elles ont sur les lèvres les mêmes paroles du chant du départ. Les échos lointains de leurs voix célestes se mêlent à nos mâles accents ! C'est beau ! On dirait déjà sur terre, la tribu blanche des Vierges et la rouge phalange des Martyrs louant le Seigneur ! Et si tu savais comme ces sœurs nous aiment ! Le missionnaire et la sœur de charité sont frère et sœur parce qu'ils tendent au même but, avec les mêmes sentiments...

« En attendant, je veux te donner sur ma demeure et la vie que j'y mène quelques détails qui t'intéresseront. La maison date du XVIIe siècle. Elle fut construite sous Louis XIV, en même temps que Saint-Sulpice. En pénétrant de la populeuse rue du Bac dans une cour intérieure, on voit d'abord notre chapelle ; et, sur sa façade, une belle statue de Saint

François-Xavier, notre patron. A droite, est une grille, suivie d'un jardinet. Quand on l'a traversé, on est en face d'une grande maison à six étages, noircie par le temps. On y pénètre par la porte principale ; et, en suivant un large corridor, au rez-de-chaussée, on se trouve dans un jardin vaste, orné de pièces d'eau, de massifs et d'allées. C'est là que les jeunes aspirants prennent leurs récréations toujours gaies et bruyantes. Quant au matériel, nous sommes beaucoup mieux qu'à Issy. La nourriture est excellente et copieuse, le vin exquis. Le moindre petit mal vous vaut quinze jours de chocolat. Les Aveyronnais sont d'autant mieux soignés que le réfectorier est un rouergat, ancien domestique de Saint-Pierre. On nous donne tout ce qu'il nous faut, mais pas d'argent. Ainsi, en entrant, je n'avais que deux mouchoirs ; le soir, on m'en portait douze, avec des serviettes, des chaussettes blanches, etc.... Ces chaussettes t'étonnent sans doute ! Les parisiens n'en sont pas surpris. Lorsqu'ils nous voient passer avec elles, ils nous reconnaissent aussitôt. « Tiens, disent-ils, voilà un Missionnaire ! Il veut aller se faire *martyraliser* en Chine ! » En temps de révolution, lorsque toutes les maisons religieuses de Paris sont fermées ou vides, la nôtre reste ouverte et va son train. Le peuple aime et estime notre dévouement.

« Voici le règlement d'une journée ordinaire. Lever à cinq heures. A cinq heures et demie, oraison et deux messes à la chapelle. Nous faisons chaque jour la Sainte Communion. A huit heures, déjeuner avec soupe, pain, fromage, vin. A neuf heures et demie, classe de théologie. A dix heures et demie, travail en chambre. A midi moins le quart, examen particulier. Dîner à midi. Récréation jusqu'à deux heures. Travail en chambre jusqu'à trois heures. Classe de théologie jusqu'à quatre heures, suivie d'une classe de chant et de la visite du T. S. Sacrement. De cinq heures à sept heures, travail en chambre. A sept heures, lecture spirituelle. A sept heures et demie, souper et prière ; visite à la salle des Martyrs. Vers huit heures, chacun se retire chez soi, et peut faire ce qu'il veut jusqu'à dix heures. A ce moment, extinction de tous les feux et coucher de règle. Le croiras-tu ? On ne fait ici aucune austérité, aucune mortification. Celui qui se les permettrait serait vite réprimandé. On veut que nous nous soignions pour le mieux, afin de porter à Messieurs les Chinois, Japonais, Coréens, Tonkinois, etc..., des âmes saines dans un corps sain. Autrefois, chaque aspirant pouvait fumer dans sa chambre. On le lui apprenait même, s'il ne le savait pas, car dans les missions, on fume beaucoup, soit à cause de la santé, soit pour ressembler le plus possible aux peuples que nous allons évangéliser.

« Pour ces mêmes motifs, dans les missions, nous ne portons plus la soutane, mais, les habits mêmes des indigènes. Comme il est curieux parfois, de voir nos partants revêtus de leurs nouveaux costumes ! On les prendrait pour des brigands de Calabre ! Mais il faut savoir hurler avec les loups afin qu'ils ne vous croquent pas ! Nous avons pour chantier toute l'Asie, c'est-à-dire trois fois l'Europe… et, pour tous ces pays, c'est à peine si nous pouvons envoyer quarante prêtres par an ! C'est bien le cas de le dire : « La vigne est si grande et les ouvriers sont si peu nombreux ! » Oh ! qu'elle sera grande et belle la récompense que donnera le vigneron à ses plus ardents piocheurs ! »

On le voit, à peine entré au Séminaire des Missions Etrangères, Emile se trouva, selon la remarque autorisée de M. Maury, dans son élément. Son maître dit de lui : « Elève intelligent et studieux, séminariste pieux et fidèle, condisciple aimable et aimé de tous ceux dont il partageait les travaux et les espérances, rien ne manquait à son bonheur, pas même cette perspective des souffrances de l'apostolat ou de la gloire du martyre qu'il avait toujours rêvée ! » Quand un Directeur de séminaire parle en ces termes d'un aspirant qui fut son élève, il en fait le plus beau portrait et le plus radieux éloge qu'il soit possible d'en esquisser.

Les grandes vacances réunirent à Ax dans l'Ariège, Mme Saladin, Mlle Augusta et l'Abbé Ferdinand. Emile seul ne vint pas : mais, par ses lettres fréquentes et affectueuses, il assistait de cœur à l'heureuse réunion des siens. Citons-en quelques passages.

« Paris, 9 juillet 1866.

Reine des Apôtres, priez pour nous !

« Il doit vous tarder, ô les trois bien-aimés de mon cœur, d'avoir de mes nouvelles. Me voici près de vous. Nous sommes en vacances depuis le 15 juin. La veille qui était un dimanche, nous avons embarqué dix de nos confrères. Quelle touchante cérémonie ! Notre église était pleine. Les amis de nos futures victimes étaient accourus pour leur donner le dernier baiser. Tous les assistants pleuraient. Seuls, les yeux des dix partants étaient secs. Qui ne se sentirait ému, en voyant nos vieux Directeurs et Pères chéris, tomber aux pieds de leurs élèves, les embrasser, et leur adresser les recommandations suprêmes pour leur périlleux ministère ? Mais trêve de pleurs, et vive la joie du Seigneur ! De la chapelle, passons donc au réfectoire déjà prêt pour le dernier repas. Ici, c'est une vraie foire. La table des Directeurs est garnie d'étrangers. A la fin les nouveaux missionnaires se lèvent, verre en main, et, portent des toasts à la santé de leurs Maîtres et de leurs collègues ; et ceux-ci boivent à leur heureux voyage. Ils passent ensuite autour de toutes les tables et trinquent avec chacun. Une telle joie règne dans l'assemblée qu'on ne s'entend plus. Silence ! On récite les grâces... et l'on voit s'avancer dans la cour intérieure deux omnibus chargés de malles. Tout le monde s'y porte. La cloche sonne à toute volée, non plus pour nous réunir, mais pour nous séparer.

« Voici paraître les dix apôtres... ils fendent les rangs, chacun leur tend les bras, ils nous embrassent encore, ils montent en voiture, ils nous bénissent une dernière fois... et les voitures s'ébranlent, s'éloignent, disparaissent... et leur sacrifice est consommé !

« Tandis qu'ils voguent vers l'Asie, nous prendrons nos vacances à Meudon. Ici, la règle n'est plus la même qu'à Paris. Les diacres et sous-diacres seuls ont des chambres ; les autres, des alcôves dans des dortoirs. Dans le mien, on se couche vers neuf heures,... mais on ne s'y endort qu'à minuit !.

« Nous avons un Lyonnais, dont je vous ai déjà parlé, M. Chausse, tellement gai, spirituel et aimable, qu'il nous fait mourir de rire la moitié de la nuit. Je me lève à quatre heures du matin ; et je sors, tandis que mes compagnons, réparant le temps perdu la veille, ronflent jusqu'à sept heures. Avec ma flûte sous le bras, je m'en vais seul dans la forêt. Je commence par y faire mon oraison à travers une foule de sentiers perdus et parfumés. Je pense alors souvent à vous et à ma vie future des missions. Je m'accoutume ainsi à la solitude et à l'isolement qui m'attendent. Après cette heure de prières et de méditations, je m'assieds sous un arbre, je prends ma flûte et je joue... le *Barbier de Séville*, le *Quadrille des Lanciers*... etc. Avant-hier, au milieu de mes harmonies, j'entends dans les broussailles un bruit de pas accélérés. Je me retourne, et vois un inconnu planté debout derrière moi qui m'écoutait. Je lui joue : « *Partant pour la Syrie.* » Il comprend : et, part dans la direction de Paris !

« Je rentre pour entendre la sainte messe et déjeuner. Nous sommes libres de travailler ou de nous délasser jusqu'à dix heures, moment du dîner. Alors une joie folle règne parmi nous. Un étranger en serait scandalisé. Les futurs missionnaires ont la manche plus large. Au milieu du dîner, nous donnons un concert. J'y suis première flûte. Ensuite, chacun prend son essor, les uns vers le billard, les autres aux bains de Saint-Cloud, le plus grand nombre vers nos grands bois pour de longues courses. Vous devinez bien que je suis parmi les aquatiques ! Peut-être le bon Dieu veut-il que je devienne un excellent nageur, comme il veut que ses apôtres soient d'excellents chasseurs d'âmes ! On rentre pour souper à 5 heures, après avoir accompli tous les exercices de piété de la soirée. C'est alors le plus bruyant moment de la journée. L'hilarité est à son comble. On rit beaucoup plus qu'on ne mange. La digestion va se faire dans les bois. J'ai coutume d'y prendre encore ma flûte, en compagnie d'un confrère qui sait aussi en jouer. Quand nous avons trouvé un site propice et solitaire, nous attaquons vivement un duo magique. On l'entend de très loin. Les confrères accourent autour de nous. Les uns chantent, les autres dansent à notre unisson. A sept heures et demie, après les prières du soir, chacun est libre de se retirer ou de se promener dans les bois, jusqu'à dix heures sonnantes au château du prince Napoléon. Dans les intervalles, j'ai soin de consacrer quelques heures à l'étude et à penser à vous, mes bien-aimés, comme je le fais aujourd'hui. Telles sont nos vacances de Meudon. Oh ! si vous saviez mon bonheur, vous l'envieriez. Ces trois années que j'ai à passer sur la terre de France, vont s'écouler rapides comme trois éclairs. Seulement à l'époque de notre ordination, on nous dit nos destinations. J'ignore donc la mienne ; mais, j'espère que ma bonne santé, me vaudra le plus rude poste ; et j'en remercie le Seigneur ! »

Le 3 Septembre 1866, il écrit à Augusta : « Ma bien-aimée sœur, je t'écris pendant que tous reposent. Une belle journée vient de luire à Meudon. Ce matin, une dépêche nous annonçait le martyre de neuf missionnaires, nos confrères parmi lesquels deux évêques. Oui, neuf têtes qui nous étaient bien chères viennent de tomber sous le glaive des bourreaux Coréens, car, c'est la Corée qui a été le théâtre de leur martyre, comme le ciel est maintenant celui de leur triomphe. Ecoute, comment cela s'est passé. Ayant vu que des vaisseaux européens étaient dans son port, le Roi de Corée fit mander l'évêque Mgr Berneux, sous prétexte de lui demander conseil. Celui-ci, ne se doutant de rien, se transporta près de Sa Majesté. Il lui promit de faire éloigner ces vaisseaux mena-çants. Il se rendit à leur bord et réussit dans son des-sein. A peine les vaisseaux eurent-ils disparu que le roi fit saisir l'évêque avec trois de ses missionnaires. Ils passèrent la nuit en prison ; et, dès le lendemain matin, sur la place publique, leurs têtes tombèrent pour la foi de Jésus-Christ. La rage du tyran n'était pas assouvie. Il fit saisir de même Mgr Daveluy, coadjuteur de Mgr Berneux, avec deux autres missionnaires. A leur tour, ils eurent sans délai la tête tranchée, et, s'en allèrent augmenter la nombreuse armée des martyrs. Ce n'était pas encore assez. On fit de nouvelles recherches. On découvrit M. Poullière, d'Alby, provicaire de la mission, et on le décapita aussitôt. Il ne reste plus en Corée que trois missionnaires, dont l'un nous annonce la nouvelle, caché entre deux murailles, croyant tous ses confrères immolés. Il nous le dit dans sa lettre. Tel était le motif de notre splendide fête. L'oratoire de la reine des martyrs a été magnifiquement illuminé. Les noms des neuf nouveaux immolés y étaient encadrés de lauriers. Ceux des évêques, couronnés de la crosse et de la mitre ; tous, entourés de sabres et d'épées. Et devant ces trophées improvisés à la hâte, nous avons entonné le *Te Deum*, chanté le *Magnificat*, invoqué en chœur la reine des apôtres et des martyrs. Pour notre chère congrégation, ces jours sont les plus beaux jours ! Au mois de Février, elle va remplacer les victimes qui sont tombées au champ d'honneur. Que ne suis-je prêtre ou diacre pour être choisi et envoyé à leur place ! »

Emile vient de dire aux siens qu'il doit être aqua-
tique, c'est-à-dire bon nageur pour le plus grand
profit de sa sainte vocation. Il doit devenir aussi
excellent rameur, dans les desseins de Dieu, pour
bien exercer son ministère à Siam, au milieu de tous
les périls bravés et décrits par saint Paul lui-même.
La Providence se charge de l'y préparer dès les
beaux jours de Meudon. Le 8 septembre 1868, il
écrit à son Ferdinand : « Hier, j'étais invité par un
de mes confrères, avec deux autres aspirants, pour
dîner chez son oncle, résidant à Saint-Denis. Facilement nous avons obtenu la liberté pour toute la
journée. Dès trois heures du matin, nous étions sur
pied et partions de Meudon prêts à naviguer. A cet
effet, nous avions loué une barque baptisée « *Maria* »
sur laquelle nous devions voguer de Saint-Cloud à
Saint-Denis, sur la Seine, c'est-à-dire six lieues.
Canotiers bien bâtis tous les quatre, nous pouvions
ramer sans fatigue. Un sac contenait nos provisions
de voyage. Nous le déposons à nos pieds, en embar-
quant au pont de Saint-Cloud, et, avec deux paires de
rames, nous faisons glisser notre frêle nacelle,
comme si nous étions déjà missionnaires, en chantant :
Stella Maris, Ora pro nobis ! A l'extrémité du bois de
Boulogne, nous trouvons une petite oasis ; nous y
amarrons, et, à l'abri de tout regard indiscret, nous
y prenons un bain délicieux. A six heures du matin,
nous relevons l'ancre et pointons vers Saint-Denis.
La Seine était tranquille, et notre nacelle se balançait

doucement sur ses ondes. Nous profitons de ce moment favorable pour le modeste déjeuner. Une fois bien réconfortés, deux de mes compagnons sautent aux rames, moi je saisis le gouvernail, et le quatrième entonne l'*Itinéraire*, pour attirer sur l'expédition la bénédiction d'en haut. Etonnés de notre adresse, aussi experts que les marins du vapeur le mieux équipé, nous fendons les flots. A huit heures, nous doublons Suresnes. Hélas ! Il faut s'y arrêter une heure ! L'écluse est fermée. « Je n'ouvre que devant les remorqueurs », s'écrie l'éclusier ! « Nous le sommes ! » A force d'instances, nous obtenons que les barrières s'abaissent. Sur les bords de l'écluse se tiennent des gens matineux étonnés de voir des curés matelots. Pour eux, comme pour nous, c'était une merveille. A neuf heures, nous sortons de Suresnes, et, par une fraîcheur charmante, nous arrivons à Saint-Denis à onze heures. Les rames commençaient à nous peser. L'oncle nous reçut très bien ; son dîner fut excellent, très cordial, très gai surtout. On causa de tout, même de religion ; et, en prenant le café, nous avions déjà bombardé plusieurs préjugés et encore plus d'erreurs. A trois heures, il faut repartir. En avant ! — Hélas ! autant le matin la traversée avait été bien, autant elle fut mal le soir. La Seine était chauffée par un soleil ardent, son lit tout couvert de bateaux et de barques fétides, ses bords remplis de gens, hommes, femmes, enfants sordides. A peine avons-nous donné quelques coups de rames pour nous entraîner, une grande clameur s'élève de toutes parts : Couac ! A l'eau les curés ! A bas la calotte ! M. le curé, confessez ma femme ! Ohé ! Ohé ! c'est un voyage de noce !! etc., etc. Suant sur nos rames, nous étions plus rouges que la crête des coqs. Il en fut ainsi jusqu'à Saint-Ouen. Là, nous apercevons un quai tout couvert de peuple, et en face, un rivage inondé de baigneuses. Sans perdre un brin de notre entrain, nous disons à voix basse : « Voici Charybde et Scylla ! Nous sommes au péril de la mer ! Allons ! Confiance ! Ramons plus fort ! Le premier de ces gens qui nous engueule aura la bouche fermée ! » Ce ne fut pas long. « MM. les curés, venez nous confesser ! » hurle un maraîcher. « Quelle est l'oie qui jase si bien, crie l'un des nôtres, je l'achète. » Une confusion de cris discordants accueille sa riposte. Contre mille cependant, que vouliez-vous que nous fassions ! Je n'écrirai pas ce qu'ils disaient. C'était ignoble ! Le plus sûr était de ramer plus fort, de fuir ce théâtre de la licence et de la débauche, comme la mer des sirènes. Nous l'essayons. Hélas ! un de nos avirons se rompt et tombe dans la Seine. Notre barque ne peut plus aller. La foule s'en exaspère davantage. Elle n'est plus menaçante, elle devient hostile. On saisit des pierres, on nous lapide, nous sommes perdus ! L'un de nous cependant a déboutonné sa soutane, s'est jeté à l'eau, a saisi l'aviron et, d'un robuste coup de poitrine, a lancé la barque au milieu de la Seine, tandis qu'il y remonte d'un saut.

Son courage sauve tout l'équipage désespéré. Il reprend sa traversée en tempête. Il est salué, jusqu'à la nuit, par les cris, les insultes et les abominations des riverains. A sept heures et demie du soir seulement, nous mettons pied à terre au point de départ, remerciant Dieu de nous avoir fait connaître de près la perversité du monde, en nous initiant aux hostilités et aux dangers qui bientôt nous attendent en nos Missions. »

Le sacrifice qu'elle a fait à Dieu de son Émile, n'est pas encore complet dans le cœur de sa mère ; et nous venons d'apprendre qu'elle pense à s'offrir totalement elle-même au Seigneur. Dès janvier 1868, c'est-à-dire quelques mois à peine depuis l'entrée de son fils aux Missions, elle songeait à quitter le monde et à se faire religieuse ! C'était étrange, mais c'était peut-être aussi déjà la céleste récompense de sa résignation et de son consentement qu'elle lui avait envoyé écrit, signé et scellé avec ses larmes ! Elle en écrit de-rechef à son Émile qui lui répond : « Tes désirs, de plus en plus prononcés pour la vie du cloître, m'édifient et me consolent. Les biens de la terre sont trop méprisables pour que nous perdions notre vie à les rechercher. Seul le ciel, où nous nous retrouverons à jamais, mérite nos désirs. Vivons donc, combattons et souffrons pour y arriver sûrement ! Chaque jour, je prie Notre-Seigneur de te manifester sa volonté ; mais, je suis encore trop jeune et trop dépourvu d'expérience pour te donner des conseils (Lettre du 30 juillet 1868.)

Que tes mérites sont grands ! Je crois que, même avec cinquante ans d'apostolat, il ne me sera pas possible d'en acquérir autant que tu l'as fait. Et cependant, tu le sais bien, c'est moi qui dois être ta couronne là-haut et, par conséquent, être au-dessus de toi et t'y surpasser ! Je vais m'y mettre ! De ton côté, travaille toujours. Voyons qui réussira le mieux ! « Lettre du 31 octobre 1868.)

Le jour vient, où, initié depuis trois ans aux voies du Seigneur, Émile peut conseiller sa mère et devenir comme son Directeur autorisé. Il le fait dans plusieurs pages remarquables de prudence, de goût et de compétence. Citons-en une.

« Excellente mère, tu me dis que ta vocation persiste, mais que ton Directeur ne t'éclaire, console et garde pas assez. En cela, j'admire la bonté de Dieu à ton égard. C'est lui-même qui te gouverne par ton Directeur. S'il croit à propos de te conduire ainsi, c'est que cette manière te sera la plus avantageuse et la plus méritoire. Elles aussi, sainte Jeanne de Chantal et sainte Thérèse cherchèrent longtemps des Directeurs à leur goût. Ce ne fut qu'après de longues années que l'une trouva saint François de Sales et l'autre saint Jean de la Croix. Faut-il dire qu'elles ont perdu leur temps entre les mains des premiers? Non. Elles l'employèrent fort bien au contraire, en souffrant. Imite ces grandes saintes, puisque tu marches aussi par la voie des épreuves. Une vocation n'est pas l'affaire d'un moment d'enthousiasme. Elle ne se manifeste que par une longue série de saintes aspirations et de fidèles sacrifices. Vois la mienne ! Décidée en quatrième à Saint-Pierre, combien de temps et de traverses il a fallu pour l'exécuter ! La tienne, ne serait-elle pas une feinte du démon, pour t'amener, par ces vains désirs, à négliger ton état présent, en te préoccupant sans cesse d'une position nouvelle ? Vois-tu, il est un moyen très simple de le savoir. Il suffit de constater si, lorsque cette pensée te vient, tu es triste, découragée, ennuyée de ta situation présente, ou bien si tu restes calme, tranquille, fervente et heureuse. Dans le premier cas, sois sûre que cette pensée vient de l'Ange déchu qui, par elle, veut te troubler et te perdre. Dans le second cas, elle vient de Dieu. » (Lettre du 2 février 1869.)

Quelle netteté de vues, quelle précision spirituelle et quels lumineux conseils ! Madame Saladin les comprit et les goûta. Durant trois ans, elle se sacrifia encore pour les siens. Elle supporta, sans nouveaux murmures, les épreuves multipliées de sa rude existence ; et, soutenue par Dieu et par son Émile, elle n'en vit la fin qu'avec le sacerdoce de ses deux fils.

Pénétrons maintenant plus profondément encore dans l'âme de notre apôtre ; et, la main tremblante comme lorsqu'elle ouvre la porte d'un tabernacle, montrons ce qu'il fut aux heures solennelles de ses ordinations, étapes décisives de son holocauste sacré.

Le 18 juin 1867, la couronne cléricale est posée par le Pontife de Dieu sur sa tête, et il écrit à sa mère : « Mon cœur surabonde de joie ! Il ne saurait en être autrement ! Je viens d'être consacré à Dieu par la tonsure. Je viens de dire au Seigneur : « Mon Dieu, je laisse le monde à tout jamais, je le méprise, je le foule aux pieds, je m'attache à vous pour toujours ! Je ne veux plus que vous ! Vous êtes mon héritage et ma couronne ! Je vous aurai, coûte que coûte ! Vous me demandez le sacrifice de mes parents, de mes amis, de mon bien-être, de mon pays, de ma vie ! Seigneur. il est fait ! La voilà, cette bonne mère que j'aime tant ! La voilà cette sœur qui pour mon cœur est une seconde mère ! Le voilà, ce frère chéri que, dès le berceau, vous m'avez donné pour compagnon ! Le voilà ce pays, témoin de mes premières affections comme de mes premiers pleurs ! Le voilà ce bien-être que, dans votre paternelle bonté, vous m'aviez procuré ! C'est ce que j'ai de plus cher, et c'est tout ce que j'ai ! Je les mets à vos pieds. Faites-en ce que votre miséricorde voudra. Pour moi, je n'aspire plus qu'à vous suivre, vivre et travailler, me consumer et mourir pour vous !

« O mère, partage le bonheur de ton fils. Une mère n'est heureuse que du bonheur de son enfant. Tu peux donc l'être entièrement, car ton Émile l'est aujourd'hui. Ma vie, en effet, est toute tracée désormais devant moi. A la Noël, je serai minoré. A la Trinité, sous-diacre. A la Noël 1868, diacre, et prêtre à la Trinité suivante. Et alors, je serai Apôtre ! Et mon but sublime sera atteint. Mais, si ma vocation est si belle, elle requiert aussi de grandes vertus. Je sais que j'en suis bien pauvre, sinon totalement dépourvu. Par tes ferventes prières, aide-moi donc à me pourvoir d'un bagage qu'il faut, à tout prix, emporter avec moi. Il ne consiste pas en camails, soutanes, linges, aubes, surplis et chasubles ! ô mère, ce sont des vertus qu'il me faut ! Oui, des vertus ! Encore des vertus ! Surtout des vertus ! Seulement des vertus ! Avec toute ton âme, demande donc au Dieu de ton Émile, qui est aussi le tien, qu'il daigne m'en pourvoir lui-même !

« Demande-lui que ton pauvre Émile si chétif à ses yeux, en partant pour les Missions, soit devenu un véritable apôtre ! C'est tout ce que je désire, car, ce mot apôtre, veut dire tout d'abord, un saint ! »

Le 22 mai 1868, Émile invite sa mère à faire avec lui, sa retraite préparatoire au sous-diaconat en récitant chaque jour le *Veni Creator*, en communiant à la Sainte Messe, en se rendant, le samedi après la Pentecôte, à la Métropole de Lyon pour y suivre l'ordination ; et, ce jour-là, en récitant à onze heures le *Te Deum*, parce que ce sera le moment où ses deux fils auront fait le grand pas pour Dieu et pour l'Église. Cette ordination eut lieu à Saint-Sulpice, le 6 juin 1868. Elle fut une des plus belles et des plus nombreuses dont on ait gardé le souvenir. Soixante aspirants des

Missions Étrangères vinrent inopinément y prendre part. L'Évêque, vicaire apostolique du Thibet, qui devait les ordonner à la rue du Bac, tomba malade la veille ; et, leur présence coïncidant avec celle de plusieurs autres communautés de la capitale, porta le nombre des ordinants de Saint-Sulpice à deux cent vingt. En l'absence de Mgr Darboy, elle fut célébrée par Mgr Trioche, archevêque de Babylone. Aux yeux de tous, chacun de ces incidents passa bien inaperçu. Dans sa paternelle bonté, Dieu les permit peut-être pour exaucer, comme miraculeusement, l'humble et ardent désir des deux frères, Émile et Ferdinand qui, sans eux, auraient été ordonnés séparément et qui, par eux, le furent ensemble. Ce jour béni fut un des plus beaux de leur existence.

Émile en rend aussitôt compte à sa mère :

« C'en est fait ! Je suis engagé pour toujours au service et dans la milice du Christ. Si j'avais envisagé naguère l'ordre que j'allais recevoir avec crainte et tremblement à cause des obligations qu'il impose, je le considère maintenant comme un honneur et un préservatif dont je dois rendre au ciel des actions de grâces infinies. A vrai dire, je n'ai pas fait de sacrifice ; ou bien, si j'en ai fait un, Dieu, dans sa bonté, l'a tellement adouci, qu'il ne m'a rien coûté. Quoi de plus doux que ces vœux de prière et de chasteté faits à un Dieu si prodigue de bienfaits pour moi ? Je me suis donc offert à lui de bon cœur et sans restriction : et,

comme récompense, je ressens déjà l'effet de cette
parole que nous adressait son Pontife à l'ordination :
« *Servir Dieu, c'est régner !* » Par une permission
inespérée de sa douce Providence, nous étions côte
à côte avec Ferdinand. Ensemble, nous avons fait le
pas ! Ensemble, nous nous sommes offerts ! Ensemble,
nous nous sommes proternés ! Ensemble, nous nous
sommes relevés pour les combats du Seigneur !
Chacun enviait notre sort ! Nous savons que tu as
bien prié pour tes deux fils en les donnant au Seigneur.
Il faut que tu continues afin d'obtenir que nous persé-
vérions dans les dispositions de ce jour. Commencer
est peu de chose dans les voies de Dieu ; tout est d'y
persévérer. »

Le 10 décembre 1868, Émile écrit à son oncle, le
Chanoine toujours redoutable et redouté : « Je n'entrerai
pas dans la retraite du Diaconat sans m'être spécialement recommandé à vos prières. J'ai besoin de cette
visite de l'Esprit-Saint pour continuer et parfaire la
carrière entreprise. Demandez cette grâce pour moi
au T. S. Sacrifice. Il ne saurait vous la refuser, à vous
qui lui avez ouvert la porte de tant d'âmes pour les
conduire au ciel. Je n'aurai pas le bonheur d'être à
côté de Ferdinand. La cérémonie sera faite dans notre
chapelle par Mgr Amanton, archevêque de Mossoul,
prélat dominicain. Lui, sera ordonné à Saint-Sulpice.
Mais je veux et dois vous dire que dans ses épreuves
préparatoires son succès à été splendide. Je le tiens

de M. Vigouroux lui-même. Le curé de Saint-Leu se trouvait au réfectoire à côté de M. Caval, supérieur général, tandis qu'il prêchait son sermon sur saint Jean l'Évangéliste. Ils n'ont pas cessé l'un et l'autre de donner des gestes d'approbation. A la critique du soir, il n'y a eu que des éloges, chose assez rare à Saint-Sulpice. M. Vigouroux m'a dit : « Nous voudrions bien entendre tous les jours de tels sermons, dites-le à votre oncle, et ajoutez qu'il a passé aussi parfaitement ses examens. »

Dès qu'il a gravi le dernier degré de l'autel, Émile se tourne encore vers sa tendre mère (lettre du 20 décembre 1868) : « Il est passé ce beau jour de mon Diaconat. Dans mon cœur, il laisse une empreinte ineffaçable parce que c'est celle de l'Esprit-Saint. Je l'ai reçu. Mais ai-je été assez pur et assez saint pour le bien recevoir? Il aura daigné avoir égard à ma bonne volonté, sinon à mes vertus. Je suis donc diacre de Jésus-Christ! Je puis toucher son corps et son sang! baptiser! prêcher! Que je suis peu de chose pour de tels ministères! S'il restait un peu d'orgueil au fond de mon âme, en présence de mon néant et de ce nouveau caractère imprimé en moi, il disparaîtrait bien vite! Pendant toute la prostration, j'ai pensé à toi! aux miens! Le Sauveur exaucera mes prières faites en ce moment solennel. Il ne me reste plus que l'action de grâces à lui faire. Aide-moi, mère. Mets toute ton âme à chanter avec moi le *Te Deum!* Dieu

sera sensible à tes accents unis à ceux de ton fils.
Adresse aussi un chant d'amour à Marie, notre divine
mère, dont le blanc manteau m'a toujours abrité.
Aide-moi aussi à m'attacher pour amis saint Étienne,
saint Vincent, saint Laurent, les vrais prototypes des
diacres. Désormais, je veux leur faire une sainte
cour, afin qu'ils me donnent quelque chose de leurs
vertus. Oh! ma mère, écoute! Encore quelques mois,
et je serai prêtre! Comprends-tu cela? Moi, je m'y
abîme! Le sacerdoce est une si grande, si belle, si
redoutable et si divine mission! Mais il faut avoir
confiance. Celui qui appelle, donne la force d'approcher. Celui qui fait ce don si magnifique, sait le
faire fructifier! O Jésus, qui nous comblez de faveurs
et de grâces, nous ne vous avons fait que du mal ;
et au centuple, vous ne nous faites que du bien! Et
vous êtes Dieu! Et celui que vous comblez de vos
privilèges n'est que pourriture, fange, boue, péché !!
Ah! c'est un mystère d'amour que personne au monde
ne pourra jamais expliquer! Au Ciel seulement, nous
en comprendrons les secrets! »

Ainsi ballotté sans cesse, comme tous les aimés de
Dieu, entre les consolations et les épreuves, le Père
Saladin avait terminé ses cours de théologie, ses
quatre années de probation et ses trois ans de noviciat à la rue du Bac. Il devait être promu à la prêtrise
le 22 mai 1869. L'évêque de Rodez, Mgr Delalle, ce
pontife paternel qui, pour chacun de ses fils, savait

avoir les plus délicates tendresses, voulut que son frère Ferdinand fut ordonné prêtre, avec lui, aux Missions étrangères. On ne saurait trouver rien de plus maternel que saint Sulpice, nous disait tout à l'heure le cygne de Cambrai. Malgré la coutume, la tradition et les interstices, saint Sulpice, sur les dévouées instances de M. Vigouroux, y consentit. Nos deux frères se tinrent prêts. Ferdinand vint au séminaire des Missions étrangères pour y recevoir, avant tous ses confrères de Saint-Sulpice, le sacerdoce et, à côté d'Émile, suivre la retraite préparatoire à l'ordination.

A cet oncle irréductible, apprenant, disait-il, toutes les ordinations de Ferdinand avec bonheur, mais celles d'Émile, avec terreur et colère, celui-ci annonce le 11 avril 1869, son appel, et sollicite ses bénédictions, ses prières, ses conseils et ses secours. Le chanoine lui répond par un bref questionnaire dont les numéros alignés durent paraître aux yeux du P. Saladin comme un spectre desséché au milieu d'un confiant et paisible sommeil. Il s'empresse de le remplir en ces termes :

« Paris, 22 avril 1869.

«Vous désirez, avant tout, savoir, mon cher oncle : 1° Ce que je deviendrai une fois ordonné prêtre, après avoir quitté la France ? — De même qu'un vicaire ne reçoit son poste qu'au lendemain de sa prêtrise, ainsi nous ne savons ici notre destination que le lendemain de notre sacerdoce. Jusqu'à ce moment, on nous la laisse ignorer, afin de ne pas nous préoccuper dans nos études et nous troubler dans notre retraite. En la lui fixant, M. le Supérieur indique aussi à chacun l'époque de son départ. Il s'en fait plusieurs chaque année. Ils comportent autant de places qu'il y en a de libres sur la malle française. Ainsi, nous sommes vingt-neuf en ce moment. Au mois de juillet, il en partira sept ; en août, sept ; en septembre, six, etc.... Ce n'est donc qu'après mon ordination que je pourrai vous dire dans quel départ je serai compris. — Vous me demandez : 2° Si nous partons plusieurs ensemble pour la même destination ? Sauf de très rares exceptions, plusieurs, et au moins deux, se rendent ensemble dans la même mission. *Et misit illos binos.*

3° Quel est notre sort une fois arrivés en Extrême Orient ? — On se rend d'abord à la résidence du vicaire apostolique qui vous retient plusieurs jours auprès de sa personne, pour s'initier aux coutumes du pays et se reposer des fatigues du voyage. Quand on est ainsi remis à flot, Sa Grandeur vous envoie seul dans une famille chrétienne de l'intérieur, afin d'apprendre la langue des indigènes. Là, on n'entend plus parler que l'idiôme nécessaire pour prêcher la foi dans le pays. Un catéchiste, connaissant le latin, vous sert de professeur. On y passe six mois. Alors, l'évêque vous rappelle et vous fixe un district à évangéliser. On y vit seul, mais assez près d'un confrère qu'on doit voir tous les quinze jours. Au moins chaque année, on revient à la résidence épiscopale pour y faire une retraite. On repart ensuite pour son district, ou bien on en change, selon la volonté de l'évêque. Le missionnaire fait chaque année la tournée de son district, où il trouve disséminées, çà et là, des chrétientés sous la conduite de prêtres indigènes. Elle dure six mois. Les autres six mois, féconds en péripéties, se passent au poste. Vous voyez donc que nous ne courons pas à l'aventure, comme vous le craignez et que nous avons notre résidence fixe.

4° Quelles sont nos ressources? — L'œuvre sublime de la Propagation de la Foi pourvoit à nos frais de route et d'entretien. Elle nous donne à chacun six cents francs par an. Là-dessus, il faut s'habiller, se déplacer, fonder des écoles, payer ses catéchistes et même parfois nourrir des villages entiers. Quand on a un oncle chanoine, c'est alors le cas de lui tendre la main, pour le faire participer à ce lointain ministère. Toutefois, on se tire d'affaire avec ce modique secours, vu la modicité des prix. Avec trois sous, on peut faire vivre toute une famille. Il n'est pas plus cher de se loger. Une tanière y suffit. Jamais, jamais, un missionnaire n'est mort de faim.

5° Quel bagage la maison nous fournit avant le départ? — Il est assez lourd pour qu'on ne puisse pas dire qu'elle nous expédie sans bâton, ni sac. Certes, elle a bien assez fait pour nous durant les trois ans passés sous son toit bien-aimé. Elle peut bien s'en rapporter un peu sur le cœur et la générosité de nos parents. Elle nous donne donc deux amicts, deux purificatoires, deux corporaux, une aube, un missel, une théologie, une bible, un cours de droit canon, un catéchisme du Concile de Trente et un bréviaire. Ce mince bagage, je vous serai bien reconnaissant de l'augmenter, soit par vous-même, soit par la pieuse Madame Cibiel. Il me faudrait en plus une aube, deux chasubles et un calice.

6° Vous me demandez enfin si je pars avec une véritable vocation ? — Cette question, je n'ose pas la traiter avec vous. Eh ! quoi, Dieu aurait-il été assez injuste pour me faire arriver au jour si désiré de mon départ comme au bord d'un précipice, sans me prévenir durant trois ans par la bouche de mes directeurs que je n'ai pas une réelle vocation ? Eh quoi ! je lui sacrifie, mère, sœur, frère, vous-même, qui m'avez servi de père, amis, pays, avenir séduisant près de vous, et j'embrasse une vie pleine de privations et de misères, et je suis heureux et fier de lui offrir tous ces sacrifices, et je n'ai d'espoir qu'en lui, et tout cela ne serait qu'une illusion vaine de mon âme ! Oh ! mon oncle, une vocation apostolique n'est pas un rêve. Ceux-là seuls veillent qui pensent à Dieu, l'adorent et le servent. Tous les autres sont des endormis, des rêveurs et des illusionnés ! Non, non, je n'ai pas d'illusions ! Une à une, elles sont tombées avant mes vingt ans ! Et ici, durant mon trop court séjour de trois ans, j'ai complètement vu le bon et le mauvais côté de la vie apostolique. Et je ne me suis pas rebuté ! Au contraire, ma vocation s'y est décidée, affermie, fortifiée ! Elle est pour moi aussi claire que l'évidence, je ne vous en dis pas davantage. Avant de monter au ciel, j'espère vous donner des preuves évidentes aussi d'une vocation véritable et non fictive ou dictée par des considérants qui ne furent jamais les miens. Et je ne vous demande que des bénédictions et des prières au très Saint Sacrifice pour ma prochaine ordination : et, à genoux, j'implore de vous la faveur bien douce pour Ferdinand et pour moi de vous y voir assister en personne, de nous imposer les mains, et de nous y offrir au Roi des prêtres et des apôtres, à qui vous avez, vous aussi, consacré toute votre existence ! »

Bien loin d'émouvoir, comme elle l'aurait dû, l'inflexible chanoine, cette épître où l'énergie en réalité l'emporte à chaque mot sur la tendresse, exaspéra son obstination farouche et irréductible. Pendant qu'à la rue du Bac, profondément recueillis, ses neveux suivaient les suprêmes exercices de la retraite, il boucla de nouveau ses malles ; et tandis que dans ce Cénacle sacré des Missions Etrangères de Paris, le cœur si tendre de l'abbé Ferdinand ménageait au Père Saladin une longue fête de huit jours couronnée par leur sacerdoce doublement fraternel ; froidement, leur oncle se résolut à venir y déchaîner contre lui le plus cruel orage qu'à l'aurore trois fois bénie de sa première Messe, une âme d'apôtre, ici-bas, ait jamais essuyé !

CHAPITRE III

—

Un peuple qui marchait dans les ténèbres a vu surgir une grande lumière. Le jour s'est levé pour ceux qui vivaient à l'ombre de la mort.

ISAIE, IX, 2.

Une Retraite mouvementée pour la prêtrise. — Mgr Dupont, vicaire apostolique de Siam et Mgr Croc de la Cochinchine. — Le chanoine théologal Saladin. — Championnat liturgique. — Étrange altercation avec les cardinaux Lavigerie et Bourret. — Un assaut suprême. — La première messe du Père Saladin. — Sa nomination à Siam. — Voyage d'adieu. — Cérémonie du départ. — Chant du cygne.

L'Immortel pape Pie IX venait de convoquer à Rome pour le 8 décembre 1869 tous les évêques de la chrétienté voulant y tenir avec eux les grandes assises du concile œcuménique du Vatican.

Afin d'en attendre la prochaine ouverture, les pauvres vicaires apostoliques des Missions étrangères, quittant à tire d'ailes leurs lointains nouveaux mondes

cherchaient, çà et là, en Europe, et particulièrement
en France, un abri que la Providence leur assure
toujours avec une spéciale sollicitude. Déjà plusieurs
séjournaient au séminaire de la rue du Bac, et parmi
eux, Mgr Dupont, vicaire apostolique de Siam et Mgr
Croc, coadjuteur de la Cochinchine occidentale.

Successeur du docte Mgr Pallegoix qui avait publié
en 1854 un très remarquable ouvrage en deux volumes intitulé « *Description du royaume de Thaï ou
Siam* », héritier de sa houlette pastorale, de son zèle
et de ses mâles vertus, Mgr Dupont, évêque titulaire
d'Azoth, était un saint et vénérable patriarche. Mgr
Croc, à peine âgé de 40 ans, se trouvait dans la pléni-
tude et de sa vaillance bretonne et de sa française
ardeur. A peine arrivé dans cette chère maison, berceau sacré de sa vocation et de son épiscopat, on
l'avait vu partager tous les exercices des jeunes aspirants, leurs études, leurs récréations et leurs promenades, aimant à se figurer qu'il était encore l'un
d'entre eux.

Dans le jeu de boules, il n'avait pas d'égal. Retrous-
sant sa soutane violette, fixant entre les boutons du
camail sa croix d'or, il pointait comme un maître
d'armes, battant tous ses rivaux, et tous étaient heureux de l'admirer et de l'applaudir. Il leur disait :
» Quand j'ai quitté notre maison de Bretagne, mon
père me tirait des coups de fusil ! Après le Concile,
j'irai l'embrasser. Il me fera maintenant meilleure
conduite ! »

Un jour, enlaçant de son bras paternel le Père Saladin, Mgr Dupont avise Mgr Croc et lui dit : « Mgr je vous en prie, accordez une partie à ce cher Émile ; il en sera l'enjeu. Si vous la gagnez, il sera vôtre ; s'il la gagne, il m'appartiendra. » Les deux partenaires disputèrent vivement le prix. Émile l'emporta. Battant des mains Mgr Dupont s'écriait : « Bravo ! Père Saladin : maintenant vous êtes à moi et à Siam. » — Volontiers Mgr, répondait Emile, et à la vie et à la mort ! »

Mgr Dupont voulait procéder lui-même à la prochaine ordination de ses jeunes confrères, leur imposer les mains et allumer dans leurs âmes une étincelle de ce feu apostolique dont il était embrasé. Dès qu'il les vit ensemble au milieu d'eux, il aima tendrement ces deux frères à l'envi séduisants de jeunesse, de santé, d'entrain et de talent qui suivaient, heureux et tranquilles les saints exercices de la retraite préparatoire à leur sacerdoce. Comme Joseph et Benjamin, ils eurent bientôt conquis toutes les prédilections de ce vénérable Jacob. Il daigna les appeler ses enfants, ses fils, ses amis, ses frères. Il se plut à les traiter tour à tour comme tels.

Ainsi que par un premier regard le Christ savait conquérir les âmes, il gagna leurs cœurs. Souvent, il leur disait en les tenant tous les deux serrés entre ses bras : « M. Ferdinand je vous nomme mon vicaire général honoraire. » « Père Saladin vous serez mon coadjuteur avec le titre de Protoxyde d'Azoth ! »

Le doux et vaillant pontife ne soupçonnait pas que

dans les desseins de Dieu, cet Émile, qu'en secret il
avait demandé à ses supérieurs pour être son futur
coopérateur, deviendrait à son égard, en effet, un autre
saint Jean, l'apôtre bien-aimé suivant le Maître, au
sommet du Calvaire... mais pour y recevoir son dernier soupir avec ses suprêmes leçons.

Au crépuscule du vendredi 21 mai 1869, au dernier
soir de leur retraite, et à la veille même de leur ordination sacerdotale, les deux frères vaquaient paisiblement à leurs fervents exercices de piété lorsqu'ils
furent soudainement mandés au parloir du Séminaire
par leur oncle M. le chanoine Saladin. Il embrassa
Ferdinand avec affection, Émile avec une froide
raideur. « Il faut, dit-il, que nous ayons une entrevue
seuls à seuls, sans autres témoins que nous trois, et
dans un lieu à l'abri de regards curieux et d'oreilles
indiscrètes. Émile, conduis-nous dans ta cellule. »
Et tous les trois y montèrent.

Le chanoine Saladin, nous le savons déjà, n'avait
jamais été commode pour ses neveux. Jusqu'à ce
jour, ils étaient habitués à trembler sur un seul de ses
regards, à s'incliner sur un seul de ses gestes, à obéir
sans réplique à chacun de ses ordres. Prêtre très
distingué par l'intelligence, le zèle, l'amour enthou-
siaste de l'Eglise, orateur disert, éloquent improvisa-
teur, après avoir occupé des situations honorables
dans l'Université, il avait été nommé à la stalle de
chanoine titulaire de Rodez, avec un évêché en perspective. Homme de la plus belle prestance, au visage

bourbonien, à l'attitude hautaine, aux manières pleines de noblesse et d'autorité, il aimait à dire, pour se caractériser lui-même : « Je ne suis pas de la race des valets d'antichambre ! Jamais il ne m'arrivera de flatter le pouvoir pour en obtenir une faveur ! » Le cardinal Bourret, très absolu lui-même, capitulait devant son chanoine institué grand Maître des cérémonies de sa cathédrale. Il est vrai que c'était toujours après une véritable décharge de textes de la sacrée congrégation des Rites. Les arguments étaient sans réplique.

En 1872, plusieurs évêques étaient réunis à Millau (Aveyron), autour du vénérable cardinal Donnet pour la consécration de l'église Saint-François. Dans les salons de M. le baron de Sambucy de Sorgues qui avait accueilli les Pontifes avec une distinction toute princière, l'un d'eux se plaignait amèrement des longueurs liturgiques de l'imposante cérémonie dont il avait été spécialement chargé.

« Vous avez, dit-il à Mgr Bourret, un singulier maître des cérémonies ; il a exigé de moi la récitation de formules qui n'ont plus aucune raison d'être aujourd'hui, et que nous supprimons toujours, de plein droit, dans cette fonction si longue et si fatigante ! ». L'évêque diocésain, qui avait aperçu dans un groupe, l'oreille au guet, le chanoine Saladin, s'attendait à un orage. Il éclata. Pris à partie, l'accusé bondit et s'adressant à son antagoniste : « Mgr, il ne faut jamais attaquer un absent ; ce n'est pas loyal ; et,

Votre Grandeur en parlant comme elle vient de le faire, ne me croyait certainement pas ici. Heureusement je puis me défendre. » Et, sortant de sa poche un cahier de notes, il écrasa le prélat sous un amoncellement de textes de la S. Congrégation des Rites, enjoignant aux évêques consécrateurs d'une église de s'en tenir strictement aux prescriptions du pontifical. Mgr Bourret pour cicatriser les blessures faites à son vénéré collègue s'écria : « Ce que vous venez de subir ici, cher seigneur, je le subis à Rodez après chaque office solennel ! » Le chanoine Saladin était intransigeant sur le chapitre des rubriques. « Je me ferais hacher, disait-il souvent, pour la plus petite décision de la sacrée congrégation des Rites. »

En voici une nouvelle preuve.

Un jour deux futures Eminences de l'Église réunies amicalement au palais épiscopal donnaient au chapitre et au clergé de Rodez une de ces réceptions glaciales appelées à Rome (ironiquement sans doute) « *di calore* », c'est-à-dire chaleureuses. Soudain, Mgr Bourret avise en particulier le chanoine Saladin : « Demain, Mgr Lavigerie pontifiera au trône épiscopal à ma place. Je l'invite et il accepte. Vous ferez préparer un autre trône pour moi dans le sanctuaire. » « Quant à cela, jamais, Mgr !. C'est contraire à toutes les rubriques ! » Et Mgr Bourret, se tournant vers Mgr Lavigerie : « Voici mon Cataldi (1) qui s'oppose à

(1) Mgr. Cataldi était le grand maître des cérémonies du Vatican.

l'exécution de notre projet. Il prétend que Votre Grandeur ne peut pas et ne doit pas s'asseoir à mon trône, en vertu des saints canons. » Et Mgr Lavigerie de s'écrier : « Monsieur le chanoine, quoi que vous en pensiez, demain nous pontifierons, ainsi qu'il en a été convenu ». « Et moi, je protesterai, en écrivant à Rome et en me retirant, Messeigneurs, comme je le fais dès ce soir. » Et le lendemain Mgr Lavigerie s'asseyait au trône des évêques de Rodez ; et, le grand maître des cérémonies brillait par son absence, et toute la ville commentait l'incident. Quelques jours après, le chanoine Saladin montrait avec fierté la réponse qu'il venait de recevoir de la Sacrée Congrégation. Elle tranchait *superbement* la difficulté en déclarant que le trône de l'évêque étant son *thorus* il ne peut, en aucun cas, le céder à tout autre, serait-il archevêque et même cardinal. Et, le vainqueur de cette joute liturgique de s'écrier : « Vous le voyez bien, l'Église fait tout avec sagesse ; j'ai raison contre ces deux prélats ; le siège de Rodez a été profané par eux. »

Tel était l'oncle que les deux jeunes diacres prêts à être promus, le lendemain matin, au sacerdoce suivaient timidement à travers les corridors et les escaliers du séminaire, se dirigeant silencieux vers la paisible cellule d'Émile. Derrière lui, ils y pénétrèrent anxieux. C'était là, que dans son plein la foudre longtemps menaçante par ses éclairs passés, allait enfin éclater. C'était là, que le suprême assaut contre la vocation de notre apôtre devait se livrer sans merci.

Très certainement, tous nos lecteurs seront étonnés de l'étrange et sévère attitude du chanoine Saladin au cours de la vie que nous racontons. Son caractère sacerdotal ne la justifie pas ; mais, il crut peut-être devoir se l'imposer en qualité de tuteur d'Émile et comme chef de la famille. Il aimait à dire plus tard pour s'en excuser et l'expliquer lui-même : « J'ai été trop dur pour ce cher missionnaire, mais je voulais et je devais avoir des preuves certaines et absolues de son héroïque vocation, avant de l'approuver définitivement. »

Ils étaient donc tous les trois seuls dans cette sainte cellule des Missions étrangères, en face du Christ qui la dominait, de Marie qui la bénissait, et des ex-voto de marbre portant les noms glorieux des martyrs qui l'avaient habitée. Et le chanoine rompit le silence.

« Émile, tu as lu ma dernière lettre, et j'ai reçu la tienne. Celle-ci n'a modifié en rien mon sentiment, celui de ta mère et celui de ta sœur. Nous ne croyons pas plus aujourd'hui qu'il y a trois ans, à ta prétendue vocation apostolique. Serait-elle vraie, que nous ne t'autoriserions pas à la suivre. C'est une vraie folie ! Ta mère et ta sœur en mourront de douleur ! Moi, je m'en voudrais de n'avoir pas protesté jusqu'à la fin. Eh quoi ! nous avons fait pour toi, depuis quinze ans, tant de sacrifices ; et tu deviendrais une non-valeur, un prêtre sans avenir, un missionnaire

vivant d'aumônes ! Et pour satisfaire ton puéril entê-
tement de trois ans, nous te laisserions courir à ta
perte et clouer nos trois cercueils ! Non, cela ne sera
pas ! Demain, je solderai toutes tes dépenses aux
Missions étrangères et tu me suivras comme Ferdinand à Rodez. Tu m'entends ? Au nom de ton père
qui ratifie ma parole du fond de sa tombe et que j'ai
toujours remplacé vis-à-vis de toi, je le veux, je
l'ordonne, je l'exige ! Tu m'obéiras. »

Émile se taisait et se recueillait ; mais, son frère le
voyait, pour la première fois, bouillonnant des pieds à
la tête, l'âme frémissante , tout pâle et tremblant.
« Mon oncle, s'écria-t-il enfin, vous venez de me faire
entendre la voix de la chair. Je vais vous faire ¡entendre, moi, celle de Dieu. Avant d'être à mon père,
à ma mère, à ma sœur, à vous, j'appartiens à Jésus-
Christ qui, demain, me revêtira de son sacerdoce. Or
Dieu m'appelle aux Missions étrangères, ou, pour
mieux dire, il m'y a toujours appelé. Je n'écouterai
donc aucune considération humaine. Je répondrai à
l'appel de Dieu seul. Il saura bien consoler les miens
dans leur douleur et les récompenser dans leurs
sacrifices, comme il l'a déjà fait pour moi. Je ne vous
suivrai pas à Rodez. Non, je ne vous obéirai pas ! Je
préférerais mourir ici, devant Ferdinand, et à vos
pieds ! »

« Entêté, tu n'as donc aucun égard pour mes cheveux blanchis à la peine ! Oublies-tu que j'ai remplacé ton père, que j'en ai eu toutes les sollicitudes ? »

« Mon oncle, c'est assez, c'est trop insister ! Je ne crois manquer en rien au respect que je vous dois, à l'affection que vous méritez. Laissez-moi vous le dire, car je suis à bout de force et de patience. Si vous n'approuvez pas ma vocation, vous devriez au moins avoir assez de pudeur pour la respecter. Non ! je ne puis tolérer, plus longtemps, une semblable discussion dans une cellule qui a été habitée par des martyrs ! Sortez ! »

A ce moment terrible, Ferdinand s'élance vers son frère, et voulant calmer ses saintes indignations, il s'écrie : « Émile ! Émile, tu vas trop loin ! Tu as dépassé les bornes qui te restaient permises. »

Et tandis que le chanoine hypnotisé se retirait, Émile et Ferdinand allèrent trouver le vénérable supérieur, M. Delpech, pour lui raconter l'assaut suprême qu'ils venaient d'essuyer, et lui exposer leurs craintes au sujet de l'ordination du lendemain dont Émile se déclarait désormais indigne. « Rassurez-vous, mon fils, répondit le P. Delpech, vous avez accompli votre devoir d'apôtre. Vous êtes un brave parmi les braves. De par Dieu, je vous ordonne de vous tranquilliser. Demain, sans crainte, l'âme sereine, recevez, à côté de votre frère, l'onction qui fait les saints prêtres de Jésus-Christ. »

Le samedi 22 mai, Mgr Croc, à la place de Mgr Dupont, empêché au dernier moment, conférait aux deux frères le divin sacerdoce. Ils n'avaient pas revu leur oncle. Tout sanglotant et affaissé dans une stalle de la chapelle, il vint cependant assister à la cérémonie ; mais repartant aussitôt, il se retira sans saluer personne. On ne le revit pas de toute la journée. Le lendemain dimanche, à six heures, Émile célébrait sa première messe avec le calice de Ferdinand, encore en l'absence de son oncle. A huit heures, suivi de quelques confrères, il se rendit à la chapelle des catéchismes de Saint-Sulpice où l'abbé Ferdinand, à son tour, montait pour la première fois au saint autel, avec le calice d'Émile.

Dans tous les séminaires du monde catholique, il existe une coutume aussi pieuse qu'émouvante. Quand il a célébré pour la première fois les saints mystères, le nouveau prêtre voit tomber à ses pieds, ses amis, ses parents, ses maîtres, ses directeurs, ses supérieurs, et il les bénit. Assisté par le vénérable chanoine de Rodez, revêtu de tous ses pompeux insignes, l'abbé Ferdinand descendit de l'autel et longuement sa main bénissante s'étendit autour du sanctuaire sur les siens.

Quand Émile a reçu cette fraternelle bénédiction, il se lève et marche droit vers le chanoine morne et silencieux : « Moi aussi, mon oncle, s'écrie-t-il, ce matin j'ai célébré ma première messe ; moi aussi, ce matin, j'ai béni mes confrères, mes maîtres, mes pères. Vous seul n'étiez pas là ! Oh ! je veux vous bénir cependant aujourd'hui, et cette bénédiction d'un jeune missionnaire vous portera bonheur ! A genoux, mon oncle, à genoux ! »

Le chanoine recule tout ému. « A genoux, vous dis-je ! » Terrassé devant lui, Émile bénit enfin le superbe chanoine; et ce fut la première et aussi la dernière fois qu'à genoux il consentit à abaisser la dignité canoniale sous la bénédiction d'un simple prêtre.

« Et maintenant, mon oncle, bénissez une fois de plus votre enfant et pardonnez au fidèle apôtre de Jésus-Christ. »

Et le chanoine bénit Émile. Et la réconciliation fut complète et définitive. Quelques mois avant la mort d'Émile, son oncle lui écrivait d'une main tremblante : « Je voudrais avoir à refaire toute ma vie pour entrer aux Missions étrangères et devenir apôtre comme toi ! »

Dans l'histoire du sacerdoce et de l'apostolat, nous ne connaissons pas de scènes plus touchantes.

Émile se rendit le lundi matin auprès de son supérieur, le vénéré M. Delpech, successeur de M. Albrand. Il l'attendait ayant à ses côtés Mgr Dupont.

Le premier lui dit : « Père Saladin, vous êtes nommé missionnaire apostolique à Siam. Vous aurez quinze jours pour aller embrasser votre famille. Elle le demande et le mérite bien. Vous partirez dans trois mois. Voici désormais votre Supérieur, votre Père, votre Evêque !... » Le second s'écria : « O cher P. Saladin, je vous l'avais bien dit ! Vous êtes mon fils ! Vous m'appartenez maintenant ! Je remercie M. le Supérieur d'avoir exaucé le plus cher de mes vœux ! »

Et l'Évêque et le Supérieur, embrassant Émile prosterné devant eux, le bénirent amoureusement. Et quelques instants après, dans toutes les allées du jardin des Missions Étrangères, cent fois répétés par les accents joyeux des aspirants, retentissaient les échos de ces deux noms désormais inséparables jusqu'à la mort : « Saladin. » « Siam ! »

Au milieu de ses notes éparses, on trouve cette page qui dut être écrite le même jour, à genoux et au pied de la croix de Jésus-Christ par son nouvel apôtre. « C'en est fait ! Je suis prêtre pour l'Éternité ! Comment un tel miracle a-t-il pu s'accomplir ? O mon Dieu qui l'avez seul opéré, vous seul le savez ! Pour moi, je n'ai qu'à rentrer dans mon néant et à y rester ! Merci Seigneur, merci ! Je mets tout mon être dans ce mot et je vous le chanterai toute l'Éternité ! Mais je ne suis pas digne, ô mon Dieu ! Moi, gravir cet autel, immoler cette hostie ! voir couler ce sang divin du Sauveur ! toucher ce pain où palpite la vie devant qui le ciel et la terre s'inclinent dans l'adoration et l'amour ! Moi, chaque jour monter à ce Calvaire, contempler ces splendeurs trois fois saintes, mêler ma profonde misère à cette Majesté du mystère éternel ! Moi, tous les jours faire monter la terre et descendre les cieux, dans un baiser de paix réconciliateur, et porter devant le trône du Dieu immolé le genre humain tout entier avec ses douleurs, ses prières et ses vœux ! Oh ! non ! ma faiblesse y succombe ! Seigneur, venez à mon aide et révélez à mes yeux obscurcis devant ces splendeurs vos paternelles voies ! Et il m'a semblé

entendre le ciel me répondre : « Courage, rassure
ta faiblesse et calme tes alarmes. Tu peux tout en
celui qui te fortifiera. Va, et sois mon témoin devant
les hommes jusqu'aux extrémités de la terre. Que ta
bouche par la fermeté de la sainte louange, comme une
lyre sonore, exalte, devant eux, ma puissance et ma
bonté. Que tes pieds ne s'arrêtent ni aux pierres du
chemin ni aux clameurs de la route ! Que ta fragile
nacelle vogue légère et confiante à travers tous les
écueils et tous les récifs ! L'heure décisive a sonné !
Adieu les rêves d'or, adieu les jours heureux et tranquilles dans cet asile d'étude et de piété ! Adieu maîtres bénis, frères aimés, parents chéris, amis dévoués.
Adieu à tout et à tous ! Le moment est venu, comme
pour les vaillants, de te lancer en pleine mer et d'y
braver toutes les tempêtes. Désormais l'orage est
devenu ta patrie. Seuls les cœurs alourdis et amollis
se laissent river, mornes et froids, sur le rivage immobile où la lâcheté les enchaîne. A toi Jésus-Christ
seul et Jésus-Christ crucifié ! Donne-lui donc ton cœur,
ta bouche, ton bras, ta vie, ta mort ! Courbe tes épaules sous sa croix ! Bois son calice de douleurs ! Là, tout
se calme et se perd dans l'ivresse d'un éternel sacrifice ! Là, tu seras vraiment mon prêtre et mon apôtre !
Là, je reconnaîtrai celui en qui j'ai placé toutes mes
complaisances ! Là, ton labeur sera bientôt consommé ! Là, ta couronne sera bientôt prête ; et, à la
glorieuse suite de Jésus, tu seras mon véritable fils
pour l'Éternité ! »

Après la pensée de Dieu, celle qui se présente la
première au nouveau prêtre, descendant de l'autel, est
pour sa mère. Émile écrit à la sienne. « J'ai hâte de
te dire combien je suis heureux, maintenant que l'onction sacramentelle m'a rendu un autre Christ. Comme
Marie, je puis m'écrier : le Seigneur a fait en moi
de grandes choses ! « Je puis consacrer le corps et le
sang du Sauveur ! Une parole sortie de mes lèvres y
suffit. Rien que cela et tant que cela ! Remercie Dieu
de nous avoir amenés à un si haut degré de gloire,
pour te récompenser de tes vertus et de tes mérites.
Chaque jour, je pense à toi au T. S. Sacrifice ! N.-S.
ne saurait rien nous refuser désormais ! Il nous donnera jusqu'au bout le courage et la force. Je suis
envoyé dans le pays de Siam qui se trouve entre la
Cochinchine et la Birmanie. Prends une carte de
l'Asie ; tu trouveras au sud de la Chine le pays que je
dois arroser de mes sueurs. Ses habitants ne sont pas
barbares, et je n'y ai aucune chance pour le martyre
que j'ai tant désiré ! En revanche, il est infesté de
bêtes féroces. Les serpents de tout genre, le tigre,
l'hippopotame, les éléphants, les crocodiles y abondent. Je n'userai pas non plus une grande quantité de
souliers, le pays n'étant qu'une immense étendue
d'eau d'où émergent les terres. Tous les trajets se font
en mer, sur les fleuves et les rivières, en barque. Je
regarde comme une marque de la bonté de Dieu, de
m'avoir fait exceller à la nage.

« Et c'est toi dont il s'est servi pour m'en donner

les moyens ! Les habitants très mous, efféminés, à moitié nus, subissent une température moyenne de 40 degrés. Vêtu aussi légèrement que le comporte la modestie chrétienne, le missionnaire y est sans cesse baigné de sueur. Mais, je ne me fatiguerai pas beaucoup pour monter dans ma chambre, car les maisons en bois n'ont qu'un étage construit sur quatre poutres. Une natte ou un tapis planté au milieu sur quatre piquets sera mon lit. Le Sauveur n'avait pas de pierre pour reposer sa tête ! De quel droit en demanderais-je une ? J'aime déjà Siam de tout mon cœur comme une nouvelle patrie ! »

L'abbé Ferdinand avait été nommé par Mgr Delalle, vicaire de Saint-Joseph, à Villefranche-de-Rouergue. Sa mère délivrée enfin de toutes ses traverses, pour avoir mieux la force de subir la plus dure de toutes, vint se fixer auprès de lui, et, ce fut en ces lieux témoins des plus beaux et des plus tristes jours de leur vie, que les membres de la famille se donnèrent rendez-vous pour y recevoir les derniers adieux du P. Saladin. Il y arriva lui-même le 3 juillet, venant de saluer ses parents de Bourganeuf. Les Directeurs des Missions étrangères ne refusent pas à leurs aspirants prêts à partir cette consolation suprême d'embrasser leurs parents, une dernière fois ici-bas, quand ils le sollicitent. Pour plusieurs, elle est l'épreuve souveraine de leur vocation. Après les quinze jours accordés, ils reviennent au bercail. Quelquefois cependant, il se produit une exception. Ainsi le vénérable Théophane Vénard dut sa destination subite au Tonkin, et son prompt martyre, à l'une de ces défections survenues à l'heure du départ. Elles sont donc aussi dans les vues de Dieu qui rejette alors les pusillanmies, et, comme parmi les quarante martyres de Sébaste, choisit son véritable élu, et le range dans la phalange de ses confesseurs et de ses martyrs. Nous connaissons assez notre apôtre pour savoir qu'il n'eut pas, même une fois, la pensée de se mettre dans la horde des lâches prévaricateurs.

N'essayons pas d'esquisser le tableau de ces dernières heures que Madame Saladin et ses trois enfants passèrent ensemble sur la terre. Il y a des fleurs qui se fanent au moindre contact. Ainsi, il est des sujets que la plume décolore, dès qu'elle ose y toucher. Ces heures passèrent comme une ombre. Elles furent un déchirement suprême mêlé de baisers et de reproches, de résignation et de révolte, de prières et de pleurs, de sanglots et de désespoirs, de joies et de murmures, de saintes tristesses et d'allégresses divines. Le cœur les sent ! Aucune parole ne peut les exprimer ! Elles se terminèrent par une indescriptible scène : celle des adieux de l'apôtre à ses deux mères. Quand la dernière heure eut sonné, elles se jetèrent toutes les deux, non dans ses bras, mais à ses genoux, l'enlaçant de tout leurs corps, le serrant sur leurs haletantes poitrines et l'arrosant de torrents de larmes ! Du courage ! s'écriait Émile, en essayant de les relever, au ciel, bientôt, nous nous retrouverons !

Et brisé de tant d'émotions et abîmé dans la douleur, Ferdinand ne savait que murmurer la parole d'Emile. « Oui ! Oui ! du courage ! »

Et les deux frères disparurent ensemble !. Et cette mère tomba !. Et elle resta deux heures mortelles sans vie, gisante, évanouie aux pieds tremblants de sa seule Augusta, comme au début de la passion de son fils Notre-Dame du Spasme au pied du Golgotha !.

Le 13 juillet, Emile vint à Rodez prendre congé de son oncle. Le 14, il donna une journée à ce cher séminaire de Saint-Pierre, berceau de sa vocation sainte, dont tous les professeurs l'escortèrent au retour jusqu'à la cité épiscopale. Le 15 fut consacré à Mgr Delalle. Quand il entendit son jeune apôtre prosterné à ses pieds implorer sa paternelle bénédiction, le Pontife s'inclina tendrement et l'embrassa. « Oh ! c'est à vous de me bénir mon fils, comme Joseph bénissait son père Jacob. Eh bien ! Oui. Que ce Dieu en l'honneur de qui tout entier vous allez vous consumer, comme l'encens à l'autel, vous bénisse !.. *Ab illo benedicaris in cujus honore cremaberis* ! Cette formule sacrée était bien tout le programme révélateur de la vie d'Émile.

Le 16, il se rendit à Lyon, pour saluer sa tante, Madame Lobinhes et ses cousins Gustave, receveur de l'enregistrement, et Benjamin, conseiller à la cour de Chambéry ; Madame et Monsieur Gayet, professeur à la faculté de médecine de Lyon, et leurs familles. Il rentrait à Paris le 18 juillet, pour boucler

ses malles, les expédier en avant à Marseille, faire une
dernière retraite de trois jours, et participer cette fois
tout de bon, disait-il, à la solennelle cérémonie du
départ fixée au soir du 3 août 1869.

Le 1er août il écrivait à Mme Saladin, de Meudon,
une dernière lettre datée de France. « Je termine ma
retraite préparatoire au départ en t'écrivant. Ce soir
nous quittons Meudon après avoir été fêtés par les
confrères dont la musique et les chants adouciront
les derniers moments passés au milieu d'eux. Nous
irons droit à Notre-Dame des Victoires porter notre
adieu à Marie et nous recommander à elle. Impossible
de te dire ma joie ! Tu sais avec quel cœur je vais en
mission ! Tu ne saurais croire quelles consolations le
Bon Dieu m'accorde ! Vraiment je suis au comble de
mes vœux ! Je nage dans le bonheur ! Je serais au ciel
sur terre si je te savais non pas résignée (tu l'es) mais
heureuse comme moi ! Je t'envoie ma croix qui ne
m'a pas quitté durant tout mon séminaire. Quelquefois, j'ai pleuré sur elle ! c'était quand je pensais à
toi ! Bien plus souvent, j'ai goûté, en la pressant sur
mon cœur, des joies que le monde ne connaît pas.
Tu la regarderas, et tu la baiseras souvent ! Nos
lèvres et nos cœurs s'y rencontreront ! Elle te donnera la force et la consolation contenues dans le
Fiat de Jésus et de Marie, que seules les âmes tièdes
ou faibles ne savent jamais prononcer ! Mère, je pars
heureux et content, sachant que je suis dans ma voca-

tion ! Mère, quand je regarde le ciel et les âmes, la terre ne m'est plus rien ! On gagne tout quand on perd tout pour Dieu ! O ma mère adieu, adieu ! » Il se tourne alors vers sa seconde mère, Augusta. « Chère sœur, je ne veux pas quitter Paris après-demain sans t'avoir adressé un dernier adieu. Il ne te reste plus qu'à prier pour moi. Je te le demande en grâce. C'est la prière qui est la clef du cœur de Dieu. Avec elle tu veilleras toujours sur ton Émile, tu travailleras pour lui, tu l'aideras à rester dans sa vocation et à convertir les âmes. O chère Augusta je te presse sur mon pauvre cœur ! Sens-tu les battements de ma poitrine ! Ils te disent, qu'après Dieu, ma mère et toi en avez la plus grande part. Chère et tendre sœur, adieu et au revoir au Ciel ! »

Enfin, le grand jour était arrivé ! Émile nous en a donné une description pleine d'émotions et de charmes... Puisqu'il s'agit de lui, redisons-la encore. Il y a des scènes si belles dans la vie apostolique, qu'en les racontant toujours, on ne les répète jamais assez.

« La cérémonie a lieu avant le repas du soir (1). Les partants sont introduits dans la chapelle. Ils s'agenouillent sur les marches de l'autel, au pied du tabernacle. Derrière eux, se rangent leurs frères, leurs directeurs, leurs amis. On y voit des soldats, des domestiques, des ouvriers, des frères de la Doctrine

(1) Extrait de la *Semaine religieuse de Paris*.

Chrétienne, des prêtres, des messieurs, des dames de la haute société. On y voit leurs parents... et quelquefois leurs pères. La prière du soir est d'abord récitée. Le silence qui règne alors saisit l'âme. Il semble que l'on soit déjà sous l'influence du vide qu'aura fait en quelques heures le départ des jeunes missionnaires.

« Après la prière, on lit un sujet de méditation que tous les séminaristes doivent faire le lendemain matin et que les pèlerins doivent emporter avec eux. La lecture terminée, tous les assistants s'assoient; seuls, les missionnaires partants restent debout au pied de l'autel. Un des directeurs de la maison, ancien missionnaire lui-même, leur adresse la parole au nom de tous. Le discours renferme toujours, en substance, les mêmes idées, bien capables de retenir celui qu'un enthousiasme passager aurait captivé tout d'abord ; mais pour ceux que Dieu appelle véritablement, toutes ces réflexions ne peuvent qu'exciter leur ardeur.

« L'allocution finie, les nouveaux apôtres franchissent les marches de l'autel, et, debout devant le tabernacle, ils se tournent vers leurs frères. A ce moment, ceux.ci sortent de leurs places, et, après eux, tous les assistants. Ils viennent baiser à genoux ces pieds heureux des envoyés du Seigneur, tandis que le chœur chante ces belles paroles qui appartiennent à la fois à la loi ancienne et à la loi nouvelle, et que l'Esprit-Saint semble avoir inspirées pour cette circonstance : *Qu'ils sont beaux et vénérables les pieds de ces anges de la terre qui vont porter au loin la paix et les biens du salut !* »

Témoin d'une scène pareille, dont un de ses jeunes amis était le héros, l'illustre académicien F. Coppée, dans son livre « *La Bonne Souffrance* », a écrit cette étincelante page :

« Oui, même aux yeux de l'incrédule, le missionnaire est admirable. Non seulement il accepte dans toute sa vérité la règle imposée aux prêtres, aux religieux, mais de plus il renonce, sans espoir de les revoir jamais, à son pays, à ses parents, à tous ceux qu'il chérit. Il s'en va pour toujours vivre en des climats funestes, parmi des peuples barbares et cruels. Il se présente à eux, seul et sans défense, n'ayant pour escorte que son ange gardien, uniquement armé de son courage et de l'Évangile. A ces sauvages, tremblants de terreur devant des idoles menaçantes, il parle d'un Dieu d'amour. A ces êtres gouvernés par leur vil appétit, il enseigne la morale chrétienne qui dompte tous les mauvais instincts. L'esprit de guerre et de haine est l'état normal de ces malheureux. Le missionnaire exige qu'ils pardonnent à leurs ennemis, et leur dit d'abord : « *Que la paix soit avec vous !* » Leur premier geste est celui du vol et de la rapine. Le missionnaire leur ordonne de faire la charité et de mépriser les biens de ce monde. Ils vivent dans une promiscuité presque bestiale. Il les invite aux chastes joies de la famille. Ils réduisent les vaincus en esclavage et trafiquent de la chair humaine. Il leur déclare que tous les hommes sont frères en Jésus-Christ, et leur enjoint de briser leurs chaînes et leurs entraves.

« Que de périls pour ce prêtre plein de dévouement, qui ne peut opposer que son exemple aux armes hideuses levées à chaque pas sur son front! Souvent il tombe frappé dès la première étape de son voyage apostolique, sans même avoir pu faire une seule conversion! Mais depuis longtemps, il a fait le sacrifice de sa vie. Il est résigné aux supplices et à la mort. Que dis-je ! il la désire, il l'espère et l'accepte avec ivresse, convaincu que le sang du martyr féconde encore plus une terre impie que l'eau même du baptême, et que le nom de ce Dieu dont il confesse la foi dans les tortures ne sera pas oublié par les bourreaux que son héroïsme épouvante et qu'il bénit en expirant ! »

Cette touchante cérémonie du départ commence dans le jardin du séminaire. A l'angle du fond, une image de Marie se dresse radieuse parmi les gouttes d'or des cierges. Devant elle, les partants sont à genoux.

Une grosse cloche chinoise appelle au son du *gong* barbare et fêlé! Les partants chantent les litanies de Marie et les assistants répondent . « *Ora pro nobis.* » On se rend à la chapelle, froide, sévère, sombre. On y récite la prière. On y prononce une allocution. Dans les stalles se trouvent les parents et les amis. A l'autel, les partants, face à tous, les yeux baissés, les bras croisés sur la poitrine, écoutent sans un geste, sans un soupir, sans même un battement de paupières. Leur adieu est éternel. Leur sacrifice est irréparable. C'est très simple et c'est terrible ! Ils semblent attendre le massacre ! On pense aux otages faisant face au peloton des fédérés. Alors commence l'acte le plus touchant de la cérémonie. Tous les assistants défilent, tour à tour, devant les missionnaires, les baisant sur les pieds d'abord, puis sur le visage ; sur les pieds, pour leur souhaiter bonne route et large récolte d'âmes chez les infidèles ; sur les deux joues, en signe de fraternelle tendresse et d'éternel adieu. En sortant des bras de ces paladins du Christ, de ces chevaliers errants de la Foi, qui vous ont serré sur le cœur avec un heureux sourire, on a les yeux pleins de larmes. En une heure inoubliable de la vie, on a contemplé ces admirables héros qui, dans l'imitation de Jésus, ont choisi de préférence sa passion et sa mort, rangés devant l'autel dans l'attitude des victimes, prêts pour la Croix et offrant leurs mains et leurs pieds aux clous du bourreau et leur flanc à la lance du légionnaire !. »

La cérémonie se clôture par le *Chant du Départ* dont les paroles de M. Dallet et la musique de l'illustre Gounod achèvent d'émouvoir tous les cœurs.

> Partez, hérauts de la bonne nouvelle !
> Voici le jour appelé par vos vœux !
> Rien désormais n'enchaîne votre zèle !
> Partez, amis ! Que vous êtes heureux !

Oh ! qu'ils sont beaux vos pieds missionnaires !
Nous les baisons avec un saint transport !
Oh ! qu'ils sont beaux sur ces lointaines terres
Où règnent l'erreur et la mort !

REFRAIN

Partez, amis ! Adieu pour cette vie !
Portez au loin le nom de votre Dieu !
Nous nous retrouverons un jour dans la patrie !
Adieu, frères, adieu !

Partez, partez, car vos frères succombent !
Le temps, la mort ont décimé leurs rangs !
Ne faut-il pas remplacer ceux qui tombent !
Sous le couteau de féroces tyrans !
Heureux amis, partagez leur victoire !
Suivez toujours la trace de leurs pas !
Dieu vous appelle et du sein de la gloire
Nos martyrs vous tendent les bras ! etc.

Au départ du P. Saladin, ce fut M. Delpech, supérieur du séminaire, qui prononça l'allocution suprême adressée aux nouveaux apôtres. Il commença par rappeler ces paroles de David à Salomon, au livre III, chapitre II des Rois : « *Confortare et esto vir !* » avec les admirables conseils qu'il lui donne au moment de s'endormir dans le Seigneur. Par un commentaire aussi naturel que poignant, il les appliquait aux futurs apôtres : « Observez avec la plus scrupuleuse fidélité tout ce que le Seigneur votre Dieu vous a commandé : Marchez dans ses voies ; gardez ses cérémonies, ses préceptes, ses conseils, ses rites, ses ordres et ses commandements, selon qu'il est écrit dans la Loi, afin que chacun de vos actes et de vos pas soit fait avec intelligence, sagesse et piété. Et c'est ainsi que le Seigneur vérifiera les promesses qu'il nous a faites : « Si vos enfants veillent sur leurs voies et s'ils marchent toujours devant moi dans la vérité, de tout leur cœur et de toute leur âme, le royaume d'Israël vous restera ! » Il termina en leur rappelant les solennelles exhortations qu'au livre I, chapitre II des Machabées, Mathathias fait à ses enfants, réunis autour de sa couche funèbre, d'être de vrais zélateurs de la Loi du Seigneur dans leur sanctification personnelle, l'inviolable exactitude dans leurs exercices de piété, surtout à celui de l'oraison quotidienne, l'ardeur à marcher sur les traces de leurs devanciers, la docilité parfaite envers leurs supérieurs, et enfin la plus filiale dévotion, jusqu'à la mort, à la Très Sainte Vierge Marie, mère de ce Jésus qu'ils allaient prêcher aux extrémités de la terre, Reine de ses apôtres et de ses martyrs.

L'humble repas du soir se terminait quand deux voitures pénétrèrent dans la cour du séminaire. La cloche sonna pour les partants une dernière fois à toute volée. Chacun avec effusion les embrassa. Ils les bénirent, et quelques instants après l'express de Marseille les emportait à toute vapeur vers les plages de la Méditerranée.

Avec le P. Saladin partaient douze de ses confrères. Tous devaient s'embarquer sur le même navire et faire route ensemble vers la Chine, pour aller remplir les vides si nombreux faits dans les missions par les fatigues de l'apostolat ou la couronne du martyre.

Arrivés à Marseille, les courageux apôtres y reçurent pendant trois jours la généreuse hospitalité des bons frères Germain. Ils profitèrent de ce temps pour aller consacrer leur voyage et leur futur ministère à Notre-Dame-de-la-Garde ; et quand le moment fut venu, ils se rendirent à bord du *Péluse*, magnifique navire de la Compagnie des Messageries maritimes. Chacun prit aussitôt possession de sa cabine ; et bientôt après ils étaient tous réunis sur le pont, au nombre de 13, venus de divers diocèses et destinés à 9 missions différentes. « Treize, diront quelques âmes superstitieuses, nombre de sinistre augure ! Il fallait s'attendre à en voir un tomber à la mer, ou pris par des pirates, ou rendant le dernier soupir en débarquant sur les plages étrangères ! » Il n'en fut rien. Malgré le terrible dicton populaire, les treize missionnaires arrivèrent tous à bon port, et durant de longues années, remplirent aux Missions Étrangères leur pénible et fructueux ministère.

Le dernier souvenir de l'apôtre sur la terre de France fut pour son frère. Voici la lettre qu'il lui écrivit. Le cœur d'Émile s'y fond dans celui de Ferdinand.

« Quelques heures avant de m'embarquer. Marseille en vue de la mer. 7 août 1869. *Stella maris. Ora pro nobis* !.

« A toi mon dernier adieu ! Ce soir à 3 heures nous levons l'ancre et voguons à la grâce de Dieu, vers Siam. Quand tu recevras ces lignes, je serai bien loin. Suis-moi de tes prières. Je resterai moi, toujours tourné vers notre France, ma mère, Augusta et toi. Puisque je viens te faire entendre le chant du cygne, laisse-moi te les bien recommander ces deux mères que je laisse inconsolables. Par tes soins affectueux et empressés fais-leur oublier mon absence. C'est toi, comme aîné, que Dieu a chargé de la famille. Tu nous as déjà prouvé que tu sauras remplir cette mission. Sois-y fidèle jusqu'à la mort ! Pour moi, l'heure fixée par le Père des Cieux a sonné. Il faut que j'aille où il m'envoie. Comme notre Sauveur le disait de lui-même, si je ne m'y rendais pas, l'Esprit de Dieu ne descendrait point sur ces peuples qui m'attendent pour le leur porter ! Et je ne te laisse pas orphelin puisque je te confie ces deux mères ! Sois leur soutien, leur force, leur consolation, leur bâton de vieillesse ! Ferme-leur un jour les yeux dans le Seigneur ! Ouvre-leur les portes du ciel où je vous précéderai peut-être ! Que votre cœur ne se livre ni à la tristesse ni au trouble ! Le mien sera toujours avec le vôtre, et suppliera sans cesse le Seigneur de vous protéger, garder et sauver !

« Adieu bien-aimé Ferdinand, c'en est fait ! Il faut se quitter à jamais ! Ah ! cette séparation ne me coûte pas peu ! Avant de partir, laisse-moi de loin, m'agenouiller devant toi pour que tu me bénisses !... et... donne-la-moi cette fraternelle main bénissante..., et pose-la sur ma poitrine ! Ses battements pressés disent bien que je t'aime et t'aimerai toujours ! Et enfin levons ensemble les yeux au ciel ; et comme saint Augustin et sainte Monique dans leur extase, disons ! « Oh ! que la terre est peu de chose quand on regarde le ciel ! » « Sois toujours un vaillant et saint Prêtre ! Sacrifie tout aux âmes qui te seront confiées ! De loin comme de près aimons-nous et aidons-nous toujours ! Adieu ! Au ciel nous nous retrouverons ! ».

Et, à trois heures du soir, un groupe de missionnaires, debout sur le pont du vaisseau tout branlant, entonnait l'*Ave Maris Stella*, saluant Notre-Dame-de-la-Garde, dont la radieuse statue dorée illuminant leur route comme un phare céleste semblait leur sourire,... et ils envoyaient un dernier baiser à la Patrie, à la famille, à tous ceux qu'ils avaient aimés et sacrifiés sur terre... et chacun le cœur serré... se recueillait dans le silence de la prière... et la côte de France disparut... et l'horizon s'élargit autour du navire calme et puissant dans son vol... et, bientôt le ciel sembla tomber, au loin de tous côtés, sur la courbe azurée de la mer immense. L'intrépide apôtre avait consommé son holocauste.

CHAPITRE IV

——

Je me suis trouvé en péril sur les fleuves,
au milieu des villes, dans les déserts, sur
la mer.

2 Corinthiens, xi, 26.

Journal du Père Saladin à sa mère. — La Méditerranée. — L'Égypte. — La mer Rouge. — Aden. — Ceylan. — Mgr Petitjean, évêque du Japon. — L'Océan Indien. — Singapour. — En voilier. — Un mousse à la mer. — Une tempête. — Bang-Kok. — Rude apprentissage de la vie apostolique.

A bord du *Péluse*, encore en vue de la France, 7 août 1869.
Stella Maris ora pro nobis !

« Bonne Mère,

« Je commence aujourd'hui un journal que j'espère mener à bonne fin, et qui te dira, jour par jour, ce qu'est devenu ton petit missionnaire depuis qu'il a quitté Marseille, la France, et tout ce qui lui est cher.

« En te disant mon dernier adieu, je te laissai cette promesse. Elle sembla te faire revivre, lorsque

accablée par la douleur d'une séparation devenue
nécessaire pour la gloire de Dieu, tu semblais ne
devoir plus survivre à mon départ. Tu verras dans ce
narré de mon voyage tout ce que la Providence fait
pour ses missionnaires.

« A Marseille nous devions retrouver cette vie de
communauté si chère à celui qui en a goûté les
charmes. Là se trouvent en effet quatre frères qu'on
appelle les MM. Germain. Ils sont riches et animés
d'une piété peu commune. Ils emploient leur fortune
à héberger les missionnaires de notre congrégation
qui reviennent des pays lointains, ou qui s'embar-
quent pour faire voile vers leurs missions. Les partants s'arrêtent trois jours dans cette maison de Dieu,
tant pour se reposer des fatigues du bref voyage
qu'ils viennent de faire, que pour se préparer à la
grande traversée des mers. Nous en profitâmes pour
prendre un bain. Les flots étaient agités par le mistral
qui commençait à souffler. Ils venaient se briser sur
les rochers que Dieu leur assigne pour limites. J'étais
à mon aise au milieu de ces gouffres, je prenais mes
ébats, me laissant emporter par la vague qui me
ramenait, obéissante comme un enfant, sur le rivage
d'où elle m'avait emporté. Il est impossible de quitter
Marseille sans se payer une partie de bateau. L'idée
fut proposée à la troupe voyageuse qui l'accepta.
Nous voilà donc lancés sur une gondole de pêcheur
voguant en pleine mer, et chantant un cantique à
Marie. Le plaisir ne fut pas de longue durée. Une

forte brise se lève tout à coup ; la mer devient houleuse, les flots se succèdent les uns aux autres. Notre frêle embarcation prend des ébats qui ne nous rassuraient guère, novices que nous étions dans ce nouveau genre de promenade. Nous montions, nous descendions, nous étions penchés tantôt à droite, tantôt à gauche. Une grosse vague arrivait qui nous portait aux nues et puis à l'abîme. La mer devenant de plus en plus agitée, nous virâmes de bord pour retourner à la plage. Le lendemain nous fîmes une ascension à Notre-Dame de la Garde. J'y célébrai la Sainte Messe avec émotion. C'était la dernière que je disais en France. Quand tous mes confrères eurent célébré, nous nous réunîmes aux pieds de la bonne Mère pour chanter une dernière fois les invocations usitées aux Missions. Les étrangers mêlaient leurs voix aux nôtres. Ensemble nous demandions à Marie de nous bénir, et de nous mener au port si désiré. De 9 heures du matin à midi nous fûmes occupés à nos paquets. L'heure du dîner venue, nous nous rendîmes dans une famille amie des frères Germain, et qui veut offrir aux missionnaires le dernier repas qu'ils prennent en France. Nous fûmes traités en princes. Enfin les trois heures arrivent ; on se rend au port. Le *Péluse*, au bord duquel nous sommes, se balançait déjà majestueusement sur l'onde. Après avoir dit adieu aux bons MM. Germain dont je n'oublierai jamais le souvenir, nous montâmes à bord. Un instant après les amarres étaient défaites, et le vaisseau prenait son essor vers des rives lointaines. Nous étions tous sur le pont et nous apercevions encore nos anges gardiens de Marseille agiter leurs mouchoirs blancs pour nous dire un dernier adieu. Nous répondîmes à leurs signaux. Cependant les côtes de France disparaissaient peu à peu à nos yeux, et ne nous apparaissaient plus que comme un point imperceptible. Enfin un brouillard nous cacha tout. Nous étions entre ciel et mer. Le ciel! ce fut vers lui que nous tournâmes nos regards ! c'était notre patrie et nous n'en avions plus d'autre !. Songeant encore à nos affections que nous venions de briser, nous levâmes nos bras pour les bénir et prier Dieu pour nous les faire retrouver dans un monde meilleur. Je te bénis, chère mère, et demandai à Dieu de te consoler ! je te bénis chère Augusta ! je te bénis cher Ferdinand, toi et les âmes qui te sont confiées. Je vous bénis, mes amis et mes bienfaiteurs ! Il me semble que je commence à vous solder la dette de reconnaissance que j'ai contractée envers vous ! Adieu ! Adieu ! Je vous embrasse tous encore ! Ne m'oubliez pas ! priez pour celui qui vous a quittés et attirez sur son pauvre ministère les grâces d'en haut !

8 août, 1er dimanche passé à bord.

« Laisse-moi te raconter la vie que l'on mène sur le vapeur. Voici le règlement aussi matériel qu'on peut le concevoir. Lever quand on veut ; de 7 à 8 heures déjeuner qui consiste soit en chocolat, soit

en café au lait assaisonné de beurre et de vin exquis.
A 9 heures et demie grand déjeuner, 6 ou 7 plats et
autant de dessert ; le tout arrosé de deux espèces de
vin fort généreux. A midi, petit supplément au grand
déjeuner. La table est couverte de rafraîchissements
de toute espèce, sans compter les gâteaux qui par-
sèment la table. A 5 heures, dîner en règle et mieux
fourni que le matin. Café à tous les repas. A 8 heures,
thé avec rhum, lait, eau sucrée, etc., etc. Coucher
quand on veut.

« Ordinairement à 11 heures chacun se retire.

« Sous le rapport culinaire tout est à merveille. Il
en est bien autrement par rapport au coucher. Figure-
toi une chambrette large de 2^m, longue de $2^m,50$ et
haute de $2^m,80$. Dans ce trou sont quatre lits et une
commode. Les lits sont splendides mais il n'y a pas
danger qu'on s'y perde. Ils ont juste de quoi s'allonger, c'est-à-dire $1^m,60$ sur une largeur de 50 à 55^{cm}.
C'est là que nous prenons ou du moins que nous
essayons de prendre un peu de repos, car la chaleur
qui règne dans notre cabine est en moyenne de
50 degrés. Nous sommes noyés dans la sueur. Tu me
diras : « En ouvrant les fenêtres, il doit faire moins
chaud ! » Ah ! si tu les voyais ces fenêtres ! vrais
trous d'aiguille ! Tout cela ne coûte rien à la pauvre
nature quand on se souvient que c'est pour Dieu
qu'on supporte cette misère, et la plus grande joie
ne cesse de régner à bord parmi nous. Notre entourage est bien composé, officiers et passagers. Ceux-

ci sont de tous les pays : Grecs, Espagnols, Hollandais, Anglais, Javanais, Français. C'est un mélange de langues qui ne manque pas d'originalité, surtout quand quelque étranger veut parler la nôtre. Alors c'est superbe ! Il y a de quoi payer les places. Le moment le plus agréable de la journée c'est de 7 à 10 heures. Nous en profitons pour nous réunir tous sur le gaillard d'arrière. Là, étendus sur des fauteuils en paille, nous modulons quelque chant français. Nous rappelons nos souvenirs, et ils nous apparaissent avec la fraîcheur qu'ils ne sauraient avoir en France, mais qu'ils possèdent quand on en est éloigné. Nous parlons de nos parents, de nos amis, du cher séminaire, de ses fortunés habitants, et nous retrouvons en face de la Sardaigne les joies du passé. Je te parle de la Sardaigne ! Nous l'avons vue sur notre gauche. A droite, la Corse nous apparaît. C'est le soir, et les ténèbres nous cachent en partie ces grandes îles de la Méditerranée. Adieu, bonne nuit ! Si je n'avais peur de te scandaliser, je te dirais qu'aujourd'hui dimanche nous n'avons pas entendu la messe. Nous ne la dirons probablement pas d'ici au jour de l'Assomption où nous espérons célébrer à notre manière la fête de Marie. »

9 août, lundi, en vue des îles Lipari.

« Nous voilà en pleine mer ! Elle est comme une glace unie. Notre vapeur n'a pas le même mouvement de roulis et de tangage. Aussi, nous filons douze nœuds à l'heure. Terre, terre ! nous voilà en face des îles Lipari. Nous commençons à apercevoir les gondoles de cette contrée se balancer sur l'onde amère pour saluer notre passage. Des maisonnettes sont bâties sur le rivage ; une forêt s'échelonne sur le penchant de la montagne. On respire un léger parfum de poésie italienne. Mais voilà, sur notre droite, une montagne du sommet de laquelle sort une fumée blanchâtre. C'est le volcan Stromboli. Heureusement pour nous qu'il ne vomit pas ses laves de feu. La mer est un peu plus agitée quand nous approchons du détroit de Messine. Les lunettes se braquent sur le pont. Chacun veut voir les côtes d'Italie et saluer en même temps Pie IX. La nuit est venue. On hisse sur le plus haut mât deux lanternes éclatantes. C'est pour annoncer notre arrivée à Messine. Nous voilà dans le détroit. Au loin, nous apercevons mille lumières qui éclairent le port et se reflètent dans la mer. Mille et une barques viennent au-devant de nous. La joie la plus grande règne partout. Nous sommes transportés au troisième ciel de la poésie. C'est un si beau spectacle que celui que nous avons sous les yeux ! A droite, la gracieuse ville de Reggio qui se trouve à la pointe de la botte que forme cette charmante terre d'Italie, semble vouloir nous saluer en prenant son aspect le plus pittoresque. Notre grand vaisseau français se balance majestueusement avec ses voiles enflées par la brise du soir. On dirait qu'il représente la supériorité qu'il a au-dessus de tous ces peuples.

Tout à coup, un feu de Bengale rouge illumine les flots ; une fumée volante prend son essor bien haut. On répond de Messine par un signal semblable. Alors tout disparaît, et nous rentrons dans la grande Méditerranée. Autrefois, le vapeur s'arrêtait à Messine. Ces signaux annoncent que nous y sommes arrivés heureusement. Trois heures après, on fait jouer de Reggio le télégraphe qui en informe Marseille. Dans trois jours, nous serons arrivés à Alexandrie. La chaleur se fait sentir plus forte que jamais à mesure que nous approchons de l'Égypte, et quand nous serons sur la mer Rouge, nous ne pourrons plus coucher dans nos cabines. Notre chambre sera le pont du navire ! Voilà notre vie de missionnaire qui commence. *Deo gratias !*

10 août, en pleine mer. Adoration perpétuelle de saint Joseph.

« Ma première pensée est pour mon cher Ferdinand qui doit aujourd'hui monter en chaire. Je prie Dieu de lui donner son assistance, et je m'unis de cœur à la fête de cette paroisse qui m'est si chère. Hélas ! je ne puis célébrer la messe ici, et je suis bien heureux de revenir en esprit la dire à Villefranche pour adorer celui que je voudrais tant aimer et servir. Oh ! si les chrétiens savaient quelle grande privation c'est de n'avoir plus le bon Dieu présent dans la sainte Eucharistie ! Il semble que nous sommes abandonnés ; et, quand nous voulons le visiter, il nous faut revenir en France dans quelque paroisse connue : et là, en esprit, seulement hélas ! nous pouvons lui rendre nos devoirs. Midi : je pense encore à mon cher Ferdinand. Je dis mon bréviaire à son intention. Enfin, entre 3 et 4 heures, je fais partie de l'auditoire qui se presse autour de la chaire de saint Joseph. Tu as bien parlé, cher Vicaire, j'ai levé les yeux au ciel ; et, il m'a semblé voir la bénédiction d'en haut descendre, comme une rosée bienfaisante, sur les paroles que tu prononçais. Elle les fécondait pour le salut de plusieurs en Israël ! .

11 août. Encore entre ciel et eau !

« Tendre mère,

« Les aventures sur le bateau ne sont pas nombreuses et variées ; mais, en parlant à une mère on n'est jamais à court ! La journée est accablante, 37 degrés à l'ombre ! C'est une fournaise ! et cependant je dois en trouver bientôt 40 et 45 pour ne plus les quitter ! Chaque passager a son éventail dont il fait usage. Pour nous, les souvenirs de nos parents et amis nous rafraîchissent assez. Une petite aventure m'est arrivée sur le pont. Un Anglais de fort bonne mine, colonel de régiment, dans les Indes, est venu causer avec moi et m'a fourni l'occasion de venger, pendant deux heures entières, les dogmes de notre Sainte Religion. Il me niait la possibilité des miracles, de la création en 6 jours, etc. J'ai été heureux de commencer mon ministère, et j'ai tâché de lui faire comprendre ce qu'une foule de préjugés lui cachent. Espérons que ce peu de lumière lui servira pour trouver le bon sentier qui conduit à la vérité et au bonheur. »

A bord de l'*Impératrice*. 25 août 1869. Entre ciel et eau.

« Bien chère mère.

« Le 13 août vers 10 heures du matin nous arrivions à Alexandrie. A peine le *Péluse* fut-il entré au port, qu'une foule de barques chargées d'Indigènes, vinrent à notre rencontre pour nous offrir leurs services. Nous les acceptâmes et bientôt nous fûmes rendus à l'hôtel Abbat où nous pûmes satisfaire nos estomacs que le vent de mer avait rendus exigeants. Après dîner, un de mes confrères et moi nous sortîmes pour visiter la ville et étudier à la hâte les mœurs de ses habitants. Comme ces peuples sont dégradés ! Leur nudité est honteuse ! A peine s'ils ont un vilain morceau d'étoffe pour couvrir ce qui doit nécessairement l'être. Ils sont pêle et mêle entassés dans des rues étroites sous un soleil de feu, attendant le morceau de pain qui doit les nourrir et ne sachant pas même pourquoi ils respirent. Ils nous regardaient passer comme des curiosités, et jetaient sur notre passage quelques paroles qui ne devaient pas être des bénédictions ! Pendant que nous parcourions ainsi les ruelles d'Alexandrie, nous fûmes attirés par des hurlements que nous entendions pousser derrière nous. C'était un convoi. Le plus proche parent marchait devant le cercueil conduit par deux de ses amis ; puis, venait la bière ; suivaient les pleureuses couvertes d'un long voile dont les cris étaient ces hurlements.

« Plus loin, ce fut une mosquée qui attira nos regards. Une troupe d'hommes et de femmes étaient accroupis sur des dalles, couverts de poussière, faisant diverses évolutions selon les ordres d'un marabout, président de l'assemblée. C'est ainsi qu'ils honorent leur Mahomet dont la religion est en honneur à Alexandrie. Nos cœurs de prêtres gémissaient sur le sort de ces malheureux pour qui la Rédemption aura été vaine et inutile ; et, nous nous disions que plusieurs centaines de prêtres ne seraient pas de trop pour ces infortunés encore assis à l'ombre de la mort. Toutefois, il y a dans la ville des Capucins, des Lazaristes, des sœurs de charité et des frères des écoles chrétiennes qui tâchent de jeter parmi eux la bonne semence de l'Évangile. Espérons que le petit grain deviendra un grand arbre, et qu'un jour Alexandrie, se relevant de ses ruines, plantera la croix du Sauveur sur les mosquées converties en églises catholiques.

« Revenus auprès de nos confrères, nous projetâmes une partie de nage dans la mer. Nous voilà partis avec des parasols indispensables dans ces pays brûlants. Après avoir erré à l'aventure pendant quelque temps, nous arrivons à une maison qu'on nous avait indiquée comme établissement de bains. Nous eûmes toute la peine du monde à nous faire comprendre et surtout, à régler les prix. Nous prîmes nos ébats dans la Méditerranée que nous allions bientôt quitter. Rafraîchis par cette baignade, nous retournâmes à l'hôtel où nous reprîmes les simulacres d'omnibus qui nous avaient transportés le matin. En une demi-heure nous arrivions à la gare. Il était six heures du soir et on devait partir à sept pour être à Suez le lendemain matin vers les dix heures. »

« Le chemin de fer fait traverser aux voyageurs l'isthme de Suez. Il est pratiqué au milieu du désert d'Égypte, qui rend son parcours fort monotone. J'ai parlé de gare! C'est un grand honneur que je fais à un modeste hangar ouvert à tous les vents. Le personnel consiste en deux Arabes serre-freins. Sur un signal donné, on enferme les voyageurs dans les voitures basses et sales ; et quand tout le monde a trouvé place, on ferme à clef les portières qu'on ouvre très rarement pendant la traversée du désert. Nous voilà donc embarqués faisant le sacrifice de la nuit dont nous aurions eu grand besoin. Vers dix heures du soir, le train s'arrête. Chacun goûte par avance la joie de descendre un instant à terre. Hélas ! nous n'avions pas pensé que nos wagons étaient barricadés. On frappe, on crie, on s'indigne de tout côté. Impossible de descendre ! Deux Arabes hideux, tenant une espèce de cheminée en forme de lanterne, nous montrent leurs dents blanches et leur noire physionomie. Voilà toute notre consolation. Pas un verre d'eau, pas un peu de fraîcheur dans ce four ardent. La locomotive siffle et on se remet en route.

« Vers 1 heure du matin, nous apercevons au loin des feux briller dans le désert. On n'ose plus espérer un arrêt et on redoute une nouvelle déception. Cette fois nos verrous crient et les portes s'ouvrent. Nous nous trouvons sur les bords du Nil. Les passagers remplissent, en un instant, le buffet tenu par des Français. Je m'y rends avec mes confrères et après m'être désaltéré, je cours sur les bords du fleuve qui se trouvait à 10 minutes de là. J'étais accompagné par deux de mes confrères qui, eux aussi, voulurent voir le fleuve sur lequel Moïse fut exposé. Sur notre chemin qu'aucune lueur n'illuminait, nous heurtâmes du pied un Arabe qui prenait son sommeil sur des cailloux de la rive. Il se lève furieux et baragouine pendant dix minutes un langage à nous parfaitement inintelligible. Sans l'écouter, nous continuâmes notre route vers les eaux limpides du Nil. Nous eûmes soin de ne pas nous approcher près du fleuve le sachant bondé de crocodiles qui ne font grâce à personne. Nous méditâmes quelque temps, songeant aux faits qui s'étaient passés autrefois sur cette terre que nous foulions aux pieds et qui, déchue de son ancienne splendeur, ne produit que des ronces et des épines.

« La cloche de la gare vient nous tirer de notre rêverie. Nous remontons à travers les rochers jusque sur le plateau. Un instant après nous franchissons de nouveau l'espace pour ne plus nous arrêter qu'à Suez.

Nous y étions vers 8 heures du matin. Notre premier soin, au sortir du wagon, fut de courir à la chapelle catholique. Les pères Capucins qui la dirigent nous accueillirent avec bonté. Six d'entre nous purent célébrer la Sainte Messe. Je fus du nombre de ceux qui eurent ce bonheur. Il est toujours agréable à un prêtre de célébrer les saints mystères ; mais le faire au milieu d'un peuple infidèle, dans une pauvre chapelle de mission, loin de son pays et pour ainsi dire seul avec Dieu, c'est ressentir une joie, qu'il n'est donné qu'au Missionnaire de goûter.

« Après le dîner, nous résolûmes d'aller au canal de Suez, montés sur des ânes d'Égypte. Notre projet fut bientôt mis à exécution. Un instant après, 13 ânes se trouvaient devant l'hôtel attendant leurs cavaliers. Munis de nos bâtons qui, dans ces pays, valent mieux que les raisonnements, ombragés de nos parasols, nous enfourchons chacun notre roussin et partons au grand galop, les uns à la suite des autres, pour le fameux canal.

« Je ne te dirai pas combien nous fûmes gais pendant notre voyage au travers du désert qui nous envoyait sa poussière brûlante au visage. Jamais je n'ai tant ri que ce jour-là. Cette partie d'ânes valait à elle seule le voyage de Paris à Suez. Un détail qui paraît incroyable, c'est que les propriétaires des ânes ne quittent jamais leur animal. Ils courent sans cesse après eux, infatigables comme leurs baudets. Notre petite caravane était donc composée de 26 personnes sans compter les ânes. Tu te figureras peut-être que nous étions l'objet de la curiosité publique et que chacun sortait à sa porte pour nous voir défiler. Détrompe-toi. Nous passions inaperçus dans les rues de Suez. Les Arabes ne savent pas distinguer les prêtre des laïques. Ils voient une soutane à la vérité ; mais, pour eux c'est un insigne auquel ils ne comprennent rien. Nous étions de retour à l'hôtel vers 4 heures du soir, et à 5 heures nous nous embarquions de nouveau pour commencer le redouté passage de la mer Rouge.

« Le *Péluse* nous a laissés à Alexandrie et le vapeur qui nous a pris à Suez porte le nom de l'*Impératrice*. Il est bien plus beau et plus grand que le *Péluse*. Les cabines, quoique inhabitables pendant la nuit, sont plus spacieuses. Voilà donc le nouveau coursier qui doit nous transporter jusqu'à Singapore, c'est-à-dire à 300 lieues de ma chère mission. Le commandant donne, sur les 6 heures, le signal du départ. L'ancre est levée ; le vapeur se balance avec ses hauts mâts et prend son essor pour ne plus s'arrêter qu'à Aden, au golfe Persique. La soirée fut belle. Le commandant vint, après dîner, nous trouver sur le pont, et nous offrit gracieusement de faire dresser un autel sur lequel nous pourrions célébrer la fête de l'Assomption. Son offre fut acceptée avec enthousiasme et nous sortîmes aussitôt nos plus beaux ornements pour le lendemain. De grand matin, quelques matelots ornèrent le pont de guirlandes, tendirent de grandes voiles au milieu, et nous improvisèrent un sanctuaire dont quelques paroisses de France auraient été jalouses. A 8 heures, un de nos confrères, que nous avions désigné la veille, célébra la Sainte Messe à laquelle nous assistions tous, nous croyant revenus à Paris au milieu des nôtres. Les passagers catholiques du pont s'étaient fait un honneur de montrer par leur présence leur amour pour Marie. Les protestants, confondus par ces cérémonies, dont ils n'ont pas le secret, baissaient comme malgré eux, la tête, au moment de l'élévation. Après la messe, nous récitâmes le *Te Deum* pour remercier Dieu. Nous voulions le chanter solennellement ; mais, on craignit que les passagers des autres religions ne fussent choqués de voir le catholicisme lever ainsi fièrement sa belle tête.

« La permission de célébrer la fête du 15 août ne fut pas la seule gracieuseté de notre commandant. Sur le soir, il nous accoste, et met à notre disposition une cabine pour y célébrer chaque jour le Saint Sacrifice. Quel bonheur! En un clin d'œil, la petite chambrette est transformée en oratoire. On dresse un autel sur le lit, on l'orne le mieux possible et, dès le lendemain, 3 d'entre nous célébraient les Saints Mystères. Nous avons ainsi le bonheur de faire la Sainte Communion chaque jour et de goûter, avec notre bon Maître, les plus douces joies. Les 2 premiers jours de de traversée sur la mer Rouge furent tranquilles. Hélas ! les jours se suivent et ne se ressemblent pas ! Le

18, un nuage épais se leva sur les flots et nous fit présumer une tempête. Nous ne nous étions pas trompés.

« Un instant après, la pluie tombe par torrents, le tonnerre gronde au-dessus des flots, le vent se lève et la mer devient furieuse. Notre vapeur, dépouillé de ses voiles, commence à s'ébranler. Impossible de se tenir debout sur le pont. Tantôt nous remontons comme pour prendre un nouvel élan et redescendre ensuite dans l'abîme. Les officiers du bord sont tous en mouvement. Les matelots prennent leurs précautions pour éviter tout danger. Mais il en est un qu'ils ne peuvent ni prévoir, ni éloigner une fois qu'il est arrivé. Je veux parler du terrible mal de mer.

« Je fus un des premiers qui en ressentis les atteintes. Mon estomac, soulevé par l'agitation continuelle du bateau, sent le besoin de se décharger. Je me penche sur la mer, malgré la pluie et le vent, et j'attends dans les plus grandes souffrances. Enfin, me voilà soulagé ; les poissons sont satisfaits ! Ce n'était rien encore. Six fois de suite, je fus obligé de faire la même manœuvre. Mouillé par la pluie, je tâche de me traîner dans la cabine ; j'y réussis ; mais à peine suis-je entré, qu'une septième et huitième fois je renouvelle les opérations commencées sur le pont. La nuit se passe au milieu du bruit effroyable des flots qui venaient sans cesse heurter et emporter notre navire !

« Le lendemain, le ciel était serein. Nous remercions Marie de nous avoir préservés du danger. J'appris que mes confrères avaient éprouvé le même mal que moi.

Aujourd'hui, l'Océan est tranquille comme une glace, et la joie est revenue parmi nous. Après six jours de traversée, nous arrivions à Aden, petit port qui se trouve à l'entrée de l'Océan Indien. Là, de nouvelles figures se présentent à nos yeux. Les habitants d'Aden, noirs comme du charbon, ont cependant de plus beaux traits que ceux de Suez. Un morceau d'étoffe ceint leurs reins et leur sert de vêtement. Leurs cheveux sont jaunes et descendent sur leur peau noire en bou-cles très fines. Après les avoir considérés faisant leurs évolutions dans la mer, pour saisir quelques pièces de monnaie que les passagers leur jettent, nous louons un petit canot qui nous transporte à terre. Un soleil de feu nous accable ; il nous fait désirer un bain de mer. Là, pas d'établissements. Il faut marcher, mar-cher toujours, sur un sable brûlant, avant de rencon-trer une hutte. Enfin, nous apercevons de loin une plage qui semble propice. On se dirige de ce côté. Une grande et belle grotte nous abrite. Elle sert pour nous déshabiller, et avec le costume de baigneurs nous descendons sur la plage où les flots venaient se briser. Chacun prend ses ébats en pleine mer. Nous avions eu la précaution de mettre un mouchoir sur la tête pour nous préserver d'un coup de soleil, mais nos épaules étaient à nu. Ce furent elles qui supportèrent les effets de notre imprudence. A cinq heures, nous revenions à bord pour repartir aussitôt. Le lendemain, nous ressentions tous une vive douleur aux épaules. Elles étaient comme écorchées ou couvertes de sel.

C'était le violent coup de soleil attrapé la veille à Aden. Nous n'avons souffert que deux jours. La peau s'est levée, et au moment où je t'écris nous sommes complètement remis. L'expérience nous apprendra la prudence. Elle est le meilleur médecin.

« L'Océan Indien, moins chaud que la mer Rouge, ne nous permet cependant pas de coucher dans nos cabines. Chaque soir, vers les dix heures, armés de nos lits, nous montons sur le pont pour y prendre le repos. Ordinairement, c'est sur le gaillard d'arrière que nous établissons nos couchettes. Nous dormons habillés. Le matin, à quatre heures, le lavage du pont nous force à chercher un autre gîte pour le reste de la nuit.

« Malgré ces désagréments, nous reposons. Quand on souffre pour Dieu, on ne souffre pas ! Nous arriverons demain à la pointe de Galles ou Ceylan, dans les Indes Occidentales. Nous y passerons le dimanche 30 août. Je continuerai mon journal à partir de cette station, jusqu'à Singapore, où nous serons rendus le 6 septembre. C'est là que nous commencerons à nous séparer. Trois confrères s'arrêteront à Singapore et les dix autres continueront leur route vers la Chine. »

A bord de l'*Impératrice*, ce 1er septembre 1869.

Stella maris ora pro nobis !

« Bonne mère,

« Mes nouvelles ne te manquent pas depuis le

départ de France. C'est pour moi tout à la fois un plaisir et un devoir de te détailler les diverses aventures de mon voyage. Il me semble, qu'en prenant la plume, je viens m'asseoir auprès de toi, et goûter encore les douceurs d'une conversation que je connus assez pour les regretter toujours.

« Tu m'as donc suivi jusqu'à Ceylan ou pointe de Galles. Tu as passé avec moi la Méditerranée, la mer Rouge et l'Océan Indien. Suis-moi maintenant dans une île délicieuse de fraîcheur et de végétation. Ici ce ne sont plus les sables brûlants d'Égypte ni les pics arides de l'Arabie et leurs hideux habitants. La scène est toute changée.

« A six heures du soir, le 29 août, nous entrions dans le port de Ceylan. Un coup de canon annonce notre arrivée aux insulaires. A ce signal, une myriade de nacelles accourt auprès de notre *Impératrice* comme pour la féliciter de son bon voyage. Les drapeaux en un moment sont hissés en haut des mâts étrangers ; mais aucun n'égale notre drapeau tricolore. Il semble dominer tous les autres. S'élevant par cinq fois dans les airs, il rend salut pour salut. Nous étions tous sur le parapet du pont examinant les nouvelles figures qui se présentaient à nous. Les Indiens sont de beaux hommes. Un linge blanc leur entoure les reins et descend jusqu'aux genoux. Leur tête est recouverte d'un turban d'indienne rouge qui laisse apercevoir de longs cheveux noirs, source d'envie pour nos Français, s'ils les voyaient. Leurs yeux noirs comme de l'ébène, indiquent beaucoup d'intelligence et d'énergie. Leurs traits sont fins et bien ménagés. L'ensemble de leur tournure est admirable. L'île de Ceylan est un paradis terrestre. L'œil se repose à l'envi sur un gazon toujours vert, et mesure, avec enthousiasme, les palmiers aux larges feuilles, ou les cocotiers avec leurs fruits vermeils. Une brise parfumée fait pressentir le nombre et la qualité des fleurs qui sont parsemées sur les pelouses. Tout est enchanteur et poétique. Nous aurions désiré descendre de suite à terre, et goûter, le soir même de notre arrivée, le plaisir de parcourir cette terre parfumée. Comme la nuit était venue et que nous ne savions pas de quel côté nous diriger, nous résolûmes d'attendre jusqu'au lendemain. Nous restâmes cependant sur le pont humant longtemps un air frais qui faisait la plus heureuse diversion au torride déjà respiré.

« A cinq heures, le dimanche matin, nous étions debout. Quelques-uns de mes confrères célébrèrent la messe à bord ; pour moi et les autres nous désirâmes la dire à terre dans la chapelle de la mission. A six heures, nous descendions dans une grande barque conduite par des indigènes et nous abordions à terre sans trop savoir où nous trouverions le missionnaire qui dessert l'île. Quel ne fut pas notre étonnement, lorsqu'à peine sortis du bateau nous trouvons un charmant petit chrétien indigène qui nous dit en Italien, qu'il était venu de la part du Père pour nous prendre et nous conduire à sa résidence. Nous bénî-

mes la Providence de cette rencontre. Un quart
d'heure après nous arrivions chez le Père qui nous
reçut à bras ouverts, et nous offrit une hospitalité dont
la religion chrétienne sait seule inspirer le secret. On
visite la pauvre maison du missionnaire ouverte à
tous les vents et la chapelle plus exposée encore aux
intempéries de l'air. Nous nous disions que bientôt
tels seraient nos palais. Toutefois nous n'étions pas
au bout de nos surprises. Le Père nous annonce que
deux évêques missionnaires sont en résidence chez
lui depuis quelques heures. Aussitôt la porte s'ouvre
et nous voyons apparaître, ô joie !, Mgr Petitjean,
vicaire apostolique du Japon se rendant en France, et
l'évêque de l'île de Ceylan qui faisait sa tournée pastorale. Nous embrassons l'un et nous baisons la main
de l'autre, qui, étant Italien et n'entendant que l'Italien ne pouvait lier avec nous une conversation suivie. Nous entourons notre cher évêque du Japon
dans lequel nous retrouvions un père et un confrère
appartenant à notre société, et des mains duquel la
plupart d'entre nous avaient reçu les ordres mineurs
deux ans auparavant. On se demande des nouvelles
de part et d'autre, nous du Japon et des confrères que
nous connaissions, lui du séminaire de Paris et de
nos chers Directeurs. Il nous apprend une nouvelle,
c'est que le bruit court dans le port de Hong-Kong
en Chine, que dix de nos missionnaires ont été mas-
sacrés par les rebelles. La chose n'est pas encore
sûre. Quelques-uns au moins auront versé leur sang

pour la cause de Dieu. Cette nouvelle nous anime et nous encourage et tous d'une même voix nous entonnons le couplet du chant du départ: « *Ne faut-il pas remplacer ceux qui tombent sous le couteau de féroces tyrans ?* »

« Après ces premiers épanchements de joie, chacun se rend à l'église, pour y dire la messe. Les quatre autels qui sont dans la chapelle ne suffisent pas pour nous tous. Quelques-uns furent obligés d'attendre ; je fus du nombre. Pendant ce temps je ne pus m'empêcher d'admirer la piété, la foi, le recueillement avec lesquels les pauvres indiens se tenaient à la messe. Point de chaises dans le sanctuaire ; chacun se tient à genoux, et quand on est trop fatigué on s'asseoit sur les talons. Les femmes occupent la partie de l'église plus rapprochée du tabernacle et le vestibule est réservé aux hommes. En arrivant elles commencent à mettre la main droite à terre ; et, ainsi appuyées, elles se mettent à genoux en rabattant leurs voiles par dessus leur tête. Aussitôt elles font le signe de la croix sur le front, la bouche et la poitrine puis comme nous. Elles baisent leur main quand elles ont fini. Elles les placent jointes sur la bouche. C'est la posture qu'elles ne quittent pas durant le temps qu'elles restent à l'église. A l'élévation on entend ces pauvres gens murmurer à haute voix des invocations, le front prosterné sur les dalles, dans l'attitude du plus grand anéantissement.

« Enfin mon tour arriva de célébrer ; je ne le fis pas

sans une certaine émotion. C'était la première fois
que je montais à l'autel en pays de missions. L'autel
et les ornements étaient bien pauvres ; mais, Notre-
Seigneur est né dans une étable. Un petit noir à
figure ouverte me servait la messe nu-pieds. Il me
semblait voir les rois mages adorer Notre-Seigneur
dans sa crèche.

« Mon action de grâces achevée, je me rendis
auprès de Sa Grandeur qu'entouraient déjà mes confrères. Après avoir encore longuement parlé des
missions, de France, du cher séminaire, chacun se
retira pour se préparer à la messe pontificale. Nous y
assistâmes tous ; l'église était comble. Je ne voyais
pas sans une certaine émotion cet évêque du Japon,
revêtu de ses ornements pontificaux, donner le « *Pax
vobis* » à nos pauvres petits Indiens qui regardaient,
tout étonnés, un spectacle si nouveau pour eux.

« Un docteur en médecine, à bord du *Donaï*, nom du
vapeur qui portait Monseigneur en France, chanta le
Sanctus, le *Subtuum*, et à la fin de la messe nous
entonnâmes le *Te Deum* sur cette terre étrangère où
nous avions mis si heureusement pied. La vieille
statue de la Vierge, placée sur l'autel semblait nous
sourire, et nous promettre sa douce protection pour
le reste du voyage.

« La messe terminée, nous sortîmes aux alentours
de la maison, protégée par de superbes palmiers
contre les ardeurs du soleil. Nous étions accompagnés par les petits Indiens qui, suppliants, nous

demandaient des chapelets. Nous avions toute la peine du monde à nous en défaire. Ils se prosternaient à nos [pieds, les baisaient; et, avec leurs beaux yeux noirs, ils nous faisaient comprendre leurs désirs. Tout à coup, un confrère attire notre attention sur un lézard vert d'un mètre de long, portant une crinière très épaisse et faisant mine de vouloir s'élancer sur nous. Il ne tarda pas à être puni de sa présomption. Un coup de canne asséné sur sa nuque eut bientôt tiré vengeance de son insolence. L'heure du repas approchant, nous rentrons à la chaumière du Père qui, un instant après, nous invitait à table par ces mots : « Allons, allons, venez à la pénitence, à la discipline ! » Pour la première fois nous fîmes honneur à la cuisine indienne qui, par ses soins, avait été rendue aussi friande que possible. L'appétit, au reste, ne nous manquait pas. Avec lui, on trouve tout bon. Je ne pus manger de certains fruits communs au pays, mais j'espère que je m'y accoutumerai avec le temps. Sur la table point de vin, mais l'eau tiède. Qu'elle est fraîche cependant quand on a bien soif !

« Après le dîner, on résolut de sortir pour aller visiter les curiosités du pays. Elles sont peu nombreuses. La campagne est la plus grande puisque les yeux n'y rencontrent que des sites nouveaux et enchanteurs. Cependant le temple de Boudha, situé à une heure de la chapelle, fut le but fixé pour notre excursion à travers des sentiers tortueux et des forêts de cocotiers. De temps en temps nous rencontrions,

au milieu de ce pays boudhiste, des maisons de chrétiens. Elles se distinguent des autres par un tableau
de la Vierge placé au-dessus de la porte. Aussitôt
que les chrétiens nous apercevaient, ils sortaient
devant leurs maisons ; et, faisant prosterner leurs
petits enfants sur notre passage, ils imploraient, le
front dans la poussière, notre bénédiction ! Que de
foi chez ces chrétiens d'un jour ! Hélas ! à côté de ces
petits anges adorateurs, il nous fallait aussi voir des
nudités païennes. Dans ce pays, les petits enfants
sortent avec les habits que la nature leur a donnés.

« Les hommes n'ont qu'une toile autour des reins.
Je parle ici des païens, car les chrétiens sont irrépro-
chables sous le rapport des vêtements. Il est facile de
reconnaître le chrétien et le païen. La figure du
premier est comme ennoblie par le saint baptême qui
lui a été conféré. Il porte dans ses traits quelque
chose de digne, d'honnête, de fier. Le païen, au contraire, a les yeux égarés, la dureté paraît sur ses
traits, et l'ensemble de sa physionomie n'inspire que
répugnance. J'ai même remarqué que les chrétiens
étaient pour les païens des personnages sacrés. Avez-
vous observé, en France, de gros chiens sales et
méchants oubliant leur colère devant des petits enfants et cherchant à se faire par eux donner des
caresses ? C'est absolument la même chose du
boudhiste à côté du catholique. Il est craintif, il veut
paraître aimable, il sent qu'il est à côté d'un être
supérieur. Pourquoi donc ne se fait-il pas chrétien ?

Hélas ! les passions à vaincre, les prières à faire, les bonnes œuvres à multiplier, tout cela est difficile ! Son intelligence est abrutie par la croyance en son Boudha. Il trouve plus commode le service d'un Dieu si facile.

« Nous arrivions, après avoir gravi un sentier étroit, à une plate-forme au sommet de laquelle se trouvent une pyramide, quelques habitations et un hangar. Sous ce hangar, nous voyons une douzaine d'hommes avec un morceau d'étoffe jaune en bandoulière ; ce sont les prêtres de Boudha. Ici est sa tannière. Notre conducteur demande qu'on nous montre la statue de Boudha. Aussitôt, un des prêtres, dans l'espoir d'une rétribution, tire un grand rideau qui nous laisse voir une énorme statue de cuivre, les jambes croisées, une main appuyée sur la cuisse droite, pendant que l'autre penche nonchalamment sur le genou gauche. Devant lui, est une table sur laquelle sont quelques fleurs. La statue et la table sont entourées d'une palissade en bois. On dirait un parc de moutons. Nous jetons sur ce morceau de cuivre quelques regards d'indignation. Nous demandons si c'est là toute la curiosité. Le prêtre nous fait signe de le suivre, et on se dirige, avec lui, vers la pyramide qui domine le coteau. De grosses clefs ouvrent une immense porte à deux battants ; et nous voilà en face d'une statue semblable à la première, mais avec de bien plus grandes proportions. Elle mesure deux mètres de large sur quatre de haut. Elle est en face d'une chambre ornée de peintures diaboliques, attendant qu'on vienne leur faire des prostrations. Nous aurions voulu parler au fameux prêtre et le convaincre de sa bêtise : impossible ! Nous avons cependant tâché de lui faire entendre quelques mots au moyen de notre interprète ; et il a dû comprendre, sinon par nos paroles, du moins par nos gestes, le cas que nous faisions de sa divinité.

« Nous redescendions aussitôt, quittant ces sommets qu'habite Satan et désirant de tous nos vœux la conversion de ces infortunés. Un bruit partant des broussailles attire tout à coup notre attention. Nous regardons et nous apercevons un serpent tout vert, de trois mètres de long et de très belle apparence. Aussitôt nos cannes se lèvent et elles allaient frapper, lorsque notre conducteur nous fait signe de ne pas l'attaquer. Nous obéissons à regret et voulons savoir le motif de la défense. C'est que ce serpent très agile, dès qu'il s'aperçoit qu'on veut le frapper, se lance aux yeux de l'agresseur et lui donne une mort certaine et prompte. Le conseil était bon. Il nous a fait éviter de commettre un serpenticide.

« Une heure après, nous revenons chez le Père lui raconter nos exploits, et lui offrir nos services pour la confirmation qui allait avoir lieu dans la petite chapelle. La cérémonie se fit le plus simplement possible. Un grand recueillement régnait parmi ces petits Indiens. Le Père fit un sermon en langue du pays auquel nous ne comprenions rien, mais qui nous plut beaucoup par la manière dont il était dit. Après la cérémonie nous eûmes la bénédiction. Ici nous, nous rachetâmes largement du silence auquel nous avions été condamnés depuis notre départ de France. Je chantai, avec mes confrères, les litanies de la Sainte Vierge et les hymnes sacrées. Il nous semblait être parmi les nôtres au séminaire de Paris. La voix d'un catéchiste vint nous tirer de notre illusion. Il chantait avec les chrétiens les prières d'usage. Cette foule de voix plus ou moins discordantes avait cependant son charme. Elle nous rappelait cette parole du psalmiste : « Bénissez le Seigneur, peuples de la terre ! »

« Pour te donner une idée de la foi vive de ces gens, laisse-moi te raconter ce que je leur ai vu faire. Après la bénédiction, une Indienne vint avec ses deux petits enfants se prosterner auprès d'un crucifix, faire sa prière, mouiller ses doigts avec sa salive, en frotter le crucifix et essuyer ensuite avec ses doigts ainsi sanctifiés par l'attouchement du signe de la Rédemption, le front de ses deux enfants en faisant sur chacun d'eux le signe de la croix. Je te l'avoue, cette action si simple et si grande en même temps me fit venir les larmes aux yeux ; je pleurais et me disais : « Femme, ta foi t'a sauvée ! vas en paix, ta fille est guérie. » Après, nous sortîmes dans les bois qui entourent le presbytère et fîmes retentir les échos d'alentour de nos refrains français. Quand nous eûmes assez chanté, le sommeil voulut aussi sa part. Nous étions 14 pour coucher dans 2 chambres. La moitié se retira dans la première, et le reste descendit comme dans une cave où se trouvaient six ou sept nattes mises sur des lits, si on peut appeler ainsi 4 piquets bornés chacun par une large planche. Une chaise se tenait modestement au milieu de la chambre, attendant qu'on voulût bien l'utiliser. Sur une mauvaise table vermoulue une chandelle de suif éclairait le sombre réduit. De fenêtres point ; ce sont des trous ouverts à tous les vents. Une porte sous laquelle un chat aurait pu passer à l'aise semblait nous garantir contre les serpents qui dans ces pays ne se gênent pas pour venir se coucher auprès de vous. Je fus le dernier au lit. J'éteignis la chandelle et je me dirigeai vers mon grabat au milieu de tous les vents qui soufflaient dans la chambre comme en pleine forêt. Sur ma natte je m'étends ; impossible de fermer l'œil. J'avais sous mon drap de bambou quatre ou cinq grosses bosses qui éprouvaient cruellement mes épaules. Je voulus me lever, mais, point d'allumettes ! Les deux premières heures furent assez bonnes. Tout le reste de la nuit, la sueur, l'insomnie et autres incommodités furent mon partage. J'offris ces premières peines au bon Dieu: et vive la joie quand même ! Au ciel on ne souffrira plus !

« Je me levai de bonne heure ce jour-là. Seul dans ce bois de palmiers, et de cocotiers, je fis un peu de méditation. Le bonheur de célébrer la messe arriva et me guérit tout à fait. L'heure du départ sonna. Nous descendîmes de la montagne accompagnés d'une foule d'indigènes chrétiens qui nous demandaient des

chapelets et des images. Leur persévérance me fit
tant de plaisir que je me ruinai en leur donnant tout
ce que je trouvai disponible. Deux grandes barques
furent lancées ; Monseigneur dans une, nous dans
l'autre. En route ! Après avoir laissé Sa Grandeur à
bord du Donaï, on se dit un chaleureux adieu, en pleine
mer, sous un soleil brûlant. Quelques instants après
nous levions l'ancre pour gagner Singapore. La traversée de Ceylan en Malaisie a été heureuse. La mer
était très calme et l'air assez frais ; six jours furent
employés à cette traversée.

« Partis de Ceylan le 31 août, nous arrivions à Singapore le 6 septembre. Un jour avant de nous trouver en rade, nous ne pûmes nous lasser d'admirer
les sites enchanteurs que Dieu s'est plu à jeter çà et
là sur l'Océan Indien. Ce sont des bouquets de fleurs
et non des îles que l'on voit à droite et à gauche du
navire. Nous apercevons des barques des Malais qui
déjà viennent au-devant de nous, et semblent nous
dire que la terre promise approche de plus en plus.
Je t'avoue qu'en approchant de Singapore je sentais
mon cœur ébranlé. C'est là, en effet, que je devais me
séparer de mes confrères pour nous rendre, à deux
seuls, dans le royaume de Siam, à 300 lieues. Je ne
fis rien paraître au dehors, et le soir venu, j'allai
comme à l'ordinaire avec eux prendre le repas sur le
pont. Le lendemain, je célébrai pour la dernière fois la
sainte messe dans notre cabine, au milieu de mes
chers confrères que j'allais quitter. Mon action de

grâces terminée, je me hâte pour admirer les environs de Singapore dont nous étions déjà bien près. Quelle richesse de végétation ! Ce ne sont que des bois, îlots, jardins, au milieu desquels on aperçoit des cabanes sauvages ouvertes à tous les vents. J'aurais presque désiré, comme à Ceylan, y être missionnaire. Non ! cela ne vaut pas mon Siam que je vais voir dans 15 jours !

« Enfin, le 7 septembre, vers 10 heures du matin, notre vapeur s'arrête au port de Singapore. J'ai encore une quinzaine de navigation à faire sur un voilier en compagnie de poules, oies, moutons, avant de mettre le pied sur la terre de Siam. Je pars le 11 septembre à cinq heures du matin. Le Capitaine qui nous conduit paraît un brave homme. J'espère que notre traversée entre les côtes de la Malaisie et les montagnes de la Cochinchine se fera pour le mieux. Je te donnerai, une fois arrivé à Siam, des détails sur mon arrivée à Singapore et à Bang-Kok. »

A bord du Jasmin, le 14 septembre, fête de l'Exaltation
de la sainte Croix.

Stella maris ora pro nobis !

« Bonne mère,

« Un calme plat, qui dure depuis la nuit dernière, me permet de continuer mon journal. Je t'avais laissée à Singapore ; mais nous n'étions qu'en vue de la ville anglaise et encore sur le vapeur. A peine fut-il

arrêté, que nous courûmes tous sur le bord du navire
pour y chercher des yeux le Procureur de nos missions en résidence à Singapore. La Malaisie est la première sur laquelle nous avons pu mettre pied à terre.
Nous aperçûmes, après maintes recherches, un prêtre avec un collet blanc et des poignets de même couleur qui faisaient contraste sur une soutane de soie
noire. Je le vis un des premiers. Nous reconnaissons
M. Patricat. On jette un pont, du vaisseau sur la
plage, et il nous arrive empressé. Nous sommes dans
ses bras. Les missionnaires de la Malaisie se trouvant
à Singapore accourent à leur tour et réclament
leur part. Bientôt nous faisons une grande famille ; et
il nous semble que nous avons retrouvé pour un instant le cher séminaire de Paris. Huit voitures nous
attendaient sur la plage pour gagner la procure qui
se trouve à 3/4 d'heure de là dans les montagnes.
Un splendide repas était prêt. Ici ce n'est plus
la pauvreté de Ceylan. Nous retrouvons la cuisine
française. Nous sommes chez nous. L'appétit ni la
gaîté ne manquent pas au dîner. Les vieux missionnaires déjà blanchis dans les travaux d'un apostolat
fécond sont pleins de prévenances pour les jeunes.
De notre côté, nous leur donnons des nouvelles de
France ; et, le repas terminé, nous leur chantons divers
morceaux de fraîche composition qu'ils n'ont encore
jamais entendus. Parmi les missionnaires se trouvait
M. Borie, dont le frère a été martyrisé au Tong-King.
Nous entonnons devant lui le chant des martyrs, et

ses larmes nous disent assez qu'il pense à son frère
du ciel. La soirée fut brillante..

« Avant de quitter la procure, laisse-moi t'en faire
la description ; car tu n'as pas une idée de ce que sont
les maisons dans la Malaisie. Il n'y a d'abord ni portes
ni fenêtres à cause de la chaleur que l'on éprouverait
si l'on se trouvait enfermé entre quatre murs. Des
persiennes servent de portes et de fenêtres et les
barreaux en sont assez écartés pour laisser passer
tout l'air désirable. Avec ce système, un courant d'air
continuel règne dans la maison et la rend habitable.
Les maisons sont carrées et entourées d'un balcon de
bois sur lequel on est protégé du soleil par l'avance-
ment prodigieux de la toiture. Autour de la maison est
un jardinet planté de cocotiers, de figuiers, dont
l'ombre épaisse intercepte les rayons du soleil. La
maison des domestiques n'est jamais celle du maître.
Un hangar particulier leur sert d'abri. C'est là aussi
que se trouvent la cuisine, le lavoir et toutes les
dépendances. Je te fais la description d'une maison
bourgeoise, car les maisons des gens du peuple sont
bien autrement faites. Un toit de chaume, quatre
piquets qui le supportent et une chambre, voilà l'habitation de la plèbe malaise.

« Le soir venu, je me rendis avec deux de mes confrères chez un missionnaire voisin qui, voulant avoir
trois messes, le lendemain, avait jugé à propos de
nous conduire avec lui pour plus de sûreté. Au bout
d'une demi-heure nous arrivons à sa résidence qui

se trouve dans Singapore même, et dont l'église sert de paroisse à la ville catholique. Le presbytère, tout récemment bâti, est simple, mais fort commode. Il nous reçut dans une de ses plus belles chambres. Nous fîmes nos prières, et nous nous étendîmes sur les nattes. Un sommeil des plus lourds nous saisit et ne nous quitta que le lendemain, au jour. Nous célébrâmes la sainte messe, et regagnâmes la procure pour y retrouver les confrères qui devaient nous quitter à onze heures. Les quelques moments qui nous restaient passèrent bien vite. L'heure de la séparation sonna et les embrassements commencèrent. De treize que nous étions, nous allions rester trois seulement à Singapore. On se dit adieu en se montrant le Ciel ; et, le vapeur, après avoir fait entendre un coup de sifflet prolongé, reprit sa route pour la Chine.

« Les dix confrères que nous quittions se tenaient tous sur le gaillard d'arrière. L'un d'eux avait un mouchoir blanc qu'il agita aussi longtemps que possible. De mon côté, j'avais eu soin de m'en procurer un, et longtemps on se dit de nouveaux adieux. Enfin tout disparut ! Je te parle de séparations ; mais je ne te dis pas combien elles sont pénibles ! Quand on est arrivé en pays étranger, elles sont bien plus cruelles qu'en France. Parmi les confrères que je quittais à Singapore, il y en avait avec qui j'avais pris les ordres ; tous étaient pour moi des frères. Et voilà que, dans un moment, il faut se séparer et se disperser sur la

terre inhospitalière pour voler à la conquête des
âmes. Ah ! si ce n'étaient pas les âmes !... Je fais cependant avec bonheur ces sacrifices à Dieu. Ne les mérite-
t-il pas ? J'espère qu'ils compteront.

« Nous restâmes à la procure jusqu'au samedi
11 septembre. Nous vîmes le consul de France à Singapore. Il fut on ne peut plus aimable à notre endroit.
et selon la coutume, nous présenta la bière à la glace
avec le cigare de Manille. La veille de notre départ, le
procureur avait invité à dîner le Capitaine du *Jasmin*
sur lequel nous devions nous embarquer pour nous
rendre à Bang-Kok. Il fut très affable et nous au-
gurâmes bien de cette première entrevue. Le samedi
nous montâmes sur le *Jasmin*. La brise ne soufflant
pas, le P. Procureur, et le confrère qui nous avaient
accompagnés à bord, furent invités par le Capitaine,
à prendre part à son modeste repas. L'invitation fut
acceptée. Nous pûmes encore jouir pendant quelques
heures de la présence de nos chers amis. Ce plaisir
comme tous les autres ne devait pas être de longue
durée. Le dîner achevé, le vent commence à souffler.
On hisse les voiles et le *Jasmin* s'apprête à prendre
son essor. Il nous fallut opérer une nouvelle séparation. Nous la fîmes, comme toutes les autres, les
yeux tournés vers le ciel où nous devions trouver
la force du sacrifice. La barque chinoise qui nous
avait transportés regagna le rivage, nous laissant
seuls au milieu des flots. Les évolutions du navire, la
brise qui soufflait à travers les cordages, la voix des

matelots qui faisaient leurs manœuvres, tout ce bruit nous tira de nos rêveries. Le Capitaine nous annonça qu'on allait nous donner nos chambres. Hélas ! chambres ! Ecoutes-en la description. Je t'ai déjà fait connaître les cabines du vapeur qui nous emporta de Marseille. C'étaient de vrais palais en comparaison de celles que nous avions sur le *Jasmin.* Et d'abord pour entrer dans cette prison, il fallait se baisser afin d'éviter les bosses à la tête. Une fois dedans, il fallait se tenir toujours courbé. Devant moi, était une grande planche élevée de terre de 50 centimètres, c'était mon lit. Sous cette couche, se trouvaient des malles, de la paille, des colis. Pour toute fenêtre un œil de bœuf où le poing n'aurait pas pu passer. Le lit était long d'un mètre 20 centimètres, ce qui ne me permettait pas de m'allonger ; sa largeur était à peine de 60 centimètres. Ma cabine avait 1^{m}50 de haut, 1^{m}50 de large et presque 2 mètres de long.

« Je prends une bougie et j'entre, en me baissant, dans ma nouvelle demeure. Que vois-je ! une vingtaine de bêtes ressemblant à des hannetons se promenaient sur mon lit ! ma natte en était pleine. Je tâche de les chasser. J'enlève ma soutane et m'allonge. A peine la chandelle est éteinte que j'entends ces maudits animaux revenir. Ils étaient sur moi ; je les entendais ronger la paille derrière mon chevet, et si je ne m'étais pas levé, ils seraient bientôt venus me ronger les ongles. Avoue que la position n'était pas tenable. Je ne te parle pas encore des fourmis qui abondaient dans ce logis. Ne pouvant plus y tenir, je prends la résolution de monter sur le pont, et là je m'étends sur un fauteuil et passe ma première nuit. Le lendemain ressemble à la veille. Cependant ne pouvant me tenir de sommeil je veux aller de nouveau faire la guerre à ces hôtes si incommodes. Mais je rencontre sur mon chemin mon confrère qui, pâle de peur, me dit qu'il vient de trouver dans sa cabine un Cent-pieds. Le cent-pieds est un animal qui ressemble à la chenille et dont la morsure est si mauvaise que ceux qui en ont été piqués m'ont assuré qu'ils aimaient mieux un coup de couteau que le dard de cet animal. On est un mois sans se remettre, heureux quand l'enflure n'atteint pas le gosier. A peine mon confrère m'a-t-il fait cet aveu, qu'un matelot m'assure en avoir tué un dans sa cabine. Je n'osais plus mettre les pieds dans la mienne ; mais, me souvenant qu'à Siam on trouve des serpents couchés sous la natte où l'on dort je m'enhardis et j'y reviens. Cependant je n'y couchai pas une seule nuit. Le soir venu je prenais ma couverture, et j'allais m'installer sur le pont, et y dormir.

« Le 16 septembre au milieu de la nuit, Chéri, un de nos petits mousses se jeta dans la mer. Il nous fut impossible de le retirer. La veille au soir il avait été mordu par une araignée venimeuse, ce qui lui avait procuré l'enflure au bras. Il se plaignit au Capitaine lequel lui fit faire un cataplasme et l'envoya se coucher. Au milieu de la nuit il se lève subitement. Le matelot à côté duquel il dormait ne s'inquiéta pas beaucoup de son absence. Cependant le petit malheureux avait été sur le gaillard d'arrière ; et, regardant par dessus le bastingage, il cherchait|comment il pourrait se livrer à la merci des flots. Un matelot qui veillait ne lui permit pas de mettre à exécution son épouvantable projet. D'un bond il s'élance sur le gaillard d'avant, et voyant que je dormais sur la dunette et que le Capitaine n'était pas loin de moi, il ouvre la porte de la salle à manger et va ressortir tout près du gouvernail. L'officier de quart qui seul aurait pu prévenir ce malheur était justement descendu de la dunette, attiré par les aboiements de quelques chiens qui se trouvaient à bord. Le pauvre petit mousse voyant que tout le monde dormait grimpe sur le bastingage. Un instant après une masse tombant à l'eau réveille le Capitaine qui s'écrie : « *Qui est tombé à la mer ?* » Je me lève en sursaut. On entend crier partout : « Chéri à la mer, Chéri à la mer ! » On détache une nacelle. Chacun court sur le gaillard d'arrière pour tâcher d'apercevoir le pauvre enfant. Enfin je le vois à 50 pas du navire se débattant avec la mort ! La nacelle est lancée ! Deux hommes rament, et un troisième couché sur l'eau crie de toutes ses forces : « Chéri ! Chéri !» L'écho seul répond « Chéri ! » Il avait coulé au fond d'un gouffre. Je lui donnai de loin l'absolution ! Un clair de lune splendide éclairait le théâtre de la catastrophe. La mer était unie comme une glace, ce qui rendait la scène plus affreuse. La nacelle revint au navire comme elle était partie. Le reste de la nuit je ne pus fermer l'œil :

il me semblait sans cesse entendre le bruit que ce corps fit en tombant dans le gouffre. Un acte de disparition fut dressé dès le lendemain ; et tout ici-bas fut fini pour Chéri ! Il avait 14 ans.

« Jusqu'à ce jour, la mer avait été calme, mais nous ne pouvions pas arriver à Bang-Kok, sans nous être familiarisés avec elle. Le lendemain, le ciel se couvrit de nuages, les flots commencèrent à s'agiter et le Capitaine, debout sur la dunette, nous annonça qu'une tempête allait nous assaillir. Il donna l'ordre au maître d'équipage de carguer toutes les voiles. Celui-ci, croyant que l'orage n'était pas encore prochain, ne donna pas d'ordres en conséquence. A peine cinq minutes étaient écoulées, qu'un furieux coup de vent pencha le navire de telle sorte, qu'entre la mer et les bords du bastingage, il y avait tout au plus l'espace d'un pied. Les cages à poules se renversent, les verres se cassent, les tonneaux sont déplacés avec violence, et moi-même qui étais sur le pont, je fus jeté vers la porte de la cabine de mon confrère qui dormait. Le bruit le réveille ; il sort plus mort que vif. Les manœuvres des matelots, le vent qui rugit dans les voiles, les flots qui viennent se briser contre notre *Jasmin*, lui ont bientôt expliqué le vacarme. Le Capitaine crie de toutes ses forces de carguer les voiles ; mais le vent devenant de plus en plus fort, l'opération devenait aussi plus difficile. Une voile est emportée, et c'est avec peine que l'on vient à bout de plier les autres. Il était environ trois heures de l'après-midi. Le ciel était

tellement chargé, qu'on n'y voyait plus goutte. L'orage
dura deux heures. Pendant tout ce temps, je me te-
nais assis sur le pont, en ayant soin de m'accrocher à
une colonne, sans le secours de laquelle je serais
infailliblement tombé à la renverse. Vers les cinq
heures, le vent cessa ; et le Capitaine, heureux d'avoir
traversé la crise sans malheur, nous servit un excellent souper auquel je fis honneur.

« Nous avançons rapidement vers le cher Siam, et
le 20 septembre au soir, nous commençons à voir les
côtes de ma chère mission ! Il me tarde d'arriver
pour me reposer un peu des fatigues du voyage, et
aussi pour commencer un ministère que j'ai de tout
temps désiré. Le 21 septembre au soir nous arrivons
à l'embouchure du fleuve Meï-Nam, qu'il faut remon-
ter pendant dix-sept heures avant d'arriver à Bang-
Kok. Nous sommes à Siam ! à Siam ! Oh ! je ne puis
m'empêcher de lui envoyer ma première bénédiction !

« Vers les cinq heures nous nous trouvons en face
d'un village qu'on nomme Paknam. Le vaisseau
s'arrête, et le Capitaine descend dans une embarcation
pour aller avertir le gouverneur de la ville de notre
arrivée. Pendant ce temps mon confrère et moi exa-
minons avec attention une pagode royale sise justement au milieu du fleuve.

« Voilà, nous disons-nous, ce que nous sommes
venus démolir à Siam ! Il faudra qu'une église catholique soit bâtie sur l'emplacement de ce temple

dédié au démon ! Veuille Dieu exaucer nos désirs ! »
Après 3/4 d'heure d'attente, le Capitaine nous revient.
« Messieurs dit-il, je viens de faire un marché ; s'il
vous convient nous le conclurons immédiatement.
Une barque chinoise s'offre à nous transporter à Bang-
Kok en 5 heures de temps. Qu'en dites-vous ? « Nous
acceptons avec reconnaissance. Aussitôt nous allons
prendre les objets les plus nécessaires ; et, laissant le
reste nous descendons dans le frêle esquif.

« Il était 6 heures du soir et déjà nuit. Quatre Siamois, deux devant et deux derrière, devaient ramer
sans se reposer un seul instant jusqu'à Bang-Kok.
Après nous avoir installés, nos rameurs habillés avec
un simple langouti se mirent en branle, et partirent
dans un pays inconnu, sur un fleuve inconnu, rempli de serpents et de crocodiles. La nuit était
sombre. On n'entendait que le bruit des rames, et
on ne voyait que l'eau et des bois qui bordaient le
Meï-Nam, large à peu près de 600 mètres. Le
Jasmin, privé de vent et ne pouvant avancer s'éloignait rapidement de nous. Le Capitaine et mon confrère chantaient. Pour moi, je n'en pouvais plus.
Harassé de fatigue, je dormais. Enfin le Capitaine
me réveille, en me disant que nous allons passer
dans un canal de toute beauté. Je me secoue. Les
moustiques ne nous avaient pas encore trop tour-
mentés ; mais, arrivés dans le canal, ce fut une peste.
Nos rameurs en étaient piqués à chaque instant. On
les entendait se donner des coups sur les jambes, sur

les reins, sur tout le corps, mode usité ici pour tuer
ces impitoyables sangsues. Nous fûmes obligés de
nous gratter jusqu'à Bank-Kok.

« Nous voilà donc au milieu du canal creusé par
la nature. Les rivages se sont resserrés. Une barque
peut seule passer, tant il est étroit. De chaque côté
ce sont des arbres de toute beauté qui se rejoignent
formant au-dessus de nos têtes un dôme de verdure.
De temps en temps, quelques huttes de Siamois
mettent de la variété dans le paysage. Il y avait à peu
près une heure que nous remontions le détroit,
lorsque des illuminations, des voix confuses, le son
du tambour, et, des chants viennent jusqu'à nos
oreilles. Nous arrivons dans un village païen, situé
sur les deux rives du canal. On y célébrait une fête
en l'honneur du démon. Arrivés plus près, nous
entendons des hurlements et des vociférations ! Les
pagodes sont illuminées avec de la résine, et le reflet
des lumières pénètre dans notre petite barque. Nous
levons la tête, et nous toisons fièrement ces païens,
leur montrant que nous n'avions pas grand peur.
Cependant au fond du cœur je m'apitoyais sur le sort
de ces malheureux qui, ne connaissant pas Dieu,
honorent Satan. Nous arrivons enfin au bout du canal,
nous apercevons les lumières de Bang-Kok. Mon
cœur tressaille ! Voilà donc ma mission ! Voilà le lieu
de mon repos ! Il était 10 heures 1/2. Le Capitaine
nous fait apercevoir une croix cachée dans le feuil-
lage sur le bord du fleuve. Elle semblait briller au

milieu des ténèbres du paganisme comme un phare qui éclaire la mer dans une nuit d'orage. Ma joie est à son comble. Oh ! qu'il est beau ce signe de notre rédemption au milieu des nations infidèles ! Il semble défier l'enfer ! Nous descendons du canot et j'entonne le *Benedictus Deus Israël.* Après quelques instants de marche, au milieu des herbes, nous apercevons une chaumière : « C'est la maison de Monseigneur, nous dit le Capitaine. » Sachant que 2 ou 3 confrères y couchaient, j'entonne le chant du départ. A ces accents bien connus, j'entends une voix qui crie : « Voilà des français, des prêtres ! » Je distingue la voix, c'est celle d'un confrère parti un an avant moi. Je l'appelle par son nom. Il accourt. Aussitôt on se rend à la procure. Le cher Père procureur dormait. Il se lève et vient nous embrasser. On ne se possède plus de joie. On rend grâces à Dieu. On fait des questions, on ne s'entend plus. Une vieille bouteille de vin est débouchée pour fêter notre bienvenue. Nous sommes en famille dans une grande chambre sans plafond et couverte de chaume. C'est la pauvreté. Le petit repas terminé, nous nous rendons dans la maison de Monseigneur qui consiste en une grande salle avec 4 chambres de chaque côté, le tout porté par quatre colonnes, afin de préserver l'habitation des inondations communes dans ce pays. Mon lit fut vite installé. On mit une natte par terre. C'est là que je passai ma première nuit.

« Les cinq premiers jours de notre arrivée furent

des jours de réjouissance. Douze confrères de l'intérieur se réunirent à Bang-Kok pour nous fêter. Que
te dirai-je de mon nouveau pays ? Figure-toi un fleuve
large d'un demi-kilomètre et bordé de chaque côté
par des barques avec une espèce de toit en palmiers
nains et ronds, tu auras une idée de la ville capitale
du royaume de Siam. Dans ces barques, les Siamois
naissent, se marient et meurent. Quelques maisons
s'élèvent sur les rivages. Mais ce sont les habitations
des grands. Il y a quatre églises catholiques et trois
temples protestants. Je ne compte pas les pagodes
qui fourmillent. Voilà le pays que je vais habiter
durant cinq mois afin d'apprendre la langue siamoise.
Je serai envoyé dans l'intérieur, au milieu des forêts,
pour commencer mon apostolat. Chaque missionnaire
a une barque avec quatre rameurs qui lui servent de
domestiques. C'est dans sa petite nacelle qu'il passe
des jours entiers pour se rendre à Bang-Kok. La maison de Monseigneur est située au milieu d'un petit
jardin ou plutôt de hautes herbes qui recèlent les
plus mauvais serpents. Dans ce jardin, où je ne me
hasarderais pas à me promener à sept heures du soir,
on trouve des reptiles dont la morsure procure une
mort instantanée, d'autres dont la morsure vous laisse
une heure à vivre. Aussi, quand je suis obligé de sortir le soir, je me fais donner une torche afin de ne
pas marcher sur la tête de ces hôtes lugubres. Je ne
parle pas du scorpion, du cent-pieds et de mille autres
bêtes que l'on trouve quelquefois jusque dans les

poches et qui vous lardant leur défense envenimée, vous procurent quinze jours de souffrances.

« Les habitants sont vêtus d'un seul langouti. Les femmes ont une écharpe en plus. Les enfants sont tout nus, et les petites filles ne portent pour tout vêtement qu'une petite plaque d'argent. Les premiers jours cette immodestie me révoltait ; mais aujourd'hui je suis fait à tout. Voici comment j'emploie ma journée. A cinq heures et demie je suis debout ; à cinq heures trois quarts je suis dans l'eau prenant, pour me réveiller, un bain délicieux dans un petit bassin qui se trouve dans le jardin de Monseigneur. Après avoir pris mon bain, je fais ma méditation suivie de la messe. A huit heures grand dîner, sans pain ni vin, mangeant force riz, force tortues, force poissons et des légumes du pays. Après dîner jusqu'à midi, je prends une leçon de langue. Après le dîner, nouveau bain. Je fais mes exercices de piété et j'étudie la langue. A cinq heures trois quarts, souper après lequel nous restons accroupis sur nos jambes jusqu'à sept heures. Je vais trouver quelques petits siamois qui logent chez le procureur, et je cause avec eux en siamois sans me faire comprendre, et sans les comprendre eux-mêmes. A neuf heures et demie je me couche sur ma natte après avoir prié Dieu. Voilà mon règlement. De temps en temps je tire quelques coups de fusil sur de gros oiseaux. Je vais en barque faire connaissance avec la ville. Je ne mets ma soutane que pour dire la messe. Le reste du jour, je porte un pan-

talon annamite qui ressemble presque à un jupon, et
une longue blouse noire boutonnée de haut en bas,
qui descend jusqu'aux genoux. Enfin je ne connais
plus les chemises. Je continue à porter des chaussettes et des souliers. Je vais quelquefois pieds-nus,
pour aller de ma demeure à la procure, le sentier
étant plein d'eau. Voilà un échantillon de ma vie.
Avec cela, un soleil épouvantable, toute la journée, et
un gros orage de quatre heures à huit heures du
soir.

« Que puis-je désirer de plus ? La vie apostolique
dans l'intérieur ! Là on est obligé de se mettre dans
l'eau jusqu'à la ceinture pour aller porter le bon Dieu
à une journée de marche, à travers des herbes plus
hautes que soi, et remplies de serpents, de boas et
de tigres. Le missionnaire ne craint rien. Dieu le pro-
tège et pendant qu'un indigène tombe piqué par un
serpent ou dévoré par un tigre, lui monte sur la queue
de la bête sans ressentir le moindre mal. Jamais de la
vie, un missionnaire n'est mort ici de ces accidents.
C'est vraiment miraculeux ! Remercie Dieu avec moi
de m'avoir donné une vocation si sainte, et de m'avoir
mené sans danger jusque dans ma chère mission.
Demande-lui de me rendre fidèle à mon devoir et
digne de mourir un jour pour rendre témoignage à la
foi que je suis venu prêcher ! »

Palais épiscopal. Bang-Kok, ce 24 octobre 1869.

« Me voici installé au palais épiscopal. Figurez-vous
un grand fourré rempli d'herbes de la hauteur d'un
homme, parsemé çà et là de quelques bananiers que
la Providence elle-même a plantés. On arrive chez Mgr
par un escalier en bois, de la dernière simplicité. On
entre, par une porte à deux battants, dans une grande
salle qui a pour plafond les toits avec leur charpente.
Quelques fauteuils en paille et une grande table comme
celles de nos cuisines de France, en font tout l'ornement. De chaque côté de la salle, se trouvent six portes, celles des soi-disant chambres, où le toit fait tous
les frais du plafond et qui recèlent scorpions, lézards,
rats, fourmis, etc., etc. Dans une de ces chambres se
trouve ma natte et mon moustiquaire. Ledit palais
n'est pas bâti sur terre, mais sur quelques piliers en
bois. Voilà toute l'habitation. Le jardin qui entoure la
maison, ou plutôt le fourré, est impraticable. Pour vous
en donner une preuve, sachez que dernièrement j'ai
vu, sous ma fenêtre élevée de deux mètres, un magnifique serpent boa qui se pavanait au soleil. Un des
confrères a tâché de le tuer ; mais plus adroit que lui,
le reptile s'est enfui sous l'escalier de la maison, et
s'est caché dans un trou. Je ne prends pas mon riz
au palais ; je vais au collège voisin de la mission.
Pour s'y rendre, il faut traverser le fameux parterre, et
je vous assure que je n'ai pas les yeux à la poche,

d'autant plus que les souliers ni les bas ne me gênent pas. Je ne mets soutane, bas et souliers que pour célébrer la messe ou faire des visites. Dans l'intérieur des terres où je serai sous peu, le costume annamite sera le seul que je porterai. Vous voulez savoir quelles sont mes occupations. Matin et soir, je suis penché sur un gros dictionnaire siamois-français, et sur mon catéchisme en caractères siamois.

« Je mettrai cinq à six mois avant de pouvoir prêcher l'Évangile. A cette époque, je serai envoyé à deux ou trois journées de Bang-Kok, pour y occuper un poste. Notre religion est en ce moment en état de crise. Il s'est formé à Bang-Kok une société de francs-maçons qui ont à leur tête l'ennemi le plus acharné des chrétiens et qui malheureusement est régent du royaume. Leur nombre croît de jour en jour. Ils prêtent serment, en entrant dans cette société diabolique, de ne jamais se faire chrétiens et d'employer tous les moyens possibles pour empêcher la propagation de notre foi. S'ils s'en tenaient là, ce serait déjà un grand mal, mais ils veulent tuer les missionnaires. Dernièrement, trois de nos confrères ont failli tomber sous leurs coups. L'un d'eux se trouvait dans sa maison seul lorsque les assassins firent complot d'aller l'immoler. Ils se rendirent chez lui en nombre. Se figurant que la maison recélait beaucoup de chrétiens, ils reculèrent devant la porte.

« Un autre confrère parcourait le village et entendait dire : « Quand donc prendra-t-on ce missionnaire par

la barbe et lui coupera-t-on la tête? » Jugez de la
contenance du pauvre confrère, à trois journées de
marche de Bang-Kok, au milieu d'un pays tout païen !
Il ne fit rien paraître ; mais quand il vint à Bang-Kok
nous raconter les faits, il disait qu'il se croyait perdu.
Je n'en finirais pas si je voulais m'étendre sur toutes
les vexations que l'on fait subir aux chrétiens. Il suffit
que l'on porte ce nom pour être l'objet des plus
grandes injustices de la part du gouvernement siamois. Qu'adviendra-t-il de tout cela? Dieu seul le sait.
Ce sera toujours pour sa plus grande gloire. A cause
de ces malheureux événements, nos conversions ne
sont pas nombreuses cette année. Le bon Dieu nous
éprouve! Il a ses desseins ! Je ne suis pas allé bien
loin dans l'intérieur. J'ai cependant fait un voyage de
dix heures, en barque, bien entendu. C'est le moyen
de transport des Siamois. Les missionnaires y passent
des trois et quatre journées entières pour venir à
Bang-Kok. C'est dans cette barque, recouverte de
feuilles de bambou, qu'ils mangent, prient, travaillent,
dorment, etc. La plus grande incommodité de ces
voyages est la piqûre de moustiques qui vous sucent le
sang et ne vous laissent pas un moment de repos. Je
compare ces animaux à des puces volantes. Ils sont si
nombreux, que la barque en est quelquefois toute
tapissée. Il faut bien souffrir un peu pour expier les
péchés passés! Malgré tout, je suis heureux à Bang-
Kok comme un roi. On ne perd rien à tout quitter
pour Dieu !

« Je commence à me faire aux usages de ces pays. Le riz me va. Je me passe de vin sans peine. Au reste nous sommes bien traités au collège qui compte en gros et en détail cinq élèves. La salle où nous prenons nos repas sert de dortoir, de réfectoire, d'étude, de salon, de tout, en un mot : c'est bien la pauvreté apostolique ! Je passe mes récréations à la nage ; parfois mon fusil m'aide à tuer quelques oiseaux et des serpents quand ils osent montrer la tête. Les chrétiens ont ici un grand respect pour le Père. Ils ne nous parlent jamais qu'accroupis sur leurs talons, les mains jointes tantôt sur le front, tantôt sur la poitrine. Ils regardent le missionnaire presque comme une divinité. Cela exige de notre part une très grande réserve. Le missionnaire est aussi notaire, juge, garde champêtre, etc. Il a pouvoir de terminer les procès des chrétiens. Ceci arrive souvent, car les Siamois sont très chicaneurs. »

Bang-Kok, ce 22 novembre 1869.

« Bonne mère,

« Le bon Dieu, en imposant de lourds sacrifices, sait aussi en mitiger l'amertume, et faire trouver agréable ce que la nature ne pouvait auparavant supporter. Seul, en face de moi-même, je ne me suis pas encore trouvé dans la tristesse. Le matin, à mon réveil, je sais parfaitement et d'un seul trait, l'occupation de tous mes moments, et, je trouve dans cette régularité, qui, auparavant ne me souriait guère, toute la joie dont j'ai besoin pour bien passer ma journée. Cependant, de temps en temps, j'essaie mes petites ailes, et je m'élance à travers les champs, au milieu des serpents, des crocodiles et des autres animaux malsains.

« Écoute une partie de chasse. Un soir la pensée me vient d'y aller. Il y avait 35 degrés de chaleur (note, que nous sommes ici dans le fort de l'hiver). J'avertis mon confrère, et accompagnés de cinq serviteurs, nous partons avec notre léger costume. Après quelques instants de marche, nous arrivons à l'endroit où était censé se trouver le gibier. Effectivement, j'aperçois une cigogne ; je la vise et la voilà par terre. Enhardis par un tel commencement, nous nous lançons au milieu des champs croyant trouver beaucoup d'oiseaux, mais ce ne fut que beaucoup d'eau et peu de bêtes. Cependant, nous avançons toujours, sans nous décourager. J'avais relevé mes pantalons comme quelqu'un qui veut prendre un bain de pieds. Me voilà donc dans l'eau jusqu'aux genoux. Ce n'est rien encore. Nous avançons toujours. Hélas ! ce n'était plus de l'eau mais de la vase qui m'arrivait jusqu'à la ceinture ! Nous étions au milieu de hautes herbes qui nous cachaient entièrement. C'est là que les boas et les crocodiles campent en grand nombre. J'avance encore un peu, mais à grand peine. Par surcroît de malheur, mes suivants font mine de ne plus vouloir suivre. Ils hésitent. Je ne les écoute pas et me lance encore, trébuchant par ci, m'enfonçant par là, voulant à toute force rendre la partie aussi pittoresque que possible. Mon exemple enflamme mes Siamois. Ils se décident à me suivre. A bout de force, j'aperçois un petit tertre et me dirige de ce côté. A peine avais-je mis le pied sur cette terre demi-forme que je vois un gros crabe à deux centimètres de mon pied. Mon bâton vole aussitôt sur son dos d'écailles et lui fait une blessure mortelle. Mais que faire sur ce terrain d'un mètre carré, environné par la vase, l'eau et les broussailles? reculer? c'est ne compter pour rien la peine que j'ai eue pour arriver jusque-là. Avancer? C'est affronter de nouveaux dangers. Je fais mon choix; et me tournant vers mes gens, j'interroge leurs figures, ne pouvant pas encore me faire comprendre en parlant leur langue. Avancer de plus en plus dans la vase, au milieu des hautes herbes ne leur souriait guère. Cependant je ne tiens pas compte de leur répugnance; et, après avoir repris haleine et retroussé mon pantalon, large comme une vraie crinoline, je m'avance. Au premier pas je me crois perdu. Enfoncé dans la vase jusqu'à la ceinture je ne puis plus retirer mes pieds, et ce n'est qu'après des efforts inouïs que je me rends maître de la place. Enfin n'en pouvant plus de fatigue, accablé par une chaleur de 35 ou 40 degrés, ne tuant pas de gibier, je regagne le sentier que nous avions abandonné, heureux d'y arriver encore en vie. Je vous laisse à penser dans quel état j'étais : couvert de boue, les cheveux et la barbe en désordre. Je ressemblais à un bandit. Les Siamois qui me voyaient, ne savaient plus qu'en penser. Mais en présence de mon fusil et de mes domestiques, ils comprirent que j'étais un Grand du pays et se gardèrent bien de rien manifester, ni en gestes, ni en paroles. Je descendis dans l'eau, lavai mon pantalon de haut en bas, et j'attendis, mouillé comme une soupe, l'arrivée de mon confrère qui s'était dirigé d'un autre côté. On nous demande si nous n'avons pas rencontré de serpents ? Sur notre réponse négative, on s'étonne, car nous étions dans leur département. Nous organisons notre petite caravane, et reprenons le chemin de Bang-Kok, en tirant, par ci par là, quelques cigognes que nous rapportâmes, et dont nous fîmes un excellent régal pour notre souper.

Je débute dans mes aventures. Que sera-ce plus tard, lorsque je me trouverai en face d'un tigre ou d'un boa, ce qui arrive souvent. La bonne Providence veille sur ses missionnaires. L'autre jour, dans le fameux jardin qui environne mon habitation, je regardais les branches des arbustes et des bananiers. Au même instant, je me retourne et sur une branche qui touchait à mon dos, j'aperçois entortillé, un gros serpent très dangereux. Je le fixe aussitôt, et en même temps je cherche un bâton. Je trouve heureusement un bambou sec ; et, revenant à l'animal, je lui donne son paquet.

« A Siam, il faut se baigner deux ou trois fois par

jour, sans quoi la chaleur est très nuisible. C'est pourquoi, dans chaque maison, il y a un bassin où l'on va
prendre des douches. Hier j'étais dans cette baignoire
et je m'y rafraîchissais, lorsque je vis à un mètre de
moi un serpent de taille moyenne, qui était entortillé
autour d'un bambou. Je remonte doucement les escaliers, ayant de l'eau jusqu'à mi-corps, et je m'empare
d'un bâton. Je le passe sous le ventre du reptile et je
l'étends sur le bord de la baignoire. Un coup appli-
qué sur l'épine dorsale le met dans l'impossibilité de
me nuire. Je voulais le garder vivant pour faire l'expérience de son venin sur un oiseau. Une fois habillé,
je montre ma chasse à un Siamois qui, après l'avoir
examinée, me dit que sa morsure occasionne une
mort instantanée. Sur sa parole, je l'achevai.

« Ma principale occupation est l'étude de la langue
Siamoise, sans laquelle je ne puis exercer le Saint
ministère. Je commence à me faire comprendre, et
j'espère qu'avant trois mois, je pourrai confesser, et
commencer ma vie de missionnaire. Le poste que l'on
me réserve est *Bang-Xang* (bourg des éléphants). Il
se trouve à l'ouest de Siam dans les montagnes des
Birmans qui sont habitées par les sauvages Coréens.
Je vais donc devenir un vrai sauvage ! Je le suis déjà
pas mal ! Mais pour le bon Dieu, se faire sauvage est
une prérogative qui n'est pas accordée à tout le
monde ! Je pense que vers le mois de février, on me
lancera dans mon nouveau poste. C'est bien ici que
l'on apprécie le bonheur de la présence de Dieu. Nous

n'avons pas la sainte réserve ; et, ce n'est que pendant le temps de la messe que nous pouvons nous entretenir avec Notre-Seigneur. Aussitôt la messe dite, on ferme l'Église, que les voleurs ne manqueraient pas de piller. Elle ne s'ouvre que le lendemain à l'heure des messes, pour laisser entrer les quelques personnes bien rares, hélas ! qui unissent leurs adorations aux nôtres. Quand je veux prier, je me transporte par la pensée dans quelque Église de France ; et là, au pied du tabernacle, je demande à Dieu les grâces qui me sont nécessaires, pour accomplir en tout, sa sainte volonté. Nos dimanches se passent comme les jours ordinaires. Les vêpres ne sont pas connues à Siam. Le cœur est brisé, lorsqu'au lieu des chants de l'Église et des cérémonies saintes on n'ouït que les tambours des *talapoins* ou prêtres du pays qui appellent leurs païens dans les temples de leurs idoles. On les entend crier et réciter leurs prières devant une énorme statue de Boudha. Tout Bang-Kok retentit de leurs clameurs et nos pauvres églises catholiques sont désertes ! Quand donc viendra le jour où la religion chrétienne sera maîtresse de Siam ! Il y a encore beaucoup de chemin à faire. Quand on parle de conversion à ces pauvres peuples ils répondent froidement que leur religion est aussi bonne que la nôtre ; que l'on meurt toujours, que l'on appartienne à l'une comme à l'autre, et qu'il ne vaut pas la peine de changer.

« Parlez-leur d'une vie future, ils vous répondront

qu'il n'y en a pas : que d'après leur religion, une fois morts, ils deviennent crocodiles, éléphants, chevaux, chiens, et immortels. Pourquoi raisonner avec eux ? Ils ne connaissent que le bonheur de leur estomac. Pourvu qu'ils aient de quoi manger, et qu'ils possèdent beaucoup de femmes, ils ne demandent pas autre chose. La corruption des mœurs est ici à son comble. Il n'y a aucune retenue. Le mal est en honneur. Ils l'adorent. Comment peut-il en être autrement ? Ont-ils beaucoup d'enfants ? C'est leur richesse. Parvenus à l'âge de 12 à 13 ans, ils les vendent comme des esclaves et ne s'en occupent plus. Le mari n'est-il pas content d'une de ses femmes ? il la fait esclave ; et la vend 100 francs, 200 francs, selon qu'elle est forte ou faible. Je n'en finirais pas si je voulais m'étendre sur ce sujet.

« Il est ici neuf heures du soir. La chaleur est accablante, et vous êtes vous autres à vous chauffer. En France, il est maintenant quatre heures du soir. Nous avançons de six heures sur l'Europe. Quand je dis par exemple la Sainte Messe à six heures, vous dormez d'un profond sommeil.

« Allons, bonne mère, du courage ! Chaque jour nous rapproche davantage l'un de l'autre. Nous allons tous vers le ciel ! C'est là que nous nous reverrons. Quelle pensée consolante ! Je ne travaille que pour le mériter !

« Dimanche dernier, j'ai dit quelques mots à la messe, deux ou trois phrases seulement. Ce n'est qu'un début. Je serai plus long la prochaine fois ; et, Dieu aidant, je pourrai bientôt prêcher et confesser. J'administre les sacrements qui ne requièrent pas l'usage de la langue. Ce matin je donnais le baptême à un petit enfant malade, au milieu des Chinois qui m'entouraient. Puisse-t-il, s'il meurt, prier pour ses compatriotes et demander à Dieu leur conversion ! Je suis, en ce moment, seul dans un petit district. Le missionnaire qui y était, est allé à huit journées de marche exercer le Saint Ministère.

« Je vis seul, tout seul ; mes repas, je les prends en vis-à-vis avec moi-même et mon ange gardien qui, je l'espère, ne me quitte jamais. J'attends de jour en jour l'arrivée du Père. Nous allons nous réjouir ensemble, après un mois d'absence. J'ai été la semaine dernière aider un voisin qui faisait gagner le jubilé à ses chrétiens. J'étais logé on ne peut mieux. Tu as vu bien des fois un de nos galetas de France. Figure-toi le plus misérable possible, et tu n'auras encore qu'une faible idée de mon séjour. Heureusement il n'a pas plu. Mon talent pour la natation aurait pu me servir. J'aurais pu facilement me baigner dans ma chambre. En revanche, les rats faisaient chaque nuit une ronde furieuse. Ils se promenaient par dizaines, et jouaient à cache-cache sous mon nez. Que faire? je riais, en voyant cette effronterie, et puis, à la garde de Dieu, je m'endormais ! Au milieu de la nuit, un chien venait dans mon nid, et faisait tout trembler, tant la maison est solide ! Naturellement, je m'éveillais. Je lui aurais

bien donné des coups, mais ils s'en moquent par ici.
Ce ne sont plus nos chiens civilisés d'Europe ! Bref, ma
petite mission a été splendide de poésie, surtout pendant la nuit. Quand on est missionnaire, il ne faut pas
être trop délicat. J'ai cependant du chemin à faire
pour ressembler aux vieux Pères qui souffrent sans
se plaindre. Crois bien que je suis le plus heureux
des hommes.

« Je commence à connaître mes Siamois. Ils ont
des qualités et des défauts, surtout celui de voler.
Ils m'ont pris dernièrement, dans ma chambre, une
petite somme qui était renfermée dans une boîte. Je
n'ai rien dit, ne sachant pas quel est le coupable ;
mais, si je le découvre, il aura dix coups de rotin
sur le dos. Il faut faire soi-même la police par ici.
Ce ne sont pas les sergents de ville qui nous aident.
Le rotin est la punition usitée et la plus redoutée de
ces gens. Ce châtiment répugne au missionnaire de
prime abord. Il est forcé d'en venir là ; sans quoi il
n'y a plus rien qui tienne. Je n'ai pas encore commencé ; mais je vois arriver le jour où j'exécuterai
mes débuts. On prétend que lorsque je frapperai, il
ne fera pas bon se trouver sous ma griffe ! Allons !
n'oubliez pas le petit missionnaire. Je vous embrasse
de tout mon cœur. Il est à vous. Je ne saurais vous
donner davantage. »

Bang-Kok, ce 8 janvier 1870.

« Bien chère Mère,

« Notre premier de l'an à Siam est passé. Sa simplicité m'a tellement ému, que je ne puis m'empêcher de t'en dire un mot. Le matin, après la messe, les chrétiens sont venus devant la maison, parés de leurs plus beaux habits. Les femmes avaient des étoffes de soie, et les riches du pays portaient des bracelets aux pieds, aux mains, au cou et sur le petit chignon qu'elles ont au sommet de la tête. Deux chaises posées sur deux nattes avaient été préparées. L'une était pour le missionnaire et l'autre pour moi, qui aidais le confrère pendant une semaine. Dès que nous fûmes assis, le chef des chrétiens, c'est-à-dire le plus ancien, accroupi sur ses jambes croisées, fît un discours au Père. Quand il eut fini, mon confrère répondit. Enfin les deux discours terminés, les chrétiens s'approchent de nous, hommes et femmes, les uns après les autres, et chacun se prosterne, joint les mains par dessus la tête, et après ce salut, prend les nôtres, les sent et puis s'en va. Je demandai, étonné, la signification de cet usage? C'est, qu'en prenant ainsi vos mains, ils ont l'intention de respirer l'odeur de vos vertus. Je trouvais cela assez curieux, pour ma part, et ne voulant encore y croire, j'examine de nouveau leur cérémonie, et je les entends renifler avec force sur nos mains. Pour le coup, dis-je, c'est la vérité !

« Je continue toujours à étudier la langue siamoise.

Il faut se démonter le gosier pour faire des aspirations. Je commence cependant à m'y habituer. Dieu aidant, je pourrai, dans trois mois, me charger d'un poste. J'aurais bien besoin, d'une aube pour dire la Sainte Messe. Je n'en ai qu'une, et pour la faire laver, j'attends d'en avoir une autre. J'aime beaucoup le riz à l'eau de Siam. C'est appétissant au possible. Je me porte bien depuis que je suis au milieu de mes Siamois. Bientôt j'irai dans l'intérieur pour commencer vraiment ma vie apostolique. Adieu. Je sens le besoin de prendre un bain ! 33 degrés de chaleur et nous sommes en plein hiver de Siam ! Que sera-ce l'été ? Il faudra tâcher de devenir amphibie. Je suis vêtu à la légère ! pantalon et blouse, voilà tout ! ni souliers, ni chapeau, ni chemise ! et néanmoins, en t'écrivant cette lettre, je suis tout en sueur. Allons, du courage, bonne mère ! Ton aimant fils t'embrasse tendrement !»

Bang-Kok, ce 23 janvier 1870.

« Bien-aimée Mère,

« Me voici de retour de ma course apostolique. J'ai vu de près la vie que mène le missionnaire dans l'intérieur. Elle est belle, mais seulement aux yeux de Dieu ; car, j'avoue que la nature n'y trouve pas ses aises.

« Le premier poste où nous nommes parvenus est un village nommé Tha-Kien. Il était minuit quand nous arrivâmes. Juge la joie du missionnaire qui se trouvait là, en entendant, à cette heure avancée, parler français ! Il fut vite à nos côtés, heureux de retrouver un confrère. Nous y passâmes une partie de la semaine. Avec lui, j'ai visité ses chrétiens qui se trouvent disséminés au milieu des bois, où habitent les tigres et les boas. Nous nous sommes même avancés assez loin dans l'épaisseur de la forêt, qui est immense. J'avais mis ce jour-là une blouse neuve et un pantalon neuf. Lorsque je suis revenu, j'aurais eu besoin d'un tailleur ; mon habit n'était plus mettable. L'échine avait été emportée par les ronces et les épines. Mon pantalon était tout troué et j'en étais réduit à une extrême misère. Qu'on est heureux au milieu de ces forêts, de rencontrer quelques maisons de chrétiens et d'aller y demander un verre d'eau ! C'est ce que nous avons fait bien des fois. Du plus loin qu'ils vous aperçoivent, ils préparent des nattes pour vous recevoir ; et, dès que le Père entre, les voilà prosternés, le visage contre terre, les mains sur la tête. C'est pour eux un grand honneur que fait le Père, lorsqu'il va les visiter. Après n'avoir rencontré que des païens qui regardent avec curiosité, vous trouvez une maison chrétienne. Alors, on dirait qu'on est chez soi. On demande tout ce que l'on veut, et aussitôt toute la maison est en branle pour vous servir. Celle du Père est au centre de tous les chrétiens ; mais il y en a qui sont à 20, 40 lieues de là. Il faut aller les visiter à pied ou en barque, exposé à rencontrer des trompes d'éléphants sauvages ou des tigres qui ordinairement ne vous laissent pas passer sans vous jouer quelque mauvais tour. Une chambre et un petit cabinet, voilà tout le logement du missionnaire. La chambre, bien entendu, est ouverte à tous les vents ; son plafond, recouvert en chaume, sert d'Église. C'est là que se font les offices. Le cabinet sert de chambre à coucher. C'est dans ce petit coin que nous mangions et que nous dormions. Le lit est une natte à terre. On est vite déshabillé, puisqu'on se couche tout vêtu. Une des trois nuits que nous avons passées à cet endroit, il y eut un incendie. Au milieu des ténèbres, on entend des cris de tous côtés. Nous nous réveillons en sursaut. C'en est fait du village entier, les maisons étant construites en chaume prennent feu comme une allumette ! Le danger était grand. Aussitôt, on sort de la chambre les choses les plus précieuses, comme le calice, les ornements, et on attend le résultat. Ici, il n'y a pas de pompes à incendies ; et, quand le feu prend, les Siamois crient beaucoup mais ne se dérangent pas. C'en était fait du village et de notre pauvre abri, si deux de nos serviteurs n'étaient accourus. Ils montent sur la maison, dont le toit brûlait et le font tomber dans l'intérieur. Cette précaution prise, ils ont pu éteindre le feu, et nous en avons été quittes pour la peur. »

Bang-Kok, ce 2 février 1870.

« Bonne Mère,

« Demain matin je pars pour une tournée apostolique dans les villages à 3 journées de marche de Bang-Kok. Ce sera au milieu des bois et des montagnes. J'accompagne le Provicaire de la mission. Il veut m'initier au genre de vie du missionnaire, que je vais bientôt embrasser tout de bon. Le moyen de transport est une barque conduite par 4 forts rameurs. Pendant 3 jours, allongés dans cette jonque siamoise, elle nous servira de dortoir, de réfectoire, de lieu de récréation, etc., etc.

On apporte un peu de riz et de poisson sec : voilà notre ordinaire. Je ne parle pas des chaleurs ni des moustiques, qui ne nous laisseront pas un moment de repos nuit et jour. Bah! qu'est-ce que tout cela? Le bon Dieu le veut! Vive la joie quand même! Nous reviendrons dans 15 jours et par la mer. Nous suivrons une rivière, dont l'embouchure est dans le golfe de Siam. Comme nous allons être ballottés, avec notre petite barque, au milieu des flots! Marie est notre étoile! Elle saura veiller sur ses enfants. Je te narrerai notre expédition au retour de cette course. Je serai probablement désigné pour aider le Provicaire dans ses fonctions, le confrère chargé de ce poste étant obligé de partir en Chine pour cause de santé. Je resterai là sans doute jusqu'à l'arrivée de Monseigneur qui me placera dans l'intérieur, je ne sais où.

« Il y a une semaine je revenais de faire une course de 3 jours. J'ai exploré le pays du côté de l'Ouest. Trois nuits sans sommeil et le jour une chaleur atroce. Je me suis enfoncé dans les campagnes, mais au bout d'un certain temps je n'en pouvais plus. Ce n'est pas comme en France où il y a toujours des sentiers praticables. Au milieu des herbes qui me couvraient entièrement, et dans l'eau jusqu'à la ceinture, il fallait se frayer soi-même un chemin. C'était pénible ! De plus mon fusil sur l'épaule (il ne me quitte jamais, quand je sors ; c'est prudent) me gênait singulièrement. Enfin, n'en pouvant plus de chaleur et de fatigue, la peau de mes jambes soulevée par les herbes, je me suis assis sur une motte de terre que j'ai rencontrée heureusement, et là, j'ai jeté un regard au loin. Ma vue pouvait s'étendre sur ces immenses plaines incultes, repaire de buffles et de serpents. J'apercevais au loin quelques chaumières, mais je ne pouvais me lancer, étant à bout de forces. Pour faire ce voyage, il faut un éléphant. Je n'avais pas prévu cela. Je serai plus expérimenté une autre fois. En revenant j'ai rencontré un crocodile. Il a attrapé un coup de fusil. Mais était-il touché ? Je n'en sais rien. En revenant j'ai rencontré une pagode. Deux ou trois talapoins (prêtres des idoles) étaient là et me regardaient passer fièrement. De mon côté, je passe sous leurs yeux, plus fier qu'eux, car j'en avais plus de droit. Si je n'avais eu mon fusil, ils auraient pu me faire des sottises ; mais, ils ont eu peur et ont bien fait de garder le silence. Après cette excursion, je m'assieds en croisant mes jambes ; et, mes gens me servent le riz et un oiseau qu'ils avaient tué et cuit à leur manière. Je fais honneur au repas. On se remet en route ; et, après avoir longé une petite rivière, pendant 3 ou 4 heures, au milieu des bananiers et d'autres herbes qui formaient une tonnelle sur ma tête, j'arrive à la tombée de la nuit au bord d'une autre pagode. Comme j'étais fatigué de la marche, je voulais sanctifier cette pagode, et j'y allais dire les Vêpres. Les talapoins m'ayant aperçu, sortirent de leurs cabanes, et vinrent assez près pour me considérer. Pendant ce temps-là, je faisais des signes de croix et récitais le *Confiteor* ; je disais mon office. Mais tous ces gestes leur souriaient fort peu. Après que j'ai vaqué à mes prières, je parcours un peu la pagode, et j'aperçois dans un fourré un bûcher encore allumé. Je m'avance ! C'était un cadavre qu'ils venaient de brûler ! L'odeur était infecte. Je redescendis alors dans ma barque, et j'ordonnai qu'on dormît là au bord de la maison du diable. Mon fusil était armé, mais je n'eus pas la peine de le décharger. Je dormis tranquilement et revins le lendemain à Bang-Kok. »

Siam, ce 15 mars 1870.

« Bonne Mère,

« Je t'écris du collège de Bang-Kok, où je suis nommé provisoirement directeur. Mes occupations sont modestes. Je suis professeur de plain-chant.

« Mes élèves sont au nombre de 15, les uns Siamois, les autres Chinois, les autres Annamites. Je me suis mis en tête de leur apprendre la gamme. C'était mon idée ; et, voici comment je m'y suis pris. J'ai réglé qu'ils viendraient chaque soir, à 4 heures, chez moi pour prendre leurs leçons. En effet, à l'heure fixée, ils arrivent cigarette en bouche qu'ils déposent, bien entendu, avant d'entrer. Ils s'accroupissent tous autour de moi. Je m'accroupis comme eux. Il faut se faire petit avec les petits. Devant eux, est une planche noire sur laquelle j'ai crayonné, en blanc, la gamme. Je commence par la leur chanter une dizaine de fois. Enfin, quand je n'en puis plus, je crois qu'ils ont saisi et j'en appelle un pour chanter. Le voilà qui crie : « *do, ré, mi, fa, sol, la, si* », mais, tout sur la 1re des notes. J'étais furieux. Comment, je m'égosille et vous ne pouvez pas chanter deux notes justes ? Je ne perds pas courage et j'en appelle un autre. Il va jusqu'au *fa* sans se tromper. *Di thidio,* Bien ! lui dis-je en Siamois. Enfin un 3me chante. O bonheur ! il ne bronche pas jusqu'au bout. Aussi le refrain de la chanson me revient en tête : « *Grâce à moi, ces enfants feront honneur à mon école et seront de fameux savants !* » J'en suis arrivé à ce point, que bientôt ils pourront se tirer d'un *Kyrié,* d'un *Gloria,* etc. Les enfants de ce pays ont la voix juste et aiment la musique. Je veux cultiver cette partie, et essayer de les faire chanter à l'Eglise comme en France.

« C'est te dire, qu'étant encore au collège, je

mange mon pain blanc. Je suis avec un autre confrère qui est chargé du latin, et nous menons ensemble une vie délicieuse. Elle ne durera pas longtemps. Je suis ici à la réserve, et le premier poste vacant sera pour moi. Je vais aussi commencer à confesser mes Siamois pour Pâques. Prie Dieu qu'il bénisse les débuts de mon ministère, et qu'il m'aide aussi pour confesser ces pauvres gens dans une langue que je ne connais encore qu'imparfaitement.

« Ma santé se soutient ; chacun m'en fait son compliment. Attendons la suite. A la Providence ! »

Bang-Kok, le 4 mai 1870.

« Ma bonne Mère,

« Je viens de faire un voyage chez un missionnaire impotent, par suite d'une chute, en aidant à la construction de sa maison. Pauvre confrère ! Il s'était abîmé les reins en tombant à la renverse sur des briques, d'une hauteur de trois mètres. C'est pendant la Semaine Sainte que j'ai été le remplacer ; et j'ai fait, à la vérité, une excellente clôture de Carême. Pendant tout ce temps, devine où j'ai couché ? Dire à la belle étoile serait trop, vu que j'avais un toit de feuilles sèches qui me protégeait tout au plus contre la pluie. Mais, ce mauvais toit faisait tous les frais de mon habitation royale. Quelques planches mal jointes formaient le plancher ; de murailles, de fenêtres, de portes, point. On n'est pas si délicat, par ici. Heureu-

sement qu'il y avait sous ce toit une table avec laquelle
j'ai établi ma couchette, tantôt dessus, tantôt dessous, à côté des chiens. C'est si facile d'établir son lit,
à Siam. On n'a qu'à étendre une natte à terre. On y
dort encore assez bien, sauf à ressentir des douleurs
d'épine dorsale, tout le lendemain. Je commence à me
faire à ce système. Je suis maintenant de retour à ma
résidence ordinaire, mais pour en repartir lundi. Je
vais faire une course apostolique au milieu des forêts
qui avoisinent le Laos. C'est la résidence d'un prêtre
indigène. Après deux jours de barque, j'arriverai dans
une pagode où je dois trouver ou des chevaux ou un
éléphant, pour me conduire à l'habitation du Père.
Comme le pays est infesté de tigres, je prendrai de
préférence l'éléphant sur le dos duquel on est à l'abri
de tout danger. Le cheval n'offre pas de grandes
garanties. Si, par malheur, il sent le tigre, il n'avance
plus et on ne peut le faire reculer. On n'a de ressource
que dans le revolver; et, pour comble de malheur, le
cheval ne sent le tigre que quand il en est très près.
Mais ne t'effraye pas; la Providence veille sur nous.
Toutes ces petites misères, lorsqu'elles sont arrosées
de la grâce d'en Haut, provoquent entre nous de
joyeux éclats de rire. Au retour de ce voyage, il est
probable que j'irai dans un autre poste tout à fait
opposé. Là, c'est dans les bois que je marcherai. Petit
à petit, je me forme au ministère que je ne tarderai
pas à exercer. J'ai déjà confessé un Siamois. J'ai aussi
prêché à la cathédrale de Bang-Kok avant-hier. Ne

te figure pas que je fais le paresseux. Je suis chargé de l'hôpital de Bang-Kok qui, hélas! est tenu par des protestants. Cependant, malgré la différence de religion, nous sommes bons amis, et ils me laissent pénétrer près des malades catholiques. Le médecin, qui est chargé d'eux, m'a promis qu'il m'avertirait lorsque le cas serait mortel. »

Bang-Kok, le 21 mai 1870.

« Bonne Mère,

« J'arrive de ma course dans l'intérieur du royaume. Le but du voyage était une chrétienté isolée au milieu des bois, et nommée Kalbuang. Là, réside un prêtre indigène ; et, c'est à son invitation que trois d'entre nous avons quitté Bang-Kok pour nous rendre auprès de lui. La veille, les préparatifs du voyage sont faits, la barque fournie de longues rames, l'intérieur tapissé de belles nattes rouges. A neuf heures du soir, au milieu des ténèbres de la nuit, nous descendons tous trois dans la frêle embarcation. Un instant après, nous filons rapidement. Inutile de te dire que la nuit fut blanche, quoique très noire. Nous entonnons le *Chant du Départ*, suivi de l'*Ave maris stella*, et, après avoir récité notre chapelet, nous consacrons le reste du temps à la plus franche gaieté. La nuit se passa ainsi sans incident. Le lendemain, vers les huit heures, nous arrivions à notre première étape, résidence d'un Père indigène. On se prépare pour dire la Sainte Messe. Les chrétiens, qui ont déjà eu vent de notre arrivée, viennent nous fêter à leur manière. Chacun se rend à la maison du Père où nous étions réunis. L'un porte des fruits, l'autre du tabac, celui-ci de la viande de porc, etc., etc. Tous offrent ce qu'ils peuvent. Notre barque regorgeait; et, si on nous eût dit que nous devions mourir durant notre voyage, j'aurais affirmé que ce ne serait pas de faim. Notre intention était de le continuer le jour même ; mais, le bon P. André fit tant de prières que le départ fut fixé pour le soir à la nuit tombante. Dans l'intervalle, chacun prit une natte, l'étendit par terre et y sommeilla. Cependant il fallut se lever et repartir au milieu d'un fleuve majestueux. La nuit était belle, les moustiques ne nous harcelaient pas trop et tout allait bien. Après avoir suivi le fleuve pendant quelques heures, nous entrâmes dans un canal qui devait nous mener jusqu'à une immense pagode, où des éléphants et des chevaux devaient nous attendre pour nous transporter jusqu'à *Dam-Habuang*. Mais hélas ! au milieu du canal, les eaux étant basses, il devint impossible de marcher, et force nous fut de nous arrêter, à moitié route, sans pouvoir avancer ni reculer. Heureusement, il y avait, au milieu des champs, une hutte dans laquelle nous pûmes nous retirer, et attendre que des chevaux ou des éléphants vinssent nous prendre. Ne voyant rien arriver, je propose une course dans le pays. Mes deux confrères acceptent. Nous partons le fusil sur l'épaule pour aller dans l'inconnu.

« A une demi-lieue de marche, nous aperçûmes, au milieu des herbes, une hutte d'assez piteuse mine. Comme nous étions morts de soif, nous y allons ; portes barricadées ! pas un habitant ! Nous crions. Une femme, accompagnée d'un enfant, pâle de frayeur, sort par un trou. On lui demande de l'eau, mais elle ne sait plus ce qu'elle fait tant notre mine est rébarbative. Nous nous regardons. Le résultat de l'examen est que c'est moi qui ai l'air le plus brigand. Voici mon accoutrement : un mouchoir autour de la tête, recouvert par un vieux chapeau rabattu sur les yeux. Une blouse déchirée, un pantalon tout sale. Si tu ajoutes mon fusil en bandoulière, ma poudrière et ma boîte à plombs, tu me confondras avec Robinson ! Pour rassurer cette brave sauvagesse, je lui dis : « Mère, où as-tu puisé cette eau ? indique-moi la source. » A peine eus-je parlé, qu'elle s'enfuit et ne revint plus. Nous partons aussi à notre tour, en faisant retentir la campagne de quelques coups de fusils, et nous revenons au lieu de débarcation. Nous y trouvons les chevaux attendus. Chacun en prend un, et se dirige vers la pagode où la barque ne pouvait pas nous amener.

« Trois heures après, nous étions en face d'une des plus belles pagodes de Siam. Hélas ! que d'argent consacré au diable ! c'est vraiment dommage ! Nous nous hasardons à la visiter. C'est un vrai labyrinthe, en style du pays, qui, dans son originalité, est très curieux à étudier. Pendant notre visite, les éléphants étaient arrivés, portant leurs sièges sur le dos et leur cornac sur le cou. Je pouvais choisir ou un cheval ou un éléphant. J'avoue qu'à la vue de cette énorme bête, je n'avais guère envie de monter sur son dos. Mais un missionnaire ne doit-il pas se faire à tout ? même aux éléphants ? J'arrive donc aux pieds de cette énorme carcasse. J'aurais pu facilement passer sous son large ventre, sans courber la tête. Comment faire pour monter ? J'avertis le cornac, et sur un mot, l'éléphant s'étend comme un chien, ses deux pattes de devant allongées et celles de derrière pliées. Je bondis aussitôt, et je parvins à attraper la corde qui retenait la selle sur son dos. Malheureusement pour moi, l'animal se figurant sans doute que j'étais monté, se relève subitement, et je reste suspendu, cramponné à ses pattes qui ressemblent à des colonnes. Grâce à la vigueur de mon poignet je parviens jusqu'en haut et m'installe de mon mieux. Trois Siamois montent encore après moi, ce qui faisait cinq, huchés sur le monument ambulant. Un autre éléphant reçut les autres confrères, et on se mit en marche.

« Une heure après je n'en puis plus, grâce aux mouvements que l'éléphant vous fait opérer. Cependant il fallait bien rester sept heures dans cette position. Nous nous lançons au milieu des bois et des hautes herbes qui couvraient l'éléphant. Un soleil de feu dardait ses rayons sur notre pauvre tête. C'était vraiment de l'apostolique ! Dans sa route, notre monture trouve une immense branche qui lui barrait le passage.

Cela l'inquiète peu. L'éléphant la saisit de sa trompe, la fait passer sous ses pieds, l'écrase à merveille, et se remet à marcher paisiblement. A moitié route, le cornac me croyant capable de guider sa bête, descend et me donne un crochet. Je craignais que la bête, faisant quelque escapade, je ne puisse la retenir; mais elle a senti ma capacité. Elle a été sage.

« Nous marchions donc ainsi depuis sept heures, lorsqu'un Siamois me dit : « Père Bienfaiteur, voilà l'Église de Kabuang. » En effet, j'aperçois un toit de chaume couronné d'une petite croix. Un son de tambour vient frapper mes oreilles. Il annonce que nous sommes arrivés. Le bruit devient plus distinct à mesure que j'approche. Je puis déjà voir les chrétiens venus me saluer sur la route. Je les vois s'agenouiller sur mon passage. Voilà le Père qui arrive à ma rencontre. De si loin que je l'aperçois, je lui crie : «*Sabaïrà*. Vas-tu bien ? Oui, répondit-il. Quel bonheur pour moi de vous revoir ! etc., etc. » Un instant après, nous étions tous deux dans sa pauvre maisonnette, en face d'un verre d'eau qui n'est pas glacée, rafraîchissement à la mode par ici. On fait un peu de toilette, c'est-à-dire qu'on se baigne et qu'on lave ses pantalons et ses blouses ; et puis, on reparaît au logis où nos chrétiens étaient venus nous saluer. Ils nous racontent leurs peines et les vexations qu'ils subissent. L'un a une blessure, l'autre son argent dérobé. Celui-ci, sa maison brûlée ! Hélas ! que pouvions-nous leur dire ? Nous n'avions pas de secours à leur apporter, nous, plus pauvres qu'eux ! J'aurais bien désiré avoir quelques centaines de ticaux à leur offrir ! mais oui ! vive la pauvreté ! Enfin, on les console.

« Le lendemain, on décrète qu'il y aura messe chantée. C'était la première fois depuis que le poste est fondé au milieu de ces bois. Il n'y avait ni orgue, ni beaucoup de chantres. Je fus chargé de conduire le chœur et on entendit un solennel *Kyrie de France* résonner sous ces murs de chaume. Cette pauvreté d'église, d'ornements, de voix ne laissait pas d'avoir des charmes. C'était au milieu d'un petit troupeau, entouré de loups ravisseurs, et à la face du paganisme, que nous montrions quelque chose de cette splendeur de nos églises si belles de Villefranche. J'ai pensé à Tabournel, le chantre de Notre-Dame. Il n'eût pas été inutile par ici ! Tout se passa bien cependant. Le soir, il y eut bénédiction du Saint-Sacrement, et nos pauvres chrétiens se retirèrent dans leur bois, consolés et fortifiés par le Dieu des petits et des pauvres. Harassés, nous étendîmes trois nattes, à la suite les unes des autres, et nous dormîmes on ne peut mieux.

« Le lendemain fixé pour notre départ, le *Tamtam* chinois annonça aux chrétiens que nous les quittions. Nos éléphants avaient pris la clef des champs ! impossible de les avoir ! Nous eûmes en revanche de petits chevaux siamois. Chacun prend le sien et nous repartons, au son du tambour, au milieu des pauvres chrétiens qui nous regardaient d'un œil humide. Sept heures après, nous arrivons à un petit village où se trouve un seul chrétien. Nous descendons chez lui, pour nous reposer un peu. Il se met en quatre. Deux peaux de tigre sont étendues sur le plancher. On sert le thé, sans sucre, quelques fruits et gâteaux. Le Chinois qui, dans sa simplicité, mettait son doigt dans le thé avant de nous l'offrir, ne faisait pas attention que nous étions des Français; mais, la soif ne permettait pas d'être délicats ! Je me servis pour la première fois des bâtonnets chinois et je mangeai quelques fruits. J'en avais besoin. Si tu m'avais vu dans l'état où j'étais, tu m'aurais fait changer de chemise. Ma blouse collée sur la peau, ma figure couverte de poussière, mes pantalons collés par la sueur, mes mains et mes pieds noirs me donnaient un aspect misérable. Mais nos chrétiens reconnaissent vite le missionnaire ! Le moment de repartir approchant, notre hôte, les larmes aux yeux et à genoux, nous remercia d'avoir accordé à sa maison l'honneur de nous recevoir. Puis il pleura, et j'avoue que ces larmes ne me laissèrent pas insensible. Il vit seul au milieu d'un collège païen dont le personnel a tout essayé pour le faire apostasier. Nous le bénîmes. Nos montures nous emportèrent. En arrivant à notre barque, je ne pouvais plus marcher. Le cheval avait achevé l'œuvre de l'éléphant. Tout mon corps était brisé ! Vive la joie quand même ! Adieu mère, adieu ! »

Bang-Kok, ce 7 juin 1870.

« Toute aimée Mère,

« C'est hier soir, que j'ai reçu le paquet qui contenait l'aube, le cordon, un corporal, un purificatoire et un gâteau. Te dire la joie que j'ai eue en défaisant ce cabas, et en trouvant une si belle aube, est impossible ! Je crois que c'est la plus belle aube qui ait jamais paru à Siam ! Mes pauvres gens, quand ils la verront tomberont du ciel. Je n'oublierai pas de leur dire que c'est toi qui m'en fais don. Je suis très content du dessin, de la solidité, de la grandeur, enfin de tout. Je la mettrai dimanche prochain, jour de la Trinité et anniversaire de ma première messe.

« Que ne puis-je te faire des remercîments pour le gâteau ? Hélas ! il était moisi, archimoisi ! Il est impossible que ces choses-là parviennent intactes à Siam. Le voyage est trop long ! Elles ne peuvent résister à l'air de mer ! Tu vois que l'expérience n'a pas réussi. Au reste, j'ai tout ce qu'il me faut, du bon riz, de la bonne eau, sans compter le reste.

« Tu me demandes, bonne mère, si nous avons ici des artichauts, des asperges et autres choses semblables, s'il y a du beurre, du lait, etc., etc. Nous n'avons en fait de légumes ressemblant à ceux de France que la rave, l'ail, le persil. Le reste est propre au pays. Pas de salade comme en France, pas de pommes de terre, pas de haricots. Toutefois, il y a de ces derniers une espèce qui a la même forme et à peu près le même goût. Tu vois que nous sommes assez mal montés sous ce rapport. Quant au beurre, ce n'est pas plus connu que le lait et l'huile. Pour garnir la salade, on se sert de graisse de porc liquide. Elle l'est toujours dans nos pays, à cause de l'extrême chaleur. On prépare les aliments avec cette graisse excellente et à bon marché. Un poulet de temps en temps ! mais veau, mouton, bœuf, ce n'est pas connu ! Les Siamois ne mangent que très rarement de la viande. Leur nourriture est le riz et le poisson sec. Ils s'assoient par terre, les jambes croisées. Au milieu d'eux est un plat de piments dont ils sont très friands. Ils prennent tout dans le plat avec leurs mains. Cuiller, fourchette, couteau, ne leur sont pas connus. Les doigts suffisent. Le riz qu'ils mangent et que je mange aussi, n'est pas cuit au lait mais à l'eau, si bien qu'il n'en reste pas une goutte dans la marmite qu'ils appellent *mokhao*. Parvenu à son dernier degré de cuisson, on le laisse sécher un peu, et on en remplit le bol qu'on vous présente. Le riz cuit ainsi tout seul, sans autre ingrédient que l'eau (le sel étant même interdit) n'a pas un goût très appétissant, mais avec un peu de piment et de poisson, c'est excellent, à ce point que si j'avais du pain, je choisirais le riz et laisserais le pain.

« J'aurais désiré t'écrire plus au long par cette malle ; mais, je suis chargé pour le moment, d'une paroisse et de la procure du petit collège et tu comprends que je n'ai pas un instant. »

Royaume des Eléphants, ce 24 juin 1870.

« Chère Augusta,

« Te voilà bien heureuse d'avoir vu Ferdinand ! Que de beaux jours vous avez dû passer ensemble ! J'aurais désiré être avec vous ; mais, ma vocation m'appelle ailleurs ! Ce ne sont pas les joies qui me conviennent ! Il faut les acquérir au prix de quelques travaux pour Notre-Seigneur. Aujourd'hui, c'est la chaleur qui m'accable, quarante degrés en moyenne, quand ce n'est pas plus ! continuellement la sueur, mais non comme en France ! A Siam, ce sont des ruisseaux qui découlent sans cesse ! Ah ! si je devais changer d'habits toutes les fois que le mien est littéralement mouillé, il m'en faudrait par centaines. Et la nuit ? Oh ! c'est encore plus triste ! Il faut se mettre sous un moustiquaire ! Quand on est ainsi calfeutré et que pas un brin d'air ne vient vous soulager, c'est un vrai bain. Ma natte est tous les matins complètement mouillée. Mon teint en souffre. Mes mains sont noires, mes pieds aussi et ma figure devient celle d'un nègre ! J'ai un air féroce avec ma barbe qui s'allonge, mes cheveux coupés ras et mon teint d'ébène ! Il ne me manque plus que les dents noires, ce qui viendra quand je mâcherai l'acre et le bétel. Alors, si je revenais en France, tu ne me reconnaîtrais plus ! Si jamais la Providence me donne pour punition d'y retourner, pour quelque maladie après vingt ans de missions, je te défie de dire que je suis ton frère ! Je vais pourtant très bien et me fais au climat. Espérons que ma santé se fortifiera de plus en plus afin de pouvoir travailler longtemps à cette vigne du Seigneur où croissent tant de ronces et d'épines.

« Après-demain dimanche, je m'embarque encore pour un voyage dans l'intérieur, qui durera une semaine. Je ne vais pas bien loin. C'est la fête de ce district. Saint Pierre et saint Paul en sont les patrons. Le missionnaire est à Bang-Kok. Je tâcherai de chanter une messe à ces pauvres Chinois et Siamois, mais, elle ne vaudra pas celles que vous chantez en France. Tu ne sais pas de quels instruments on se sert pour ces sortes de cérémonies ? C'est un tambour et une flûte siamoise. Ils rendent ainsi honneur à Dieu, mais la cacophonie qu'ils font est vraiment insupportable. La fête terminée, je repartirai immédiatement en passant peut-être par la mer.

« Dimanche dernier, je suis allé remplacer un confrère encore malade au nord de Bang-Kok. On a fait le soir une petite procession. Je n'aurais pas voulu qu'on la vît en France. Les costumes étaient si bizarres ! Les uns habillés en soldats ou généraux, les autres portant de grands manteaux blancs, chamarrés de couleurs vives, tous marchant au bruit du tambour et de la flûte. Après la procession, où je portais moi-même le Saint Sacrement, j'ai eu la visite du premier Mandarin du village, suivi de huit esclaves portant chacun des fruits de différentes qualités. A son arrivée, je me suis assis dans un grand fauteuil ; et, là, j'ai reçu le visiteur qui joignait les mains sur sa tête, me disant : « Bienfaisant Père (*Kunphô*), je vous remercie, au nom de tous, d'avoir bien voulu présider la cérémonie. Restez avec nous, Père, vous serez bien soigné ! » Je lui répondis que ce qu'il demandait ne dépendait pas de moi ; mais, que si jamais la Providence me plaçait au milieu d'eux, je leur consacrerais mon temps, mes sueurs et ma vie volontiers.

« Continuez, Mandarin, lui dis-je, à donner le bon exemple au village. Je prierai Dieu qu'il vous conserve encore de longs jours parmi nous, et qu'à l'heure de votre mort, il vous emmène au Ciel. »

« Alors les esclaves se sont prosternés et m'ont offert leurs fruits. Le lendemain, une barque à cinq rameurs dont se servent les grands mandarins, me reconduisit à mon poste et j'arrivai chargé de ces présents. Quand donc Siam sera-t-il chrétien ? Je l'ignore. La conversion de ces pauvres gens est bien difficile et la pluralité des femmes y met un grand obstacle. Tu sais que le roi précédent en avait 800. L'actuel, qui n'a que vingt ans, en a bien 500 au moins. Hélas ! hélas ! et ils ne comprennent pas que ce soit défendu, ainsi que je le leur ai dit dans un long prêche. Si Dieu ne sévit pas, ils ne se convertiront jamais ! »

Bang-Kok, ce 28 juillet 1870.

« Bonne mère,

« Je suis toujours à Bang-Kok jusqu'à l'arrivée de Monseigneur. Le Dogme de l'infaillibilité proclamé, il doit nous revenir aussitôt. C'est fait, à l'heure qu'il est ! Nous n'en savons encore rien ici, mais nos cœurs nous le disent ! Je suis toujours occupé au Collège et me forme, en même temps, aux usages du pays et à la langue. Mon tempérament se fait au climat torride de Siam. Dieu me ménage beaucoup trop. L'arrivée de Monseigneur changera mon sort. Où irai-je ? Je n'en sais rien.

« Nous sommes peu de missionnaires à Siam, et cependant les districts abondent. Le bien ne se fait pas rapidement comme on le voudrait. Hélas ! ces pauvres Siamois sont si apathiques pour la religion ! On a beau les prêcher, montrer la fausseté de la leur (ce qui au reste n'est pas difficile), ils rient. Ils disent que pourvu qu'ils soient heureux sur cette terre, ils ne seront pas non plus malheureux dans l'autre monde, et que personne ne sait ce qui s'y passe. Il est venu dernièrement deux Talapoins (ou prêtres du pays) nous voir au Collège. La conversation s'est mise aussitôt sur la religion. « Que deviendra votre âme après que votre corps sera mort », lui ai-je demandé ? — « Mon âme passera dans le corps d'un buffle, d'un lion ou d'un tigre, d'un chat ou d'un singe, selon que j'aurai eu de mérite sur cette terre. » — « C'est très bien. Votre âme peut venir habiter dans une fourmi, dans un scorpion, dans un moustique ? » — « Mais oui, Père bienfaisant. » — « Eh bien ! mon brave, lui ai-je dit, vous ne devez plus ni manger, ni marcher, ni cracher, mais vous tenir immobile, parce qu'en mangeant, en marchant, en crachant, vous mangez, vous écrasez, vous étouffez l'âme de votre père ou de votre mère, de votre frère ou de votre roi qui peuvent se trouver dans ces insectes ; et, alors vous commettez un assassinat, un crime énorme que votre religion même proscrit ! » — Cloué par cette facile argumentation, il a souri d'incrédulité, s'est avoué vaincu, a rougi et disparu. Puisse cette seule parole lui ouvrir les yeux, et lui montrer la fausseté d'une religion qui repose sur la métempsycose ! Pauvres gens, qu'ils sont à plaindre ! Le Diable est leur maître, et ils sont ses esclaves ! Rien qu'à voir l'aspect des figures, des maisons ou des villages, on comprend que le démon tient tout le monde enchaîné. Aussi, quand on voyage et qu'on n'a rencontré pendant longtemps que des villages païens, on respire quand on aperçoit la petite croix d'un village chrétien, plantée sur un toit de chaume ! On trouve alors des mœurs chrétiennes ; les physionomies ne sont plus les mêmes. On y lit un air de douceur et de paix qu'aucun païen n'aura jamais. On reconnaît que le baptême a passé par là ! Espérons que nos chrétiens deviendront de plus en plus nombreux. Le bon Dieu vient de nous enlever un de nos plus terribles adversaires, un grand Mandarin. Il est mort pourri et rempli de vers. C'est un exemple, mais les Siamois ne le comprennent pas.

« J'ai emporté ma flûte et j'en joue très souvent. On dit que je suis *kajou* (habile musicien).

« Mère, continue à prier pour Siam et sa conversion ; prie pour moi et mes confrères. Je t'embrasse de tout cœur. »

Siam, ce 6 septembre 1870.

« Chère Mère,

« Je pars demain pour un voyage dans l'intérieur, à un jour et une nuit de Bang-Kok, et ne serai de retour que dans une semaine. Je m'embarque à deux heures sur le fleuve, dans une nacelle. C'est là que je passerai la nuit à la belle étoile, pour n'arriver qu'après-demain dans la soirée. Je vais célébrer, avec un confrère, la Nativité de la Sainte Vierge, notre mère à nous qui n'en avons plus ici-bas, ou du moins, dont la tendresse ne peut plus nous être exprimée ! Il est bien doux, n'est-ce pas, mère chérie, de regarder le Ciel, d'où nous vient tout secours et où nous aspirons tous ? La fête sera simple, mais Marie se contentera de l'hommage que nous lui ferons de nos cœurs, et de ceux de ces pauvres chrétiens dont la piété est encore bien primitive ! Tu dois sans doute avoir ouï parler d'un massacre de missionnaires en Chine ; des sœurs de charité ont été aussi d'innocentes victimes ; mais le contre-coup n'est pas arrivé jusqu'à Siam et n'y arrivera jamais. Ce pauvre peuple aurait besoin de sang d'apôtres, pour sortir de la léthargie où il se trouve. Dieu lui demandera un compte sévère de s'être montré sourd à la voix des missionnaires, depuis si longtemps parmi eux, et qui n'étaient venus que pour les sauver.

« Nous entendons dire par ici que la guerre est en France. On dit même que l'Empereur est prisonnier, que les Prussiens sont à Paris, et toutes sortes de nouvelles plus ou moins agréables à entendre et à lire. Nous sommes privés de tous détails.

« Nous venons d'apprendre, il y a trois jours, la définition de l'infaillibilité du Pape. Chère Église catholique ! Elle seule lutte en victorieuse ! Elle seule n'est jamais vaincue ! La nouvelle a dû faire bien du bruit en Europe ! Les fêtes ont dû être belles ! Ici, nous ne l'avons pas même annoncée aux chrétiens. Ils la savent en apprenant leur catéchisme ! Nous ne sommes pas gallicans !

« Comme notre pauvre France est éprouvée ! Nos cœurs en saignent, et pour elle qui est notre mère et pour cette autre mère qui est la sainte Église ! Encore ici, c'est la fille qui soutient et nourrit la mère ! Sans l'œuvre de la Propagation de la Foi, nos missions seraient perdues ! Et c'est la France surtout qui l'alimente ! Oh que Dieu vienne en aide et à l'Église et à la France ! »

Nativité de la Sainte Vierge, 1871 (*province de Pitriu*).

« Chère Mère, cher Ferdinand, chère Augusta,

« J'ai reçu vos lettres au moment où je me disposais à descendre en barque pour la visite des chrétiens des bois. J'aurais voulu y répondre immédiatement, comprenant bien les angoisses où doit vous jeter mon silence de sept mois ; mais il a fallu attendre mon retour, ne trouvant ni encre ni papier dans tous mes postes des montagnes. Aujourd'hui, me voilà de retour après quelques péripéties inévitables dans ces sortes d'excursions. Ne soyez point inquiets pour ma santé. Quoique mon embonpoint ait diminué, je me porte bien et avale volontiers deux grandes écuelles de riz par jour. Si je ne vous ai pas écrit plus tôt, c'est que je craignais que par suite de cette affreuse guerre avec la Prusse, mes lettres ne fussent égarées. Mais si je n'ai pu vous écrire, mon cœur n'a pas cessé de vous aimer. Au milieu de mes travaux (je puis dire aussi de mes fatigues apostoliques), votre cher souvenir est venu bien souvent me tenir compagnie. Nos cœurs restent toujours unis.

« J'aurais mille et une histoires à vous raconter. Laissez-moi vous donner une idée du voyage que je viens de faire. Il s'agissait d'aller visiter les chrétiens qui se trouvent à deux journées de distance de ma résidence habituelle. Après m'être muni de riz, de poisson sec et de quelques légumes du pays, je pars dans ma barque. Le voyage fut heureux la première journée. A la nuit tombante, nous longions un canal qui prend sa source dans les montagnes du Cambodge et qui est l'abreuvoir des éléphants sauvages. Nous fûmes assaillis par une tempête comme on n'en a pas d'idée dans la chère France. Une pluie torrentielle, un tonnerre effroyable, un vent à déraciner les arbres les plus robustes. En ce moment, après avoir récité mon bréviaire et invoqué la Reine des Apôtres, je dormais d'un demi-sommeil, car il n'est pas possible de reposer tout à fait pendant ces excursions. Mes rameurs, au nombre de quatre, et tous encore jeunes, avaient profité de mon sommeil pour s'envelopper de leurs couvertures et imiter mon exemple. Aussitôt, je me réveille. La barque était entravée dans des roseaux, repaires de crocodiles. On l'attache solidement. On baisse les toiles qui nous préservent un peu de la pluie. Mes pauvres rameurs couvrent leurs épaules nues d'un langouti, et se cachent sous ce toit mouvant près de moi. C'est dans cette posture que nous attendons la fin de l'orage. Il finit le lendemain à la pointe du jour. Après avoir remercié Dieu de sa protection pendant la nuit, cuit et mangé le riz additionné de poisson sec, nous reprenons la course. L'eau était rapide. A force d'efforts, nous arrivons au premier poste à la nuit tombante. Sur mon chemin, les pagodes surmontées de leurs emblèmes diaboliques avaient serré mon cœur. Le diable si bien logé et le bon Dieu si mal ! J'aurais voulu pouvoir détruire ces asiles des bonzes ; mais, je ne pouvais que prier et demander à Dieu la conversion de ces infortunés !

« Voici la description de mon église qui se trouve sur l'enceinte des bois s'étendant jusqu'au Cambodge. Douze mètres de long sur six de large. Le toit est de feuilles ; les murailles en planches mal jointes et faisant voir le jour entre les fentes. C'est comme vos galetas. L'autel est formé de deux planches superposées et plantées sur quatre piquets ; deux chandeliers, une petite croix attachée à un clou et deux pots de fleurs. Une caisse me sert de crédence et une armoire de sacristie. Un pan de rideau sépare l'autel du reste de l'église. Quand je prends les ornements sacerdotaux, je jouis du privilège des évêques et par force je m'habille sur l'autel. L'office terminé (c'est-à-dire la Sainte Messe et la petite instruction), je fais mon action de grâce. Je ferme le grand rideau, et on m'apporte mon déjeuner dans l'église. Après le déjeuner, audience jusqu'au soir aux chrétiens. Celui-ci a une dette qu'il ne peut payer. Celui-là est vexé par les païens, etc., etc... Je tâche de leur faire entendre raison, de les consoler, de leur trouver une solution.

« Sur le soir, je vais prendre un bain à la rive et reviens pour une nouvelle audience. Je suis avocat, juge, notaire, greffier, gendarme, médecin, tout enfin. Inutile de vous dire que le soir venu, j'en ai assez. Je sonne une petite clochette, c'est l'Angelus ! Alors, je fais ma prière, récite mon chapelet, étends une natte sur le plancher ou sur les marches de l'autel et, tout habillé, je cherche un peu de repos pour pouvoir supporter les fatigues du lendemain. Voilà la vie que je mène dans ce poste, chaque jour.

« Cependant, tel n'était pas le but entier de mon voyage. Je devais aller plus en avant dans les bois. Il faut un éléphant ! J'envoie à la recherche de l'énorme animal, et, à cinq heures du soir, il était à m'attendre sur le bord du canal. Le cornac était Cambodgien. Je mets un pantalon et une blouse dans mon sac de nuit, mon bréviaire et mon chapelet, et je pars. Mes chrétiens viennent se prosterner devant moi, lèvent leurs mains sur la tête pour me souhaiter bon voyage. Ils me suivent de l'œil, sur le bord du canal, jusqu'à ce que j'ai disparu dans les touffes de bambous. Un enfant me suivait. Je n'avais pas pris mon fusil qui m'accompagne ordinairement, mais mon chapelet ne valait-il pas cette arme? Figurez-vous un animal haut de trois mètres planté comme sur quatre colonnes. Sur le dos de la bête est une espèce de selle faite de bambous entrelacés qui a $1^m,50$ de long sur $0^m,25$ de large. C'est là mon trône. En me voyant avec mon chapeau chinois blanc, vrai champignon, et ma barbe au-dessous qui ne me donne pas un air rassurant, l'éléphant frappe la terre de sa trompe et fait entendre un son semblable à celui d'une cloche. Puis il tourne son immense tête, et me regarde avec un air effrayant. Ajoutez à cela deux énormes défenses qui entourent sa trompe ; et, vous verrez qu'il ne faut pas avoir le cœur timide pour grimper entre les·pattes de l'animal et se hisser sur son dos. Mais le missionnaire, que craint-il? J'approche. A un signe du cornac, il lève la patte droite pour me servir de marchepied, et je mets le mien sur cette peau qu'une balle de fusil ne saurait endommager. Au même moment, l'éléphant fait entendre un roulement semblable au bruit du tonnerre. Il fait jouer sa trompe de droite à gauche. En un clin d'œil, me voilà sur son dos. La graisse ne me pèse plus comme autrefois. Le gros Émile ne pourrait plus porter ce nom maintenant. Mon petit gamin grimpe après moi, et en route ! A la nuit tombante un épais brouillard annonce un orage. Les buffles se hâtent de gagner leurs retraites et tout tombe dans le silence. Mon esprit se transporte tantôt en France, tantôt à Bang-Kok. Que de souvenirs ! Quel passé ! Quel présent ! Seul ! Pas un confrère avec qui converser ! Je récite mon chapelet, fais mes prières et j'attends les évènements de la nuit.

« Mes aventures ne faisaient que commencer. L'éléphant marche, et son mouvement de va et vient me fait redouter le mal de mer. Si je venais à l'avoir et que je tombe, c'en est fait de moi ! L'éléphant a coutume d'écraser sous ses énormes pattes les malheureux qui ne sont pas assez adroits pour se tenir. La Sainte Vierge me protégeait ! La nuit devint noire comme dans un cachot ; mon cornac avait perdu son chemin ; nous errions à l'aventure, ne sachant où nous allions. Après maints détours, nous apercevons au milieu de la plaine une lumière vers laquelle nous nous dirigeons. C'était une hutte de Cambodgiens qui gardent les buffles pendant la nuit. Ils nous remettent sur le chemin. Nous marchons dans la direction indiquée. Nous voici arrivés sur le bord d'un immense lac formé par l'inondation. L'éléphant hésite ; il frappe la terre de sa trompe pour nous annoncer qu'une partie de nage ne lui sourit guère. Le cornac prend sa pique et le force à se mettre à l'eau. Il pénètre avec précaution dans le lac, quand tout à coup il disparaît, et je n'aperçois que sa trompe qui surnage. Inutile de vous dire que j'étais mouillé jusqu'à la ceinture ainsi que tout mon bagage. Il fallait se résigner et rester dans l'eau. L'éléphant nageait et nous aussi. Un moment je pense à me jeter à l'eau et à traverser le lac à la nage ; mais j'attends. Mon cœur faisait tic-tac.

« Enfin après un quart d'heure de bain nocturne, l'éléphant retrouve pied. Après maints nouveaux détours, nous atteignons les bois. Hélas ! nous ne retrouvons pas le chemin, et, pour comble de malheur l'orage éclate ! La pluie tombe à torrents ! L'éléphant et son cornac ne se reconnaissent plus. Nous heurtons contre les arbres. Nous nous égratignons aux bambous dont les bois sont remplis. Nous sommes forcés de retourner sur nos pas, pour aller heurter à de nouveaux obstacles.

« Tout à coup l'éléphant se lance dans un taillis, entrelacé de bambous. Il ne peut passer. Le cornac lui ordonne de se tourner, mais la bête est furieuse. Elle fait entendre un long roulement que l'écho répète. Sa trompe frappe la terre et un sourd mugissement indique qu'il faut prendre garde à soi. L'éléphant sentant quelque boa ou quelque tigre ne veut plus se tourner ! Le cornac le pique sur le haut du crâne, mais le monstre remue sa peau et nous donne une telle secousse que je me crois perdu ! Le cornac et mon petit compagnon tremblent et crient. Je prie

tout bas la Sainte Vierge de nous protéger, et je me
fâche tout haut avec notre conducteur. Je ne savais à
quel parti me résoudre ! Je pensais à monter sur un
arbre pour y passer la nuit, mais la fraîcheur et les
serpents qui y grimpent me faisaient appréhender de
plus grands dangers ! Descendre et passer la nuit par
terre pour attendre le jour ? mais les tigres abondent
dans ces forêts et sur l'éléphant on ne les craint pas !
Bref nous errons encore à l'aventure, lorsqu'au loin,
nous apercevons une lumière. Nous nous dirigeons
vers cette cabane habitée par des sauvages des bois.
Nous appelons, nous crions, mais en vain. Sans doute
ils craignent des malfaiteurs. Je prends la parole et
leur explique que nous sommes des voyageurs égarés,
de ne rien craindre et de vouloir bien nous indiquer la
route. Dominés par la peur, ils ne nous écoutent pas.
Je demande une torche ; ils nous la font passer au
bout d'une latte. Grâce à cette lumière, nous retrouvons notre chemin. L'éléphant pouvant se reconnaître
nous conduit jusqu'au village où se trouvaient quelques
familles chrétiennes, but de notre voyage. Il était
minuit passé ! A mon arrivée, le riz était cuit, le mâlh
et le bétel préparés, mon lit aussi, dans la pauvre
église chrétienne.

« Figurez-vous une cabane de 3 mètres de long
sur 2^m,50 de large, flanquée d'une sacristie dont on
touche le toit avec la tête et où l'on peut à peine
entrer ; trois planches qui forment mon lit et vous
aurez une idée de ma cathédrale des bois ! Les murs

et les colonnes sont en bambous tressés! Le plancher est la terre nue ! Voilà ma nouvelle résidence. Je ne puis y dire la messe n'ayant pas d'ornements. Je me couchai éreinté de mon voyage et dormis d'un bon sommeil. Le lendemain, je fis la visite des chrétiens qui sont, hélas! en petit nombre, en comparaison des païens. Une foule de ces sauvages idolâtres des bois, vint me voir ou plutôt mesurer ma taille, examiner ma barbe et les lunettes que maman m'a données avant mon départ. J'en profitai pour leur prêcher Jésus-Christ et sa sainte religion. Après avoir consolé les malades, exhorté les valides à pratiquer fidèlement la religion, je les quittai pour revenir à Thatheim. Je remontai sur l'éléphant qui était venu me conduire. Cette fois, c'était le jour, et nous eûmes une canicule insupportable sur le dos.

« Ferdinand me demande de lui dire mes peines et mes tristesses. Cher frère, c'est un journal qu'il me faudrait pour les énumérer. Je suis tout à fait heureux dans ma vie de résidence. Mais quand on m'envoie à l'intérieur, la solitude me coûte ; tout seul! voir un confrère à peine une fois tous les trois mois! Personne à qui demander conseil dans les cas difficiles ! personne à qui épancher son cœur ! Seul, toujours seul au milieu d'un peuple qui ne sait pas apprécier le dévouement du missionnaire ! C'est là ma plus lourde croix ! Mais Celui qui me la donne à porter en allège le fardeau ! Dieu connaît toutes les autres ! Qu'il suffise !

« Oh ! mon Ferdinand, consacre-toi tout entier au salut des âmes. Que toujours notre ferveur reste la même qu'au premier jour de notre sacerdoce ! L'année dernière, le 22 mai, j'étais à Bang-Kok ne pouvant encore exercer le saint ministère, puisque je ne connaissais pas la langue. Étant seul, je pensais à toi ! Ferdinand, me disais-je, depuis qu'il est prêtre, a fait quelque bien ; et moi, je n'ai pu encore sauver une seule âme ! et je me suis mis à pleurer deux heures durant ! Je prie Notre Seigneur qu'il me garde le même sentiment, durant toute ma vie, ainsi qu'à toi, cher frère, en sorte que réellement, nous pleurions tous les deux quand nous n'avons pu rien faire pour Dieu et pour les âmes ! »

CHAPITRE V

——

J'ai souffert toute sorte de travaux et de
fatigues, les veilles fréquentes, la faim, la
soif, les jeûnes réitérés et la nudité.

(2 Corinthiens, xi, 26.)

Héroïques labeurs. — Pitriu. — Collège-Séminaire de Bang-
Xang. — Mort de Madame Saladin. — Une céleste apparition.
— Mort de Mgr Dupont. — Le choléra et son remède souverain.
— Les Démoniaques. — Les boas au logis. — Le Curé de N.-D.
de Bang-Kok. — Un farouche Consul protestant. — Sacre de
Mgr Vey. — Les Talapoins. — Banolk-Khuet. — Tentative
d'assassinat. — Importantes missions à la Cour du Roi de
Siam et à l'intérieur. — Malheureux sort des Chrétiens.

Jusqu'ici le Père Saladin a été un modèle achevé,
d'obéissance aux ordres, comme aux conseils de ses
supérieurs. Mgr Dupont n'a pas ménagé son fils de
prédilection. Il l'a fait débuter au collège-séminaire
indigène pour y apprendre les langues siamoise et
chinoise, donner ses soins à l'importante paroisse du
Rosaire, appelée aussi du Calvaire, à Bang-Kok pour

s'y former aux mœurs et usages du pays, parcourir les stations lointaines pour initier son âme à la véritable vie apostolique dans ses labeurs et ses misères. Il peut maintenant l'appeler à voler de ses propres ailes, et à prendre en main, avec confiance et autorité, le sceptre toujours redoutable du commandement.

Dès la fin de 1871, il lui confie l'important district de Pitriu qui, outre une station principale de Chrétiens, compte encore un grand nombre de familles catholiques dispersées dans les marécages et les forêts.

Le Père y est à peine établi que son catéchiste vient l'avertir qu'un Chinois chrétien, demeurant à quelques lieues de sa résidence, est très malade. Immédiatement il fait préparer une petite barque de deux mètres de long sur un de large et il part, à la recherche de cette âme. Après maintes heures de course à travers les hautes eaux du fleuve, par une rude canicule, brisé d'efforts et couvert de sueur, il arrive à la maison indiquée. Il entre résolument et s'installe sur une natte. A la vue du Père, de sa barbe noire, de son crucifix, de son casque blanc, toute la famille, composée d'une douzaine de personnes, accourt et l'entoure anxieuse. Les fils menacent, leurs femmes grondent ; l'aîné, âgé de trente ans, s'écrie : « Que venez-vous faire ici ? Nous sommes « tous païens ! Allez-vous-en ! — Tu mens, ton père est « chrétien ; il va mourir ; je veux le voir ! où est-il ? « — Vous vous trompez, mon père a depuis longtemps « apostasié ; il n'a rien à démêler avec vous ! » « Fils dénaturé, s'écrie le Père, en se levant, et selon l'usage en frappant fortement de sa canne sur le plancher, tu sais bien que je suis le ministre de Dieu et que ton père baptisé m'appartient comme chrétien; où l'as-tu caché? »

Ces paroles, fortement accentuées, impressionnèrent tous ces païens. Comme pour indiquer le réduit de son père, le fils aîné fait un geste de la main, vers une autre chambrette. Aussitôt le Père y pénètre et se trouve près d'un vieillard à toute extrémité, n'ayant que le dernier souffle à rendre, étendu sur une natte, dans un recoin obscur : « Eh bien, vieux père, tu es très malade? Je viens te préparer à paraître devant *Tien-Chin* (Dieu), te confesser, t'administrer les saints sacrements pour le salut de ton âme. »

O stupeur! ce père avait été perverti par ses enfants. Ils l'avaient menacé de l'abandonner et laisser mourir seul s'il n'apostasiait pas; et, la peur l'avait réduit à consentir à leurs pernicieux conseils! « Père, dit-il, retirez-vous. Je ne vous appartiens plus. Ce sont les prêtres de Boudha qui me soignent. Je me suis donné à eux. Je ne suis plus chrétien! »

« Non, vieux père, on ne renonce pas ainsi à son baptême. Une fois chrétien on l'est pour toujours! Souviens-toi de Marie, le salut des infirmes, le refuge des pécheurs. Tiens, voici sa médaille. Je veux la mettre moi-même à ton cou, sur ton cœur. Invoque-la et elle nous assistera tous les deux. »

A peine cette opération était-elle terminée que les

douze enfants filles ou belles-filles du moribond font irruption dans la chambrette, arrachent à leur père le talisman sacré qu'il vient de recevoir, se ruent sur le prêtre de Jésus-Christ, et le jettent dehors au milieu des insultes, des rires, des applaudissements et même des coups. « J'aurais pu y répondre, et même en assommer quelqu'un, écrit-il, mais je suis prêtre de Jésus-Christ, et je dois souffrir! Je suis reparti sur ma pauvre nacelle, le cœur saignant de voir cette âme ravie sans ressource par le démon. »

Battu mais non vaincu encore, le Père passe la nuit à ruminer un nouveau complot. Dès l'aurore il remonte sur son léger coursier, muni cette fois d'eau bénite, d'un scapulaire, de nouvelles médailles et ne cessant de prier Marie de l'assister. Il se sentait capable de tout affronter dès qu'il aurait encore franchi le seuil de ce repaire de démons. Il y va tout droit. Après lui, les tristes acteurs des scènes de la veille y pénètrent menaçants. « Ah! Ah! vous voulez encore enlever notre vieux! Vous savez bien qu'il n'y a rien à faire et qu'il n'est pas des vôtres! » « Pour qui donc me prenez-vous? pour un malfaiteur? un tireur de bonne aventure? votre domestique et votre esclave? Hier, vous m'avez traité d'une manière ignoble! Aujourd'hui vous voulez en faire autant! Je ne le tolèrerai pas! »

Ce disant, le Père prend son flacon d'eau bénite, il asperge le logis, le moribond et ses enfants. Ceux-ci, les filles surtout, hurlent, crient, vocifèrent. « Il va tuer notre père par ses sortilèges... »

Armé d'une énorme matraque, l'aîné s'élance et la lève sur la tête du noble missionnaire. Son attitude les retient. Son regard impose silence à ces démons.

« Oui, maintenant, vous ne pouvez plus rien sur votre père ; les prêtres de Boudha sont impuissants sur lui ! Cette eau dont je l'ai béni est mystérieuse ; et quoi que vous fassiez le Dieu que votre père adore et qui est le mien, le défendra de vos attaques et le sauvera ! »

Profitant d'un moment d'accalmie générale, il glisse sous la natte du malade une médaille de Marie. Il passe le scapulaire à son cou. Fier de ses premiers succès, il s'enhardit encore et il s'écrie :

« Voilà votre père redevenu chrétien, je vous le laisse, je vous le confie. Vous allez l'amener chez moi. Si vous le gardez ici, je vous avertis que son ombre vous poursuivra jusqu'à la fin de vos jours, que son fantôme vous troublera sans cesse, qu'il vous reprochera éternellement sa perte, que vous serez punis par une mort subite, honteuse, prochaine, de votre faute qui est un vrai parricide ! S'il meurt chez moi, au contraire, vous n'avez à craindre aucun de ces malheurs ! Adieu ! Je me retire ! Vous savez maintenant ce que vous avez à faire. Réfléchissez ! »

A peine réinstallé dans sa barque, le Chinois qui l'accompagnait s'écrie tout ému : « Ah ! Saint Père, je crois bien que ces malheureux sont des endurcis ! Ce vieillard va donc mourir sans recevoir les Saints Sacrements ! »

« Sois tranquille. A peine arrivés chez nous, tu le

verras amener leur père pour que je le soigne moi-
même ! » Il ne se trompait pas. Derrière la leur, bientôt,
une barque légère fend les flots, les suivant de près. A
peine rentré à la résidence, ces fils dénaturés déposent le moribond aux pieds du prêtre de Jésus-Christ.
Le P. Saladin l'installe dans sa chambre, le confesse,
l'administre et, profitant d'une dernière lueur de vie,
lui dit : « Vieux père, es-tu content, maintenant ?

« Oh oui, vous m'avez sorti de l'enfer ; mes enfants
me menaçaient sans cesse de me tuer si je vous
écoutais ! Ah ! c'était de bouche seulement que je me
disais apostat. Je ne l'étais pas du cœur. Près de vous,
Saint Père, je suis heureux et tranquille ! Que Jésus,
Marie et vous soient glorifiés de mon salut ! »

Et le lendemain, en effet, doucement, dans les bras
du Père Émile, il s'éteignit, les mains jointes, récitant le chapelet, baisant la médaille, en véritable bienheureux. Cette fois encore par Marie la défaite de
Satan était complète.

De la même résidence, le Père Saladin écrit à son
frère :

Pitriu, jour de l'Ascension, 1872.

« Ici, je vois de mes yeux tout le peuple de la Province que j'habite se transporter en foule dans les
temples des faux Dieux, et y porter, avec solennité,
des présents magnifiques. On n'entend que cris de
joie, mêlés aux chants et prières des bonzes. Et le

cœur du missionnaire saigne de voir le démon si puissant et si honoré, pendant que Jésus-Christ l'est si peu ! Souvent en les rencontrant, je prêche la bonne nouvelle à mes Siamois païens. Ils sont indifférents. Voici leur réponse ordinaire: « Père, vous avez beaucoup d'argent ! vous dites de belles choses... Donnez-moi quelques objets du royaume Européen ! »

« Pauvres amis, ne voyez-vous pas que si vous mourez en cet état, le démon, votre maître maintenant, le sera pour l'éternité ! — Ah ! mes parents et ancêtres sont morts dans la religion Siamoise. Il faut que je les suive ! »

« Mes pauvres chrétiens, petit troupeau de Jésus-Christ, sont bien exposés au milieu des païens ! Ils viennent cependant à l'Église, et quelquefois avec beaucoup de peine, étant obligés de ramer plusieurs heures pour se rendre *à la Vat*, comme ils l'appellent. Le Père passe-t-il en tournée devant leurs demeures, aussitôt ils l'appellent, l'invitent à s'asseoir et toujours, par honneur, sur le plus haut degré de la maison. Alors c'est à qui le soignera le mieux. L'un apporte le bétel, l'autre le thé ; celui-ci grimpe au sommet d'un cocotier pour lui en porter les fruits, celui-là prépare déjà le riz. Quand le rôle de Marthe est rempli, ils prennent tous celui de Marie. Prosternés aux pieds du Père, ils écoutent ses conseils, ses avis, ses reproches, sans aucun respect humain, même en présence des païens. Ils sont tout heureux de leur montrer le respect et l'amour qu'ils portent au *Khien-Phô. Bienfaisant Père.* » Je me suis pris quelquefois à penser au peu de respect de certains chrétiens français pour le prêtre qu'ils ne craignent pas d'insulter, oubliant qu'ils outragent Jésus-Christ lui-même. Nos pauvres chrétiens pourraient être un bon exemple à leur proposer !

« J'ai entendu d'ici le son des trois cloches dont M. le curé Turq a doté l'église Saint-Joseph de Villefranche. Je considère la cloche comme un missionnaire. Elle annonce la parole de Dieu, le Saint Sacrifice, le convoi funèbre, le baptême, le catéchisme ; et, de même que le missionnaire prêche quelquefois en vain, de même la cloche bourdonne souvent en vain aux oreilles de l'impie et fait naître le remords dans les cœurs. Ici je n'en ai encore qu'une bien petite et qui ne peut se mettre en branle. Mon clocher consistant en quatre colonnes assez minces, ne pourrait la soutenir, mise à la volée, sans se suicider et la laisser se terrasser sous ses ruines. Sans montants, elle est fixée à une poutre. Armé de deux petits morceaux de fer, un de mes gamins siamois monte au clocher. Il s'escrime à faire sortir du bronze un son qui ressemble assez aux coups redoublés donnés sur un chaudron. Le tambour appelé *Klong* est le compagnon fidèle de l'humble cloche. Les jours de fête, il lance ses mâles accents qui, mêlés à la voix de la cloche, produisent un véritable tintamarre ; mais, tandis que nos pauvres oreilles européennes en sont choquées, celles de nos Chinois et Siamois en sont ravies. Ils accourent à l'église pour célébrer la solennité annoncée. Aux grandissimes jours de Noël, Pâques, etc., on fait, en outre, partir des pétards avec des roulades semblables aux décharges successives de vingt à quarante coups de fusil. Demande donc aux paroissiens de Saint-Joseph de ne pas laisser ma pauvre cloche seule et privée de compagne. Bien que dans un pays sauvage, elle aime la société ! Ma bourse la force à jouer un perpétuel solo. Elle voudrait bien pouvoir attaquer un duo. »

Au mois de juillet 1872, Mgr Dupont assignait au Père une destination nouvelle. Il avait besoin de lui pour un poste capital ; et, il voulait le consoler dans l'incomparable malheur qui venait de fondre sur son cœur filial, en lui apprenant, le premier, avec toutes les attentions possibles, la mort de sa mère. Son amour de Père et de Pontife avait toutes ces délicatesses à la fois.

Le 13 avril 1872, Madame Saladin avait rendu sa belle âme à Dieu. Depuis le départ de son fils, sa vie s'écoulait dans un continuel exercice de piété, de vertus et de bonnes œuvres. Son esprit de mortification chrétienne en était venu à ce point qu'à l'arrivée de chaque courrier de Chine, toujours tant désiré, elle s'imposait la privation de ne l'ouvrir que le lendemain. « Mon Émile s'est sacrifié pour Dieu, disait-elle, il faut bien que de loin sa mère l'imite un peu. »

En 1870, alors que les correspondances étant par-

tout interceptées, elle n'avait reçu de lui aucune lettre
depuis un an, et se demandait même s'il vivait encore,
cet esprit de sacrifice devint héroïque ! Quand la première lettre d'Émile arriva, cette mère, haletante,
commença par l'arroser de ses larmes ; puis, sans
l'ouvrir, elle vint la déposer au pied de ce christ qu'il
lui avait envoyé au départ ; enfin, elle s'imposa l'inénar-
rable sacrifice de ne la lire que le lendemain et à genoux !

Durant la maladie, son fils, l'abbé Saladin, ou son
confesseur, M. l'abbé Vigroux, lui portait presque chaque jour la Sainte Communion. A la sœur garde-malade
qui la soignait, elle ne cessait de parler de son Émile
chéri. « Oh ! disait-elle, quel sacrifice de ne pas le
revoir et embrasser encore ! mais, il l'a fait pour Dieu
le premier ; je puis bien le lui offrir aussi ! Ah ! mon
Émile est un saint ! Il m'a donné rendez-vous au
Ciel ! J'irai préparer sa place ! »

Avant de s'éteindre entre leurs bras, elle disait
encore à Ferdinand et Augusta : « Je vous en prie !
avec toutes les précautions possibles, annoncez ma
mort à notre Émile. Écrivez à Mgr Dupont. Que lui
seul l'en informe, en ménageant le coup à son cœur
filial. Je m'en rapporte à vous pour ce dernier désir
du mien ! »

Et ils firent ainsi. Mais, dans son infinie bonté,
avant de recevoir au Ciel cette admirable mère, Dieu
se chargea lui-même de tous ces ménagements et de
toutes ces précautions ; et malgré les distances, les
espaces, le temps, les océans et les continents, la

mère et le fils, une suprême fois, se virent et se parlèrent ici-bas !

Oui, à cette heure de l'indicible déchirement, le Seigneur voulut, pour une telle mère et un tel enfant, échanger les affres du terrible passage à l'éternité par les joies anticipées d'une réunion vraiment céleste de leurs âmes.

Au mois de juillet 1872, le séminaire de la Mission de Bang-Kok avait inopinément perdu son supérieur. Pour le remplacer, Mgr Dupont choisit le P. Saladin. Aussitôt, il lui dépêcha un courrier officiel avec ordre de partir immédiatement, et avis que son remplaçant le croiserait en route.

Sa Grandeur le reçut avec émotion, l'embrassa, le serra fortement sur son cœur, et lui dit : « Mon fils, mon frère, Dieu vous demande un très grand sacrifice ! »

« Ah ! Monseigneur ! je les ai déjà tous faits pour lui ! » « Et lequel ? » « Celui qui est, sur la terre, le plus cruel de tous pour un fils ! — Oh ! ma mère ! elle est morte ! Je le sais, depuis trois mois ! » Le P. Saladin se retira dans une cellule pour y prier et pleurer à loisir. Il y prit le portrait de sa mère, depuis son départ de France, toujours resté sous ses yeux..... et il écrivit au-dessous ces simples paroles qui valent tous les plus retentissants panégyriques : « O ma mère, tu as beaucoup souffert, beaucoup prié, beaucoup pardonné. Obtiens-moi de toujours souffrir, prier et pardonner comme toi ! »

Le séminaire était en vacances, faute de professeurs, absents ou malades. Monseigneur lui ordonna de réorganiser aussitôt les classes, de prendre tout en main, même la *procure*, charge qui mange seule toute une existence, d'être le premier levé, le dernier couché, et de veiller nuit et jour sur son troupeau entre tous privilégié. Dans une touchante lettre-circulaire au clergé de Siam, il recommanda cette mère aux prières et aux sacrifices de tous ses prêtres. Lui-même, il voulut accompagner le nouveau supérieur et l'installer à son poste.

Sa Grandeur, dès le premier jour, y célébra un solennel service aux intentions de la bien-aimée défunte.

Prosterné dans un coin de l'humble chapelle, Émile pleurait et priait. Quand il se releva, son visage rasséréné frappa tous les regards. Il n'était plus le même. Il allait de l'un à l'autre répétant sans cesse : « Ma mère est au Ciel ! Oui ! Oui ! j'en suis sûr, elle est au Ciel ! » Et c'est alors qu'il écrivit à Ferdinand et Augusta cette émouvante lettre. Avec celle qu'il adressait à sa mère, au lendemain de son entrée aux Missions étrangères, nous n'en connaissons pas de plus belle :

Siam, 15 juillet 1872.

« Cher Ferdinand, chère Augusta,

« Notre bonne mère est donc au Ciel ! au Ciel !

Tendre mère ! Que craindrais-je désormais ! Tu es au Ciel ! Vois de ce Paradis ton pauvre Emile dans cette vallée de larmes ! Veille sur Ferdinand et sur Augusta ! Tu nous as laissés orphelins, mais tu peux maintenant, mieux encore, nous prouver ton amour ! O mère, mes yeux sont baignés de pleurs en écrivant ces lignes ! Et cependant ce ne sont pas des larmes de tristesse, oh non ! ce sont des pleurs de joie !... Tu es au Ciel !

Cher Ferdinand, chère Augusta, vous me demandez des paroles de consolation, à moi, votre petit frère et son dernier enfant ! Eh bien, en voilà une qui les résume toutes ! Je vous la répète encore et vous la répéterai toujours ! « Maman est au Ciel où nous irons la rejoindre ! Elle ne peut que nous y aider, puisqu'elle est au Ciel ! » — Vous avez tardé à m'annoncer sa mort pour me ménager, dites-vous. Ah ! je la connaissais aussitôt ! Il y a trois mois, un confrère vient me voir, de bon matin, et me demande pourquoi je parais si triste. Aussitôt, je lui réponds carrément : « Ma mère est morte ! » Il veut me dissuader, il essaie de me consoler ! C'est en vain ! Pour moi, c'était une absolue certitude.

« Depuis longtemps, en effet, je demandais à Notre-Seigneur que, vu la distance qui me séparait de ma mère, si elle venait à mourir, il daignât me le révéler par un signe certain, afin que je puisse prier et pleurer avec vous.

« Or, il y a trois mois (je ne me rappelle plus exactement la date), une nuit, j'ai vu devant moi cette bonne mère. Elle m'est apparue portée vers le ciel, escortée par les anges, rajeunie, sereine, radieuse. Sa figure était pleine et rose. Elle n'avait plus cet air si maladif et si tendrement triste d'autrefois. Et elle m'a dit : « Réjouis-toi, mon fils, mon Émile, toutes mes souf- « frances sont finies. Oh ! je vais au ciel ! Oh ! je t'at- « tends bientôt ! »

« C'est tout ce dont je puis me souvenir ; mais dans cette apparition, il y avait bien d'autres caractères consolateurs qui ont embaumé, fortifié, consolé mon être tout entier. Je ne puis vous les dire.

« Depuis ce moment-là, chaque jour, je me suis préparé à apprendre la fatale nouvelle. A chaque lettre que je recevais, je me disais : « Je vais y lire la « mort de ma mère. » En recevant la lettre adressée à Sa Grandeur, avant de l'avoir ouverte j'en savais donc le contenu.

« Oui, maman est au ciel ! Je me sens transformé depuis que je le sais. Je suis plein d'espoir pour mes travaux et mon salut. Je l'invoque souvent. Je baise sa photographie. Je la couvre de mes larmes, car la pauvre nature est toujours là. Comme vous en avez en France, je n'ai personne pour me consoler. Oh ! que dis-je ? J'ai beaucoup, puisque j'ai mon Dieu avec moi et maman au ciel ! Mon frère, ma sœur, nous ne sommes plus que trois sur la terre ! Aimons-nous donc encore davantage, restons unis plus que jamais dans la prière et le sacrifice et nous irons bientôt la re-

joindre là-haut. Qu'elle nous y entraîne ! Dieu soit
toujours béni ! »

En plaçant le Père Saladin à la tête du collège-séminaire du Sacré-Cœur, Mgr Dupont lui avait dit : « Mon fils, vous m'êtes cher comme la prunelle de mon œil. Je suis forcé de vous envoyer à Bang-Xang ; mais vous n'y ferez que l'intérim, pour lequel il faut un hercule comme vous. Bientôt, je vous rappellerai, près de moi, pour la mission chinoise de Bang-Kok. » Ce bientôt vint plus vite que le croyait le Pontife. A bout de sacrifices, de labeurs et d'épreuves, il devait succomber quelques mois après ; et, nouveau saint Xyste, montrer à un autre saint Laurent, destiné à la même fin, comment on meurt par le martyre de consomption dans le baiser du Seigneur. Après avoir perdu sa mère, selon la chair, le Père Saladin allait lui-même fermer les yeux à son père, selon Dieu. Ecoutons-le :

Bang-Kok, 21 décembre 1872.

« Monseigneur Dupont, notre bien-aimé père, vient de s'éteindre après trois longs mois de cruelles souffrances. J'ai eu le bonheur d'assister Sa Grandeur trois semaines durant, et de lui prodiguer les soins les plus empressés. J'étais à ses côtés lorsqu'il a rendu le dernier soupir ; et, après sa mort, je n'ai pas voulu qu'une main autre que la mienne lui rendît les derniers devoirs. Monseigneur est mort comme meurent tous les

missionnaires, en véritable saint. C'est sur un pauvre
fauteuil qu'il a reçu la mort. Il l'a vue venir sans trouble, je dirai avec joie, aspirant comme l'apôtre dont il
retraça si bien la vie à Siam, à être dissous, et réuni
avec son Dieu. Les invocations qu'il faisait à Jésus et
à sa sainte Mère, arrachaient les larmes aux assistants. Ses regards ne quittaient pas le crucifix ; il avait
été sa consolation durant son apostolat, il fut sa force
au moment du départ. Bien souvent, il se le faisait
approcher des lèvres et le baisait avec amour et confiance ; et, comme je lui disais qu'il devait bien souffrir, il me répondait en me serrant la main : « Les
« souffrances ne sont pas assez intenses et assez
« nombreuses pour un pécheur comme moi. » Il s'é-
criait encore : « *Misericordias domini in æternum can-*
« *tabo* », et : « Marie, ma bonne mère, priez pour
« votre enfant. »

« Une nuit que j'étais à ses côtés, avec un autre de
mes confrères, il se prit à dire d'une voix forte :
« Je crois en la sainte Eglise ! pas de discussions ! je
« n'en veux pas ! je crois ce que l'Eglise croit et rien
« de plus ! » Je lui demandai si le démon le tourmen-
tait ; et il me répondit : « Mon cher Père Saladin, le
« diable est bien rusé ! mais je l'ai mis *a quia*. Je ne
« discute pas avec lui ! » Ce disant, il nous fit mettre à
genoux, réciter le *Credo,* et lui, les mains jointes, le bal-
butiait aussi avec une foi bien vive. Comme nous nous
relevions, il nous dit : « Non, récitez encore *Pater nos-*
« *ter* et *Ave Maria,* afin que la bonne Mère me prenne

avec elle ! » Une autre fois, je demandais à Sa Grandeur ce qu'il fallait lui obtenir de Dieu, et il me répondit : « La patience. Ah ! qu'il m'en faut ! Si je « n'en avais pas, je prendrais ce fauteuil et le brise- « rais » ; mais, ajoutait-il avec soumission et en regardant le crucifix : « Il faut bien être patient avec Jésus Crucifié ! »

« Ce fut le 10 décembre que Sa Grandeur entra en agonie. Tous nos confrères en furent avertis ; et, à genoux auprès de notre père, nous lui demandions une dernière bénédiction. Il nous bénit avec amour et s'affaissa sur son pauvre fauteuil. Le 11, au soir, tous les chrétiens des alentours étaient auprès de Sa Grandeur, prosternés, admirant une mort si sainte après avoir été témoins d'une vie passée tout entière dans les épreuves et les misères. Notre provicaire lui fit la recommandation de l'âme, et à onze heures de la nuit, dans l'octave de l'Immaculée Conception, il rendit sa belle âme à Dieu. Immédiatement, les chrétiens qui se trouvaient hors de sa chambre, dispersés en plein air, ne purent retenir leurs sanglots. Ils éclatèrent en pleurs, et n'aspirèrent plus qu'à voir une dernière fois celui qui les avait tant aimés. Il leur fut bientôt accordé de vénérer ses restes. Il fut exposé dans une chapelle ardente, selon les prescriptions de l'Eglise romaine, et resta une semaine au milieu de ses enfants. Ses obsèques ont eu lieu hier. Tous les consuls de Bang-Kok y assistaient ; et le régent du royaume, avec les plus hauts mandarins, se sont fait un honneur de venir rendre leur tribut de respect à notre tant regretté défunt.

« Nous voilà maintenant orphelins ! Espérons que le Saint-Siège nous donnera vite un remplaçant de Monseigneur Dupont qui, comme lui, nous aimera, nous consolera, et nous fera trouver légères les tribulations que la Providence ne sait pas refuser à ses missionnaires ! »

Un malheur ne vient jamais seul. Du Nord, le choléra s'abattit bientôt sur Siam. Il y fit de nombreuses victimes. Émile organisa une procession quotidienne de la statue de Marie autour de son établissement. Aucun professeur, aucun élève ne furent atteints. Ces enfants ne se doutèrent même pas du terrible fléau. A Bang-Kok ravagé, des milliers de païens en furent victimes, avec cent chrétiens seulement.

Émile écrivait le 3 août :

« Le fleuve immense qui traverse Siam roule chaque jour des centaines de cadavres que les talapoins n'ont eu ni le temps, ni le courage de brûler. Leurs médecins et leurs remèdes ont été absolument impuissants. J'avoue que les médicaments par eux employés, en cette terrible circonstance, ne sont guère propres à guérir de ce fléau. Leur principal remède consiste à se couper le nez afin de provoquer une abondante hémorragie pour purifier le sang des patients. Sans nul doute, la médecine française ignore ce stratagème. Je le lui recommande. Que de morts malgré le nez coupé ! C'est la preuve certaine de l'efficacité du traitement !

« Maintenant qu'il n'y a rien à craindre pour la vie, nos pauvres païens promènent chaque jour le diable sur le fleuve, et nous forcent à voir notre ennemi comblé d'honneurs et de gloire.

« Voici en quoi consiste leur cérémonie ordinaire. On rassemble la foule. A grands cris, et avec toutes sortes d'invocations et de formules, un médium appelle le Démon. Il frappe, à coups redoublés, sur un gros tambour jusqu'à ce que l'infernal invité soit arrivé. Escorté par la foule, le médium se rend alors à la pagode appelée *San-Chao*, avec tous les adorateurs. Là, étendu à terre et désigné pour recevoir le diable dans son corps, un exalté l'attend. On le lui porte. L'esprit, disent-ils, entre alors dans son appartement. Le possédé est pris d'un tremblement nerveux, tout son corps s'agite, tout son être paraît brûler ; ses yeux roulent dans leur orbite ; sa tête et ses bras se lèvent vers le ciel avec transport. Le tambour se tait, le médium se retire, le diable s'est incarné dans sa victime. Alors s'organise une solennelle procession. Un grand nombre de barques sont montées par les adorateurs du démon. Le possédé a la sienne à part ornée de tentures rouges, de bannières, de guirlandes et de bouquets. Une table frangée d'or où fume le thé lui est servie. Devant elle se trouve un fauteuil sur lequel sont posés des couteaux redressés sur leurs

manches, entremêlés de rasoirs fraîchement affilés.
C'est là que l'esprit incarné doit s'asseoir, sans autre
doublure que l'épiderme qui n'en reçoit pas la moindre
blessure. Dès qu'il a pris place sur ce siège, les tambours, les cymbales, les tams-tams font entendre
leurs sons stridents et la procession se met en marche.
C'est le diable qui la conduit. Sur son passage, tous
les païens s'arrêtent, se découvrent, s'inclinent, se
prosternent et adorent. S'ils ne le faisaient pas, ils
croient que le Démon les punirait par les plus affreux
sortilèges. Enfin la procession arrive à une seconde
pagode où elle doit s'arrêter. Un splendide repas est
servi au diable qui a, paraît-il, toujours un appétit de
loup. Quand il l'a pris, il se lève, et au milieu des
plus abominables et obscènes contorsions, il prédit les
malheurs ou les bonheurs généraux et particuliers.
Il apostrophe également telles familles, tels individus
par leur nom. Et les païens terrifiés répandent partout
les oracles que Satan vient de prononcer.

« Nos chrétiens ont sur les esprits un empire et
certain et bien connu des païens. Quand le médium
appelle le Démon, il est entouré d'une foule de curieux
qui se groupent autour de lui pour voir l'esprit de
ténèbres dans le corps d'un des leurs. Lorsqu'un
chrétien sort par hasard à ce moment-là de sa maison
pour aller à ses provisions, le diable résiste, se
démène, s'agite comme un forcené, et refuse de se
soumettre à leurs incantations. Les païens lui demandent si quelqu'un lui porte ombrage: « Oui, répond-il,

c'est ce chrétien que vous voyez là-bas. Tant que cet esclave du vrai Dieu sera présent, je ne paraîtrai pas ! » Cette preuve éclatante de l'impuissance du démon qui s'avoue vaincu par un pauvre chrétien, devrait dessiller les yeux les plus aveugles ! Mais non ! *Obscuratum est cor corum ut videntes non videant !* Je brûle du désir de me trouver un jour à portée de ce misérable ! Si j'ai un rotin en main, je lui ferai voir qu'il est susceptible, tout esprit qu'il soit, de recevoir une volée de coups. Prie de ton côté pour que notre pauvre Siam ouvre enfin les yeux à la lumière de l'Église ! Ah ! quand luira donc ce beau jour !

« Au collège, s'il ne nous tourmente pas personnellement, le diable nous poursuit cependant aussi par ses envoyés. Depuis un mois, j'ai tué à coups de fusil deux boas. Le premier et le plus grand était logé dans le réduit du pauvre Chinois qui nous sert de cuisinier. A minuit, tout tremblant de frayeur, et pouvant à peine parler, il accourt dans ma chambre : « Père, venez au plus vite chez moi. Un monstre ! un monstre ! Il y a le diable ! » Je saute sur mon fusil toujours armé. Je prends une lampe. J'arrive. Quel spectacle ! Un horrible boa enroulait de ses spirales la maîtresse poutre de la cabane et avait déjà pénétré à moitié dans la chambre. Bravement, je me mets à un mètre de distance et, tout ému et au hasard, je décharge mon coup. Le boa est touché en plein dos. Ses anneaux rompus, ne pouvant ramper, ni se soutenir, il tombe palpitant à mes pieds, se traîne de tous côtés, la gueule béante, cherchant à saisir son ennemi. Mes deux serviteurs, très courageux cependant, reculent épouvantés. Mes deux chiens s'élancent aboyant et se retirent aussitôt. Je saisis un gros bâton et je frappe à coups redoublés sur le monstre. C'était frapper sur un caoutchouc ! La bête ne semblait pas le sentir. Je prends une hache, et des deux mains je lui en assène un coup terrible sur la tête. C'était frapper sur une balle de gomme ! Je cherche un pieu bien aiguisé ! Enfin, je le trouve ; et de part en part, je le perce de tous côtés tant qu'il saute autour de moi. Enfin, il est tué ! Il mesurait trois mètres et demi de long ! Le lendemain, il était suspendu à la cime d'un arbre, proprement dépecé, habilement cuisiné, finalement servi à la table commune. J'ai voulu en manger un morceau. Ce n'est pas mauvais. Je ne voudrais pas cependant en faire ma nourriture ordinaire !

« Quelques jours après, j'en ai tué un second à l'entrée de ma chambre. Le jardinier, autre Chinois, est venu m'avertir de sa présence. Comme c'était en plein jour, je m'y rendis avec plus d'assurance. Le reptile se trouvait dans un énorme trou, cherchant à se blottir pour mieux se cacher. Je lui décharge mes deux coups de fusil sans balancer, et grâce à sa position, je le touche au bon endroit. Il n'a pas bronché. Nous l'avons encore dépecé comme le premier. »

Les intentions bien connues de Monseigneur Dupont furent respectées par le provicaire de la Mission

de Siam. A la fin de novembre 1873, le Père Saladin
était appelé à Bang-Kok pour y être chargé de la
mission chinoise, poste précédemment occupé par
Mgr Dupont et Mgr Albrand. C'est la grande paroisse
du Rosaire qui lui échoit. Il fait les plus vives objec-
tions pour récuser ce poste de confiance. Le provicaire refuse de les agréer et donne l'ordre formel
d'accepter. Émile s'incline.

Les chrétiens Chinois de Siam sont au nombre de
quatre mille, disséminés dans diverses paroisses de
l'intérieur. A Bang-Kok, ils ont une belle église centrale. Elle est le berceau de la mission chinoise à
Siam. A côté se trouve un grand catéchumenat, un
hôpital pour les chrétiens Chinois, une école pour les
garçons, une pour les filles, le palais épiscopal et la
cathédrale. Figurez-vous Paris païen avec quelques
chrétiens Chinois disséminés dans son enceinte, et
quelques autres dans la banlieue, vous aurez le plan
de la paroisse échue au Père Saladin. Ces chrétiens
de l'intérieur sont épars sur une longueur de trois
lieues. Il va les voir souvent, célèbre la messe chez
eux, les soutient de ses conseils. Il voudrait organiser
pour eux des chapelles de secours en bambou où ils
se réuniraient pour prier, s'instruire et s'édifier, sous
la direction des plus fervents et où il viendrait prêcher. Pour mieux y réussir, le Père s'applique à l'étude
spéciale du Chinois, si difficile avec ses quatre mille
caractères ! Il y arrive si bien qu'on l'appelle partout :
« *Le Père Chinois.* » Mais les dépenses sont énormes.

Outre la mission, il doit soutenir un hôpital, une léproserie, deux écoles d'orphelins et orphelines qui partagent son propre riz.

Il écrivait à cette époque malicieusement à son oncle : « J'ai appris que vous aussi vous allez traverser les mers, pour prêcher le Carême à Alger ! C'est incroyable ! c'est miraculeux ! vous vous faites enfin missionnaire ! Oh ! qui l'aurait jamais prophétisé !! Je ne sais comment vous trouverez la mission d'Alger ! Si vous y constatez la pauvreté, le dénûment, la misère, pensez à moi. C'est le lot qui m'est échu ! »

Curé de l'importante paroisse du Rosaire à Bang-Kok, le Père Saladin allait se trouver en présence, non pas seulement de charges et de responsabilités écrasantes, mais surtout des plus épineuses difficultés de la vie apostolique. Une quantité d'apostats désolait le cœur des Pères depuis vingt ans. Il se met en campagne, les ramène et les réconcilie. Les quelques européens établis dans la capitale scandalisent et perdent les âmes. Il convertit les uns, en impose aux autres et réduit à l'impuissance le plus farouche d'entre eux. C'était le consul de Danemark, protestant fougueux, dont la résidence se dressait à trois mètres de son Église catholique. Cet hérétique était entouré de femmes, scandale de la ville, qui perdaient les chrétiennes. Chaque jour, les offices étaient troublés par leurs clameurs et leurs insultes. Souvent le Dimanche, il avait dû cesser ses prédications. Non seulement par ses vexations et ses injures, mais même par des coups, il éloignait les chrétiens de l'Eglise. Le Père Saladin résolut d'en avoir raison ; et, après un an d'héroïques efforts, y réussit pleinement. Ecoutons-le rendre compte à sa sœur de cette lutte avec l'hérésie.

Bang-Kok, 24 mai 1875.

« Ne m'accuse pas trop toi aussi, ma bien-aimée sœur. Quand j'ai un moment de libre, les soins, les embarras, les luttes que je suis obligé de soutenir ici contre l'enfer m'enlèvent tout goût d'écrire. Déjà mon oncle t'aura, sans aucun doute, raconté les faits en les appréciant au coin de l'imprudence. Hélas ! écoute :

« Il y a trois ou quatre mois, je t'ai écrit que, luttant depuis longtemps contre un hérétique et schismatique forcené, je serais forcé d'acheter la maison qu'il occupe sur le terrain de mon Église. Pour le vaincre il fallait se mettre en campagne contre deux consuls, celui du Danemark d'abord, le vrai coupable et celui du Portugal, son ami et complice. J'avais de plus cinq Européens très riches et influents contre moi ! C'était à désespérer !

« Après avoir mis la Reine des apôtres de mon côté en lui faisant un vœu, je me suis lancé. Rien, rien ne m'a coûté, je suis allé jusqu'à frapper à la porte du ministre plénipotentiaire du Portugal, de passage à Bang-Kog, pour lui demander de me protéger contre son subordonné. Que de visites ! que de courbettes ! que d'efforts ! Inutile de les raconter !

« Enfin, après avoir gagné le consul du Portugal, j'ai vu un jour favorable se lever. La maison a été mise en vente pour 6.000 fr. Il fallait la disputer à tous, même au consul d'Amérique, et l'acheter, moi pauvre, chétif, sans argent, sans amis. Que faire ? Le jour de la vente arrive, je me rends. Elle m'est allouée. Le consul du Danemark jette feu et flammes, il proteste qu'il ne sortira pas du logis, il exhibe des décrets, il crie qu'il ne me craint pas. Je me tais et n'en pense pas moins. Enfin, le 22 mai, 6ᵉ anniversaire de ma prêtrise, jour de ma fête, à la veille de Notre-Dame auxiliatrice, j'ai la grande joie de voir le mât du pavillon hérétique toujours planté à la porte de mon Église, disparaître et tous ses meubles s'enlever... Et demain... oui demain, j'entrerai en vainqueur dans cette maison qui a été pour moi cause de tant de misères !

« Et maintenant, je vous en conjure, pour ces 6.000 fr. ne me jugez pas à 6.000 lieues de distance, mais écoutez :

« Si cette maison avait été achetée par un Européen hérétique, je n'avais qu'à fermer la porte de mon église et à m'en aller chercher fortune ailleurs. Il est impossible de dire la méchanceté de cette secte contre nous. C'est de la rage. Le dimanche, alors que tous mes chrétiens réunis, attendaient de moi le pain de la parole divine, j'étais obligé de me taire, l'hérétique m'empêchait de parler par des hurlements affreux. Le monstre n'a pas craint de s'adresser à mes orphelines et, au prix des plus belles promesses, il essayait d'en faire sa proie. Il en est venu jusqu'à se rendre avec ses clients, à la porte de mon église, nous braver, nous provoquer et même m'insulter. Et moi. comme Jésus-Christ, je me taisais, rongé par le chagrin, mais que j'ai souffert pour mes chrétiens ! Voilà une imparfaite esquisse de la persécution. Et on vient me dire que je ne dois pas faire d'imprudence au-dessus de mes forces. Ah ! s'il le fallait du prix de ma personne, comme saint Vincent de Paul, je me vendrais moi-même et je payerais ma dette ! »

Le Père écrit dans les mêmes termes à ses parents, à ses amis, à ses supérieurs. On lui répond par quelques secours, beaucoup de conseils, et des reproches; mais, son entreprise hardie triomphe de tous les obstacles et il reste maître chez lui.

Bien que tout absorbé par les multiples labeurs de Bang-Kok, le curé de Notre-Dame-du-Rosaire continue sa vie apostolique à l'intérieur. En septembre 1874 le provicaire l'appelle et lui dit :

« Un Père vient d'être frappé d'une attaque d'apoplexie à trois journées de marche : Allez à son secours et soignez ses chrétiens abandonnés. » Il écrit : « Aussitôt, je suis monté sur une méchante barque annamite pour traverser la mer en pleine saison de tempête. Comment raconter ce voyage? Sans cesse, j'avais sur les lèvres le mot de saint Paul : « *Periculum in mare.* » La pensée que ce grand apôtre avait aussi, bien des fois, affronté le courroux des flots m'encourageait. Après six jours de traversée très mouvementée, je suis arrivé, j'ai mis ordre aux affaires de cette lointaine mission et suis reparti pour Bang-Kok où la fête du Saint-Rosaire m'appelait. J'ai mis quatorze jours à parcourir cette distance qu'en temps ordinaire on franchit en trois jours. Durant ce voyage, trois fois je me suis vu à deux doigts de la mort. Mesurant la distance de ma barque au rivage, et prenant mes précautions afin de pouvoir nager le plus longtemps possible, j'étais en costume de bain. Deux longs jours et une nuit dans ces angoisses m'ont donné le temps de penser à la mort que je voyais arriver du reste avec sérénité.

« Enfin la Reine des Apôtres, à qui j'ai fait un vœu, nous a sauvés moi et les cinq païens qui m'accompagnaient. Le péril des voleurs ne pouvait nous manquer après le péril de la mer. Nous sommes tombés sur une bande de pirates prêts à nous attaquer, à nous piller et à nous massacrer. Nous nous sommes cachés dans les roseaux. Une fois, j'ai été sur le point de faire feu ; mais le bon Dieu n'a pas permis que j'en vinsse à cette extrémité. Toute la nuit nous avons fait bonne garde, mes gens restant en veille, et moi hissé, au plus haut de la barque, et à la faveur d'un splendide clair de lune, plongeant au loin mes regards dans les détours formés par un petit archipel qu'on nomme *Xong*. Marie nous a protégés et sauvés !

« Je suis rentré à Bang-Kok à l'état de squelette.

Durant quinze jours, nous n'avions eu que du poisson
pourri à manger... Il fallait encore y gratter les vers
qui le rongeaient avant de le cuire ! Le missionnaire
ne doit pas être délicat. A présent, remis de mes fatigues j'ai repris mon ministère dans ce Bang-Kok, la
Babylone de Siam.

« La vie de missionnaire était bien la mienne. Je
n'ai pas regretté une seule fois, depuis mon départ,
de l'avoir choisie. Certes, ce ne sont pas les misères
qui m'ont manqué et qui me manquent. Mais quand on
les supporte pour le Roi des Apôtres, comme elles
sont légères ! Ici, j'ai à lutter contre bien des misères.
J'y fais mon possible ! Dieu fera le reste ! Je suis entre
ses bras paternels. Je vis au jour le jour. Ainsi, à
l'instant même, je viens de donner à notre institutrice
pour l'école de l'orphelinat mon dernier sou. Ma bourse
est vide. Mon riz s'achève. Mais, tous ces petits et
toutes ces petites que j'instruis et nourris sont les
enfants de Dieu avant d'être les miens. Il ne les aban-
donnera pas !

Durant son fructueux ministère à Bang-Kok, un humble district appelé Pak-Lat, situé à six lieues de la
ville, eut toutes les prédilections du P. Saladin. Il
écrit à son oncle :

Bang-Kok, 7 mai 1875.

« Les fêtes de Pâques m'ont tout absorbé. Si je
n'avais que quelques chrétiens réunis autour de ma

modeste église, il serait bien facile de les administrer. Mes fidèles sont au contraire disséminés sur trois lieues de long. En outre je dessers un poste plus éloigné, appelé Pak-Lat, ne relevant pas de Bang-Kok. C'est une petite chrétienté chinoise et pégouane encore à son berceau. J'y compte cent chrétiens baptisés depuis quatre ans seulement. Bien que peu nombreuse, cette chrétienté me donne plus de soucis que celle de Bang-Kok, pour la raison toute simple, que le jardinier prend plus de soin d'un petit arbrisseau que d'un grand arbre. On taille dans celui-ci à coups de hache. Celui-là, au contraire, exige une main délicate et un instrument plus léger. J'ai l'espérance d'agrandir ce petit poste, mais tout y est encore bien pauvre. L'église est un *Rong*, c'est-à-dire une casemate faite de bambous tressés. Elle sert d'église, de cuisine, d'atelier, d'infirmerie et d'hôpital, de chambre pour le Père et son catéchiste.

« A la saison des pluies on n'entre plus à pied sec dans ma basilique. Des planches protègent ses abords dans la boue. On se tient toute la journée sur une légère estrade en bambou, élevée d'un mètre au-dessus du sol pour être à l'abri de l'humidité, si malsaine dans nos régions. Que ne pouvez-vous m'apercevoir dans ce réduit au milieu de mes Chinois, tantôt les instruisant, tantôt partageant leurs conversations, tantôt buvant le thé, vêtu quelquefois plus pauvrement qu'eux, me faisant tout à tous, afin de gagner sûrement leurs âmes! Oh! comme ces pauvres nouveaux-nés de la foi sont heureux quand je viens à eux ! Alors, ils abandonnent tout. Du matin au soir, ils restent autour de moi suspendus à mes lèvres, pour entendre prêcher l'Évangile et raconter les faits et gestes d'outre-mer. »

Au commencement de 1876, le P. Saladin veut essayer une campagne en plein pays païen, dans un village à pagodes et couvert de talapoins. Il s'embarque sur le grand fleuve dont le lit mesure trois kilomètres de large :

« Mon plan était fixé, dit-il. Après un jour de navigation, je voulais m'arrêter au pied de la pagode qui, bâtie au milieu des eaux, offre aux voyageurs une retraite sûre pour la nuit. Elle tombe déjà sur nous, laissant entrevoir dans le lointain la flèche dorée du temple de Satan, lorsque celui-ci, jaloux d'entraver l'entreprise, se déchaîne sur nous. Soudain, le ciel se charge : un nuage épais obstrue les derniers rayons du soleil couchant ; une violente tempête mugit ; la pluie tombe à torrents, le tonnerre gronde, les vents impétueux emportent à leur gré notre frêle nacelle ; et notre marmite de riz, déjà prête pour le repas du soir, dégringole sur le feu qu'elle éteint. Ce n'est encore rien. Tout à coup, j'entends un grondement strident et continu, paraissant suivre mon frêle esquif et prêt à s'abattre sur lui ! Je grimpe en haut de la chaloupe et j'aperçois un gros navire chinois

qui, poussé par le vent, va l'engloutir sans même le
voir. Il arrive ! Il est là ! Son choc va nous briser !
J'invoque Marie l'Étoile de la mer ! Je fais un suprême
effort et, de toute la vigueur de mes poumons, je crie
aux Chinois : « Virez de bord ! Virez de bord ! » Le
colosse, à peine à cinquante centimètres de notre barque, m'obéit ! Nous passons à côté de lui, je le touche, en allongeant les mains. Marie nous a sauvés !

« Nous n'étions pas encore au bout de nos misères.
Le remous du navire nous avait rejetés au loin et au
caprice des flots courroucés. Une montagne d'eau
s'élève et s'abat sur notre pauvre barque. « Oh ! elle
« se remplit ! elle va couler !... C'en est fait ! elle
« sombre !... C'est fini ! Oh ! Marie, nous laisserez-
« vous périr après nous avoir sauvés ? » Ce cri est
à peine sorti de mes lèvres et de mon cœur, que nous
touchons les branches d'un grand arbre étendu sur
nos têtes et embarrassant tous nos mouvements. Nous
nous cramponnons à elles ; nous renflouons la barque,
nous la tirons petit à petit au rivage... Nous sommes
encore sauvés ! Non, je me trompe, pas encore ! Quel
rivage, en effet ! Une véritable brousse de hautes herbes, une forêt dont les joncs, à perte de vue, se dres-
sent devant nous. Il faut franchir tout cela encore !
Nous tombons tous dans la vase et la boue qui nous
couvrent la moitié du corps, et nous tirons toujours
avec des cordes notre embarcation submergée jusqu'à
la terre ferme. Enfin, nous y voilà ! Mais dans quelle
triste situation ! Tous, nous étions mouillés jusqu'aux

os ! Pas un habit de rechange ! pas de vivres ; pas de riz ; l'eau salée a tout gâté ; ce soir-là, il faut jeûner par force. Heureusement, j'avais emporté une bouteille d'eau-de-vie ; j'en donne un verre à chaque rameur ; je m'en administre pareille dose, et nous passons la nuit à la belle étoile et à la garde de Dieu.

« Le lendemain, dès l'aurore, nos habits étant séchés, nous abordons à la pagode et par un très abrupt sentier, nous filons sur le village voisin que je voulais évangéliser. Nous traversons à la hâte quelques ruelles désertes et j'arrive sur une petite place pleine de monde. Quelle désillusion ! A ma vue, tous s'enfuient, qui de droite, qui de gauche ; les hommes rentrent dans leurs maisons, les femmes jettent à terre les provisions qu'elles portaient sur leurs épaules.

« La place pleine tout à l'heure est maintenant déserte. Je me dirige vers la pagode centrale qui la dominait. J'y trouve quelques païens qui restent ahuris, stupéfaits et tout pétrifiés devant moi ! Je veux leur parler. Ils sont sourds et muets. Je leur demande d'appeler quelques-uns de leurs talapoins... pas un ne bouge. J'appelle ceux-ci de l'intérieur de la pagode : pas un ne montre le nez.

« Pour aujourd'hui, j'aurai prêché à la saint François d'Assise, c'est-à-dire en me faisant seulement voir. Envers Notre-Seigneur, je n'aurai que le mérite de la bonne intention d'avoir voulu lui gagner quelques âmes. Ce sera une semence qui portera peut-être des fruits abondants de salut. »

Après trois longues années d'attente, le nouveau vicaire apostolique de Siam, Mgr Vey, vient d'être nommé. Le P. Saladin en est tout heureux. Pour lui, c'est un ami, un frère, un directeur, un père qui devient son pontife. Tout entier, il se donne à lui. L'Évêque l'appelle à son conseil et lui confie les charges les plus graves et les plus délicates. Outre ses deux missions paroissiales, il est chargé des affaires personnelles de tous les confrères du Vicariat, des relations avec le consulat de France, des démarches auprès des ministres, du préfet de police, de toutes les autorités de la capitale. Il doit même parfois être reçu en audience par S. M. le roi de Siam. (Alors, il faut revêtir le costume de cérémonie, consistant en une chemise sous la blouse de soie.) C'est beaucoup dans un pays où le costume ordinaire des indigènes est tout à fait primitif.

Un soir, rentrant dans sa pauvre chambre, avant de s'étendre sur la dure, après toute une journée consacrée à tous ces rudes labeurs, il écrit à sa chère Augusta : « A dix heures du soir, je puis enfin faire ma méditation de ce matin, chanter l'hymne de prime : « *Jam lucis orto sidere* », et t'envoyer ces deux lignes : Depuis cinq heures du matin, je n'ai pas eu une seule minute à moi. Toutes mes forces sont à Notre-Seigneur. Elles ne m'appartiennent pas. »

Un jour le premier Ministre du Roi, voyant sa bonne mine, lui demanda : « Comment pouvez-vous jouir d'une si florissante santé ? »

« Depuis ma naissance, je n'ai jamais été malade en France, et cela continue de même à Siam. »

« Alors, Père, vous devez avoir beaucoup de mérites devant Boudha, au ciel, et sur vous le plus efficace talisman de la terre ! »

« Prince, je voudrais avoir devant Dieu et devant vous d'autres mérites et talismans ! » Le haut mandarin sourit, feignant de ne pas comprendre.

Le mois de janvier 1876 vit s'accomplir à Bang-Kok de grands événements pour la mission de Siam. Le P. Saladin les raconte à tous les siens. Après trois ans d'attente, la mission, veuve de son premier pasteur, recevait le successeur du regretté Mgr Dupont en la personne du R. P. Jean-Louis Vey, nommé évêque de Gérasa et vicaire apostolique du Siam Oriental.

Émile écrit à son frère le 6 février 1876 :

« La cérémonie du sacre s'est faite à Bang-Kok même, au milieu d'un concours immense de la noblesse siamoise. Jamais, de mémoire d'homme, on n'avait vu pareille solennité ; jamais la religion catholique confondue au milieu de toutes les sectes hérétiques ne s'était montrée si parfaitement belle. Mgr Colombet, vicaire apostolique de Saïgon, en Cochinchine, était l'évêque consécrateur. Les évêques assistants étaient remplacés par les deux plus vieux Pères de la mission. Ici, on ne peut avoir facilement des évêques assistants. Deux évêques à Bang-Kok ! jamais de la vie on n'a vu pareil miracle ! A son arrivée, Mgr Colombet a été reçu par les Annamites, dans l'église desquels devait se faire la cérémonie du sacre. L'évêque de Saïgon, en rochet et en camail, a pris place dans une barque du pays, ramée par 40 hommes, et a parcouru tout le fleuve de Bang-Kok au grand étonnement des Siamois qui n'avaient jamais vu pareil costume dans la cité. Arrivé au débarcadère de l'église annamite, une *sedia gestatoria* l'attendait, solidement posée sur les épaules des huit principaux personnages de la paroisse.

Le cortège s'est mis en route ; et, chacun s'inclinait pour recevoir une bénédiction à laquelle il n'était plus accoutumé depuis longtemps. Devant la maison du Père, résidence provisoire de notre futur évêque, celui-ci l'attendait entouré de tous ses missionnaires. Ils se sont donné l'accolade fraternelle, et une grande partie de la nuit a été passée dans les entretiens d'une parfaite union. Le lendemain de grand matin, l'église annamite, la plus vaste de la mission, parée superbement, recevait les hauts fonctionnaires du gouvernement siamois, le ministre de la guerre, le régent du royaume, le ministre des affaires étrangères, celui de l'intérieur, les frères du roi régnant, etc. Après eux, venaient les consuls des diverses nations : l'Angleterre, la France, la Prusse, le Portugal, le Danemark, les États-Unis, l'Autriche, l'Italie, la Hollande. Vers les huit heures, la cérémonie a commencé. Le chant, préparé par mon ancien vicaire, le Père Galambert, a ravi toute l'assistance. Les cérémonies faites par les Pères ont été bien exécutées, grâce aux exercices préparatoires que nous avions eu soin de nous imposer. Ma fonction était celle de diacre de l'évêque consécrateur.

Après la messe, on a reconduit nos deux évêques toujours en palanquin dans la maison en bois, servant de palais épiscopal : et, c'est sur la porte de ce palais improvisé que les deux vicaires apostoliques ont béni la foule qui les avait suivis, en formant une splendide procession.

« Le lendemain, notre nouveau Pontife a conduit son consécrateur chez le Roi qui a bien voulu leur donner une audience, pendant laquelle il s'est montré excessivement touché de la beauté des cérémonies catholiques. Puis, nos deux Seigneurs ont rendu visite à tous les ministres et grands personnages du royaume, et partout ils ont été reçus avec les marques du plus profond respect. »

Pour notre apôtre, l'année 1878 fut celle des plus rudes épreuves et labeurs. Sans doute, Dieu voulait le préparer à la suivante, 1879, qui devait le voir accomplir la dernière comme la plus héroïque de toutes ses entreprises. Laissons-le nous en faire un rapide exposé dans ses lettres, de plus en plus rares et précieuses.

« Un voyage que j'ai fait dans le nord du royaume, en pays sauvage, m'a valu la fièvre des bois que j'ai encore de temps en temps. De plus, j'ai été envoyé par Sa Grandeur dans une autre vaste district qui se nomme Ban-Nolk. Je ne suis donc plus à Bang-Kok, mais bien à une journée de là, et chargé de 1.500 chrétiens chinois répandus sur une étendue considérable d'au moins 100 lieues. Juge de mes occupations.

« Le grand et le petit séminaire sont en face de mon église principale. La largeur du fleuve me sépare du P. Rousseau qui est supérieur de ces deux établissements. J'ai avec moi, pour m'aider, deux Pères européens et un prêtre indigène. Un missionnaire, comme le mot lui-même l'indique, est donc, tu le vois, un véritable coureur, tantôt ici, tantôt là. Il n'a pas sur cette terre d'endroit fixe. Le confrère que je remplace, me supplée lui-même à Bang-Kok, où il pourra trouver pour ses 40 ans plus de soins qu'à 15 lieues dans l'intérieur.

« Ne m'en veuille donc pas, si je ne t'ai pas écrit depuis longtemps. Je suis du matin au soir aux soins de mes Chinois et Siamois ; et, il m'arrive souvent d'avoir recours à la chandelle pour pouvoir penser à moi et faire mes exercices de piété accoutumés.

« Le poste où je suis a six religieuses indigènes, filles de Chinois et de Siamoises. Une bâtisse en bois de vingt-cinq mètres de long sert de couvent. C'est là que se font les exercices communs, l'instruction des femmes, le soin des petites gamines noirâtres, la couture des habits, la lessive, etc. Tu vois que je ne suis pas à plaindre. Je passe généralement chaque jour de l'autre côté du fleuve pour y voir le P. Rousseau et les élèves, dont quelques-uns ont été mes anciens servants à Bang-Kok.

« Le nouveau poste qui m'est confié et qui compte six églises à desservir, est un des plus beaux de la mission. Il a été fondé par deux évêques : NN. SS. Albrand et Dupont, et leur mémoire y est encore en grande vénération.

« Je pense toutefois que ce sera là mon tombeau et que mes os reposeront au milieu de ces Chinois, pour lesquels la Providence m'a donné l'amour et le zèle. »

Quelques mois après le P. Saladin écrit à son oncle :

« Le missionnaire, par sa vocation, ressemble aux oiseaux de passage. Ceux-ci, en effet, n'ont pas de demeure fixe ici-bas ; le monde entier leur appartient. Le missionnaire en est là ; et, après avoir reçu d'en Haut la vocation à l'apostolat, fidèle à cet appel, rien ne saurait le retenir, il franchit les espaces, laisse derrière lui tout ce qu'il aime, et, ne s'attachant plus à aucun pays d'une manière stable, il va partout où la volonté de son évêque lui fait signe d'aller pour la plus grande utilité des âmes.

« J'étais, il y a quelque temps, à Ban-Nolk-Khuet, et, aujourd'hui, oiseau de passage, me voilà à quinze lieues de là, au bord de la mer, dans un petit poste qui compte une centaine de chrétiens environ. Ils sont tous pêcheurs de leur métier.

« Dès qu'ils apprennent mon arrivée au milieu d'eux, signalée par le pavillon français que je fais hisser en haut d'un bois que j'appelle mât de pavillon, ils mettent à la voile, non plus pour exiger de la mer le tribut qu'elle leur paie chaque jour, mais pour se réunir autour de leur Père et lui réclamer la doctrine du salut. Pour le coup, ne me demandez pas comment s'est passée la journée d'aujourd'hui, fête de saint Bonaventure. Je regarde ma montre, cadeau du généreux Monsieur Lamarche, et je me trouve à trois heures de l'après-midi. Mes clients sont encore à mes pieds m'exposant le résumé de leurs faits et gestes depuis ma dernière visite. Je leur donne des conseils, des éloges, des reproches ; je soigne des âmes à peine sorties des langes du paganisme, et puis, je me dis que le bon Dieu attendra un peu pour prime ! — Quelques-uns me sont arrivés munis d'un bassin rond débordant d'huîtres fraîches, produit de leur pêche ; d'autres avec des crabes de mer de la plus louable dimension. Ceux-ci avec d'énormes poissons, ceux-là avec des crevettes séchées au soleil ; et tous s'excusent d'avoir si peu à m'offrir. Ils comptent pour peu la fatigue et la privation, pourvu qu'ils puissent procurer quelque bien-être au missionnaire que la Providence leur a donné. Ils n'ignorent pas, que s'il est parmi eux un prêtre catholique, celui-ci a dû quitter ses proches, ses amis, son pays, ses aises, pour descendre à leur niveau, vivre de leur vie, les aimer et leur prodiguer ses soins. Celui qui quitte

tout pour suivre N.-S. retrouvera ce tout, et au centuple! Parole bien vraie, et dont la réalité est sans
cesse sous mes yeux. On retrouvera tout, tout, jusqu'aux aises de la vie, non pas de celles qui abrutis-
sent l'esprit et anéantissent le cœur, mais de celles
que la charité et l'amour des chrétiens savent procurer à leur missionnaire, pour lui adoucir les rigueurs
d'un exil volontaire, et le conserver plus longtemps à
leur affection et à l'avantage de leurs âmes.

« La messe est dite. Il y a eu sermon chinois ; chacun a écouté avec attention. Pauvres gens ! ils ne
peuvent se nourrir chaque jour de la parole divine,
faute d'ouvriers qui s'offrent à la leur rompre! Ils ne sont
pas comme nos chrétiens de France, tous les jours
assis au banquet de la doctrine. Ils n'ont que le nécessaire pour leur salut, et avec ce peu, ils espèrent fer-
mement qu'ils monteront au ciel, parce qu'ils sont
simples, ne savent pas lire les mauvais journaux, et
ne connaissent pas Voltaire.

« L'heure de la séparation arrive, après leur avoir
fait passer leur petit examen sur la prière du soir et
du matin, le chapelet, l'abstinence du vendredi, et
autres points de doctrine qu'ils doivent strictement
observer pour se conserver à l'abri des horreurs du
paganisme qui infectent tout le pays. Ils retournent à
leurs filets, et vont dans les coins les plus reculés du
Siam païen faire savoir que la religion de N.-S. J.-C.
est vraiment catholique et que, sans elle, on ne va
pas au paradis.

« Pour moi, demain, avant le lever du jour, je me mettrai en route et pousserai plus loin ma visite aux enfants que la Providence m'a donnés. Je traverserai un bras de mer, monté sur ma frêle embarcation de huit mètres de long, et j'espère que la brillante étoile du matin me mènera à bon port. Arrivé à l'embouchure d'un autre fleuve qui naît d'une montagne de Birmanie, je m'arrêterai à un petit village qu'on nomme Ban-Lath (village en pointe) pour visiter quelques chrétiens qui ont choisi cette localité voulant y planter leur maison de bambou, et de là, remontant les eaux furieuses de la rivière, j'arriverai en quelques heures à un nouveau poste qu'on nomme Ban-Lampha. Les chrétiens de cette intéressante petite station sont tous Pégouans ou Siamois. Là, je ferai jouer la langue siamoise, et la chinoise va rentrer dans ma poche pour quelque temps. Cette église est bien pauvre ! Pauvre autel ! pauvre croix ! pauvres chandeliers ! voilà tout ce qui orne l'endroit du sacrifice. Mon lit, c'est le palier de l'autel, ma table, le palier de l'autel, ma chaise, encore le palier de l'autel ; le reste est net de meubles ; pas un escabeau pour m'asseoir ; pas de serrure à la porte, pas de clef par conséquent ; il faut donc supposer qu'il n'y a pas de voleurs. C'est charmant ! Je consacrerai quatre ou cinq jours à ces chrétiens éloignés, et puis, je reprendrai la route de ma résidence principale qui en est éloignée de cinquante lieues. »

A la même époque, le P. Saladin écrit à son oncle :

« En vérité mon dernier voyage dans le Nord n'a pas été heureux. N'ayant aucun abri ni église dans cette province que je voulais essayer de soumettre à l'Évangile, j'allai, dès mon arrivée, prier le gouverneur de me céder une maison inhabitée. Il y consentit. Bon nombre de païens vinrent m'y voir, me priant de m'établir au milieu d'eux. Par la pensée, je bâtissais déjà une église, un clocher, un autel..... je chassais toutes ces légions infernales de l'idôlatrie ! Je faisais des châteaux en Siam ! La correction de ces rêveries ne se fit pas longtemps attendre.

« A 8 heures du soir, comme je humais l'air embaumé des champs, trois païens m'abordent en disant : « Bienfaisant père, un chrétien malade et perdu au milieu de païens désire vous voir, tout près d'ici. » Aussitôt je prends une lanterne, j'amène mon catéchiste et nous partons. Les païens s'arrêtent devant une maison où ils entrent avec moi. Le prétendu malade y est introuvable. Je commence à comprendre que je suis joué. Mais je ne veux pas me retirer ainsi les mains vides. Assis sur une modeste estrade, je prêche la doctrine à ces aveugles du démon. D'autres païens accourent et m'écoutent. Quand j'ai fini, je les prie de ne pas m'accompagner à mon logis officiel. Ils n'y consentent pas, et m'escortent à la suite les uns des autres, selon l'usage du pays, moi,

comme le plus digne, marchant en tête. A peine avions-
nous fait la moitié du chemin, dans les profondes
ténèbres, qu'une main, armée d'une hache, en assène
deux formidables coups sur la tête de mon catéchiste,
cheminant à mes côtés. Il crie et tombe! L'assassin
fuit! J'allume ma lanterne et contemple le pauvre
catéchiste tout ruisselant de sang. A Siam, appeler
au secours ou inviter à rester chez soi sont équiva-
lents. Je prends la victime évanouie sur mes épaules
et la porte ainsi jusqu'à mon domicile. Là, j'avais une
demi-fiole d'arnica : j'en imbibe les deux plaies béantes,
le sang coule toujours en abondance. J'en désespé-
rais, lorsqu'un de mes gens déchire un pan de son
habit, le réduit en cendres, les applique et arrête le
sang. Il était minuit. Le lendemain, dès l'aurore, je
cours chez le gouverneur faire le rapport du meurtre
et demander la recherche du traître assassin. « Bien
fâché de l'accident, répond-il, j'en suis marri, mais
qu'y faire, puisque vous-même n'avez rien vu? » Voilà
notre police dans ce pays. Nous sommes persuadés
que le coup m'était destiné et que le crâne de mon
catéchiste a été pris pour le mien ! En guise de consolation je n'ai pas cessé de répéter : « Quand Dieu
demande du sang, c'est qu'il veut broyer le plus solide
ciment, pour établir sa religion dans une contrée.
Cette terre, que nous venons d'en arroser ainsi, portera plus vite les belles roses rouges que je suis si
impatient d'offrir bientôt au maître du jardin. »

Quelque temps après le Père Saladin faisait un nouveau voyage de trois mois dans les provinces du Nord de Siam pour y traiter des affaires les plus graves de la mission. Jamais il ne vit de si près les hontes du paganisme et les impostures de ses Talapoins. Émile aima les païens et voulut gagner leurs cœurs, cherchant toujours à les évangéliser. Quant à ces talapoins leurs prêtres, il en avait une instinctive horreur. Parfois, en marchant dans les profondes forêts de Siam, il lui était arrivé de donner de la tête dans les hideuses et immenses toiles d'araignées indigènes tissées aux branches. Elles n'avaient pas arrêté sa marche ; mais, de leur vil contact, elles avaient surpris et sali son front pur. Le contact avec un talapoin produisait sur son âme la même répulsion. Écoutons-le : « La ville du Nord que je viens de visiter est l'ancienne capitale du royaume de Siam ruinée par les Birmans. L'ennemi, après avoir renversé les pagodes, se rua sur notre église qui était la cathédrale du vicaire apostolique et en fit un monceau de ruines. Aujourd'hui, presque toutes les pagodes sont rebâties et enrichies par les zélés adorateurs de Boudha. Ce sont des statues colossales représentant Boudha en méditation, les jambes croisées, une main appuyée sur le genou droit et l'autre sur la poitrine. Les pauvres païens, prosternés devant ces idoles, font pitié à voir. Quoique bien petits de corps, ils sont cependant bien plus grands que ce qu'ils adorent, parce qu'ils ont une âme que cette pierre n'a pas.

« Et je les vois, les mains pleines de présents magnifiques, se prosterner, le front dans la poussière, invoquant et implorant le secours d'une brique sordide! Leurs prêtres ou talapoins sont à droite et à gauche, récitant des louanges auxquelles ils ne comprennent rien eux-mêmes. C'est pendant ce temps qu'ils gagnent le riz que les fidèles leur délivrent chaque matin avec dévotion.

« A la pointe du jour, en effet, on entend une série de cloches fêlées. On se croirait transporté en France à l'heure matinale de l'angelus; mais non! Ici, les cloches n'appellent pas à la prière. Elles crient que les talapoins ont faim, et que les fidèles doivent se hâter de monter les marmites au feu. Une demi-heure est à peine écoulée que vous voyez sortir de toutes les parties de la ville des milliers de talapoins aux têtes rasées, tout habillés de jaune. La rame dans une main, et dans l'autre une immense marmite, ils vont recevoir leur ration à la porte de chaque boutique. Là, se tient modestement accroupie la demoiselle du logis ou la vieille grand'mère. Le talapoin arrive, par l'odeur alléché, le visage austère, les yeux fixés à un mètre devant lui. Tout en lui indique l'homme de la prière ; sa marmite est ouverte, qui contient du riz, du poisson, du piment, des légumes, des crevettes, etc. La fin de l'aumône est annoncée par le salut des deux mains élevées au-dessus de la tête ; et sans mot dire, l'air satisfait, la pose sévère, le pieux talapoin va se présenter ailleurs. Quand il juge que cette marmite est assez pleine pour assouvir sa faim, aiguisée par de fréquentes patenôtres, il retourne dans son *kati* (presbytère) et là, en compagnie de ses co-affamés, il fait bombance. Le reste du jour se passe dans l'oisiveté et la mastication du bétel.

« Voilà le talapoin de Siam et partout où fleurit le boudhisme. Ne leur demandez pas des renseignements sur leur religion ; ils n'en savent pas le premier mot.

« L'autre jour, en revenant de l'ancienne capitale siamoise, je m'arrêtai dans une pagode pour y prendre mon déjeuner. Apercevant un large hangar, je m'y dirige ; c'était la salle à prédicateurs. Un talapoin vient m'accoster. Je lui demande s'il prêche souvent ? « Moi, me dit-il, je suis trop bête, mais mes confrères s'y entendent. — Quelle langue parlent-ils ? — Le Bali, me répondit-il. — Est-ce qu'ils le comprennent ? — Non, fit-il, mais qu'importe ? — Et les fidèles ne comprennent pas plus ce qu'on leur prêche ? — Il ne manquerait plus que cela ! comment peuvent-ils en savoir davantage que nous ? » Et voilà ce que j'entendis pendant une demi-heure, un *phra !* talapoin, s'égosillant, ne comprenant rien à ce qu'il dit, pas plus que ses auditeurs ! Je lui ai parlé de sa religion, lui donnant un aperçu du christianisme. C'est alors qu'il a tourné les talons, me prenant pour un hérétique. Il n'a pas voulu s'exposer à la tentation !

« Tel est le sort de mes païens. La polygamie et l'éducation des enfants dans les pagodes sont les plus grands obstacles aux conversions. Celui de nos chrétiens, sans être aussi lamentable, est bien triste. On

les tracasse, on les blesse, on les incendie, on
les tue, on leur intente d'ignobles procès, on
leur enlève femme, enfants, on les séquestre, on
les mets aux fers. Un païen qui se fait chrétien n'a
pas d'autre parti à prendre que de venir s'établir dans
un centre chrétien, sous la protection du missionnaire.
Et ce Père lui-même est le point de mire de l'ennemi.
Il faut qu'il s'occupe de tout et de tous, qu'il paraisse
en particulier et en public à l'appel de chacun, même
devant les tribunaux. Sans lui les chrétiens désolés
perdent courage et le mouvement religieux s'arrête.
Ah ! que de fois, quand mon petit servant me porte le
pauvre bol de riz, je n'ai pas même le temps de le
regarder pour courir à de semblables affaires très
urgentes ! Et parfois soudain, il faut partir, tout abandonner, courir à cent lieues, à travers mille périls
pour consoler, administrer, sauver une seule âme
chrétienne ! Ma vie est ainsi occupée, hachée, minée,
depuis bientôt dix ans ! Je m'use à vue d'œil ! Je crois
bien que lorsque mes quarante ans sonneront, je serai
un homme fini ! Mais le bon Maître Jésus voit tout, et
compte toutes mes épreuves ! Il les récompensera !
C'est mon unique espoir et mon seul bonheur ! Et vive
la joie quand même ! »

CHAPITRE VI

« Et Samuel étant mort, tout Israël le
pleura; et il fut enseveli au sépulchre de
ses pères. »

(I. Rois, xxviii, 3).

La péninsule malaise sans missionnaires depuis saint François-
Xavier. — Le P. Saladin chargé de l'explorer. — Angoisses
de sa famille. — Terribles dangers sur mer et sur terre. —
Maladie. — Refuge au milieu d'un cimetière à Singara. —
Encore les tigres ! — Rapport du voyage à Monseigneur Vey.
— Traversée de la presqu'île de Malaisie. — Pulo-Pinang. —
Départ imposé pour la France. — Trois jours d'agonie à
Marseille. — Arrivée de son frère. — Transfusion du sang. —
Mort de l'Apôtre. — Funérailles à Villefranche-d'Aveyron. —
Jetons à pleines mains des lys sur son tombeau. — État
actuel de la Société des Missions étrangères de Paris.

· Nous venons d'entendre le P. Saladin, prématuré-
ment épuisé par les sollicitudes et les travaux de ses
fécondes années d'apostolat, s'avouer à lui-même, en
1879, qu'il n'atteindrait pas l'âge de quarante ans.

Ravie et couronnée au Ciel, n'avait-il pas entendu
sa mère lui dire : « Réjouis-toi, mon Émile! Je t'attends
bientôt ! »

En réalité, il lui restait à peine quelques mois à vivre. Il ne devait pas dépasser sur terre l'âge de son divin maître Notre-Seigneur Jésus-Christ. S'il se faisait encore illusion à lui-même, les rares mais affectueuses visites de ses amis reçues en France, le Père Giberta, missionnaire à Siam, et M. Lamarche, riche négociant de Bang-Kok, avaient, à cet égard, pleinement éclairé les siens.

Depuis le mois d'août 1879, l'Apôtre n'avait plus donné signe de vie.

En janvier 1880, le chanoine Saladin ne recevant pas ses vœux ordinaires, écrivit au séminaire de la rue du Bac, pour avoir l'explication de ce silence trop prolongé. Il en reçut la réponse suivante de M. Péan :

« Soyez assuré que si le P. Émile est un peu en retard dans sa correspondance avec vous, ce n'est ni à la paresse ni à l'indifférence qu'il faut l'attribuer. Son évêque, Mgr Vey l'envoya, au mois d'août dernier, faire une rude campagne dans la presqu'île Malaise. Il devait revenir à Bang-Kok dans les premiers jours de novembre : mais, il paraît bien que les circonstances n'ont pas permis un aussi prompt retour.

« Je viens d'apprendre en effet que le cher missionnaire, empêché par les vents contraires de retourner à la capitale, a dû se décider à traverser la presqu'île de la côte orientale à la côte occidentale à dos d'éléphant et qu'il se trouve à notre collège général de Pulo-Pinang.

« Il va y prendre, dans la compagnie de nos nombreux confrères, un repos nécessaire après tant de fatigues, jusque vers la fin de janvier. »

De son côté, Mlle Augusta écrivait à Mgr Vey, le 17 février 1880 :

« Monseigneur,

« Pardonnez à la sollicitude d'une sœur qui a pour son frère la tendresse d'une mère, la démarche que je me permets aujourd'hui auprès de Votre Grandeur.

« Il s'agit de la santé de notre cher Emile qui nous préoccupe au plus haut point.

« Nous le savions, depuis son séjour dans ces contrées lointaines, d'un tempérament déjà très affaibli ; du reste, les ravages épouvantables que ses dix années de mission ont amenés sur toute sa personne en sont une preuve irrécusable. Sa dernière photographie offre à nos regards non plus le jeune et vigoureux missionnaire, mais un vieillard décrépit à trente-deux ans. Sans doute, la vie pénible et laborieuse du missionnaire n'est point de nature à le conserver dans la fraîcheur de son âge : mais, j'ai vu d'autres missionnaires trois et quatre fois plus anciens en mission que mon frère, sur lesquels on ne pouvait pas constater un changement si notable. Or Votre Grandeur connaît assez le zèle et le dévouement de mon Émile, pour savoir qu'ils ne feront jamais défaut. C'est pourquoi je viens La supplier de n'y point faire appel de quelque temps, jusqu'à ce que sa pauvre santé se soit un peu raffermie. Je profite de cette occasion pour Vous transmettre l'ardent désir que nous aurions de décider mon frère à venir respirer l'air natal et réparer ses forces. Émile y gagnerait à tous les points de vue et sa mission aussi.

« Permettez-moi d'espérer de Votre Grandeur une réponse favorable. Parlez-moi très franchement. Ne craignez pas de me dire une cruelle vérité. Je suis préparée à tout et préfère tout savoir. »

Que s'était-il donc passé ? Comment, depuis six mois, ainsi que le prophète Habacuc, notre apôtre avait-il été transporté des extrémités orientales du golfe de Siam à la plus lointaine rive occidentale du golfe de Bengale ? Avec angoisse la famille Saladin se posait ces mystérieuses questions. Rien n'abat et paralyse les caractères les mieux trempés comme le doute et l'incertitude.

Quand on jette un simple regard sur la carte d'Indo-Chine, on remarque, à l'Ouest, une immense péninsule, semblable à la botte d'Italie, sauf le pied, s'étendant depuis le Laos au Nord jusqu'à la Malaisie d'Océanie au Sud, située entre le détroit de Malacca et la mer de Chine, qu'elle commande ainsi que toute l'Australie. Pour en devenir seuls maîtres, les Anglais ont pris, à sa base méridionale, l'île et la ville de Singapour, nouveau Gibraltar, flanqué entre ces deux continents, tenant dans ses serres toutes les routes du Japon, de la Chine et de l'Océanie. De plus, ils ont fondé un grand nombre d'établissements sur ses côtes occidentales, et ils en occupent tout le nord, assez en avant dans les terres. Ils veulent ainsi, en s'avançant peu à peu dans le pays, créer un second empire des Indes. Alors, selon l'expressive parole de M. de Bismarck, en dépit de tous les aigles et de tous les lions d'Europe, la baleine britannique régnera en souveraine sur l'Asie méridionale tout entière. Alors, devenu la proie d'Albion, le royaume de Siam aura vécu.

L'importance de cette presqu'île paraît si capitale à Londres, que de nos jours, le czar de Russie, Nicolas II, ayant demandé à son ami le roi de Siam une simple station de charbon au nord de Pulo-Pinang, ville anglaise qui en occupe le centre, sur la côte, le gouvernement anglais a télégraphié à son ministre de Bang-Kok de s'y opposer par tous les moyens. Ainsi, le glorieux pavillon d'Albuquerque ne commande plus à l'Océan Indien. Le flamboyant étendard britannique ayant éclipsé son éphémère prestige règne seul sur la péninsule indoustane et sa double mer. Ces folâtres Néréides qui, suivant Camoëns, poussaient de la main, sur les flots dociles et charmés, les vaisseaux de Gama, obéissent aujourd'hui, dit M. Vigneron, au trident d'un autre Neptune appelé Albion. C'est l'Anglais hérétique et commerçant.

Cette grande contrée comprend les royaumes ou provinces de Ligor — Quédah — Salangore — Xalang

— Patani — Calautan — Tringanu — Pérah — Rumbo et Djohare. Chacun de ces états dépend du roi de Siam et lui paie un triennal tribut en troupes, or, argent, ivoire et laque. En y comprenant le Laos, on évalue la population à deux millions d'habitants.

L'incomparable Apôtre des Indes, saint François-Xavier fut le premier missionnaire de cette région.

Il vint prêcher l'évangile à Malacca, dépendant de la Malaisie, et à cette époque partie intégrante du Siam. Le premier, il eut la pensée de porter à travers tout ce continent malais la triomphante croix du Christ. Son séjour, trop prolongé à Singapour et l'ordre de marcher directement sur le Japon, l'empêchèrent de réaliser ce dessein. Plusieurs de ses admirables lettres sont datées de Singapour, et témoignent l'ardent désir qu'avait Xavier de mener à bonne fin, lui-même, une si magnanime entreprise.

En 1658, lorsque Mgr Palu, évêque d'Héliopolis et Mgr de Lamothe-Lambert, évêque de Bérythe, fondèrent l'illustre Congrégation des Missions étrangères de Paris, le Saint-Siège leur avait indiqué pour but la formation d'un clergé indigène et l'évangélisation de tout ce royaume de Siam.

Suivi de six missionnaires, Mgr de Bérythe traversa l'Europe, la Syrie, la Perse, l'Inde, le Bengale, le nord de la péninsule Malaise; et, après un voyage de trois ans, entra le 22 août 1662 dans la capitale de Siam nommée alors Juthia. De là, il rayonna sur le Tonkin et la Cochinchine et revint mourir à Siam en 1672. Mgr d'Héliopolis y releva sa houlette la même année, en sacrant Mgr Laneau, premier vicaire apostolique de Siam.

Ces temps héroïques ne virent pas cependant la croix traverser de part en part une péninsule qui lui semblait encore interdite.

Douze évêques à Siam succédèrent de 1696 à 1872 à Mgr Laneau : Nosseigneurs de Cice, Texier de Kéralay, de Lolière, Brigot, Leban, Coudé, Garnault, Florers, Cauvezy, Pallegoix, Albrand et Dupont.

On le comprend facilement, tous portèrent au cœur cette flamme du cœur de saint François-Xaxier, la conquête à Jésus-Christ de la péninsule Malaise. Celui de Mgr Vey, digne successeur de ces douze apôtres, brûlait du même désir. Plusieurs fois, il s'en était ouvert à ses coopérateurs, les suppliant avec larmes et prières d'obtenir de Dieu le missionnaire intrépide prédestiné à gagner enfin ces vastes régions inexplorées qui passaient des siècles rebelles à la grâce du Christ. L'heure de la suprême tentative paraissait sonnée. Déjà un grand nombre d'émigrants chrétiens de Chine, d'Annam, du Cambodge et de Siam s'y étaient installés. Avant que le zèle hérétique de la jalouse Angleterre les eût protestantisés, il fallait y fonder de stables établissements catholiques, ouvrir des églises et des écoles pour eux. On savait que des villages entiers accueilleraient avec bonheur un missionnaire. Quelques-uns en avaient même, par délégués, sollicité l'envoi.

Il fallait donc, dit le P. Maury, aller à la recherche des premiers dénués de tout secours religieux, et répondre aux désirs des derniers en leur envoyant un Père d'élite pour les grouper et les instruire. On pouvait en outre prêcher l'Évangile aux peuplades païennes qui n'en avaient jamais ouï parler et peut-être implanter ainsi la foi dans des régions qui ne l'avaient pas encore connue.

Pour réaliser cette entreprise importante et difficile entre toutes, il fallait donc un homme prêt à tous les sacrifices, d'un courage à toute épreuve et d'une persévérance que rien ne pourrait rebuter.

Le Père Saladin, dont le zèle grandissait avec les épreuves, demanda et obtint de Mgr Vey d'être chargé de cette périlleuse mission. Il avait toutes les qualités requises pour la mener à bonne fin. Sa santé ne paraissait pas encore atteinte comme elle l'était réellement. Son dévouement était sans bornes, son zèle vraiment apostolique. Connaissant fort bien les langues siamoise et chinoise, il pouvait prêcher au milieu de toutes les peuplades qu'il rencontrerait. C'est donc avec bonheur qu'il se vit chargé d'une tentative attrayante à sa généreuse ardeur parce qu'elle lui promettait et beaucoup d'épreuves et beaucoup de souffrances.

Tous ses confrères de Siam essayèrent en vain de l'en dissuader. Il était leur bien-aimé! A son collègue de séminaire et de départ à Paris, devenu son plus cher compagnon de mission et son confesseur ordinaire de Bang-Xang, à ce cher Père Rousseau qui lui disait au moment de la séparation :

« Cette fois, Père Émile, vous vous lancez dans une campagne réellement tout apostolique!... Oh! que Jésus et Marie vous gardent, vous suivent et vous ramènent bientôt. »

Ami, répondit-il, merci de vos vœux! mais ne vous faites pas illusion! Nous ne nous reverrons plus ici-bas!...

Mgr Vey lui donna pour l'accompagner et seconder un prêtre indigène, le P. Joseph, et trois catéchistes. Les préparatifs du voyage furent bientôt faits. Une barque de neuf mètres de long fut mise en état de pouvoir tenir la mer. On l'approvisionna des vivres nécessaires. Les objets indispensables au culte y furent installés. La petite troupe apostolique y monta, servie par quelques rameurs chrétiens.

Le 15 août 1879, sous la protection de Marie, on leva l'ancre pour voguer sur les flots. Nos voyageurs se rendirent d'abord à Muang-Kug, ou un groupe de catéchumènes les attendait avec impatience. Ils visitèrent cette station, prêchant l'Évangile à des païens assez bien disposés, en régénérèrent quelques-uns et y laissèrent un catéchiste pour continuer l'instruction des autres. Ensuite ils poursuivirent leur route le long des côtes, vers le sud. Ici, un premier danger mortel la fièvre paludéenne, dite aussi fièvre des bois, les attendait. Ils entraient en pleine zône torride. Or, le lecteur n'ignore pas les données précises de la science moderne sur la climatologie médicale. Il est utile de lui rappeler cependant qu'on donne le nom de pays torrides et chauds à l'ensemble des régions situées entre le tropique du Cancer et celui du Capricorne et aux terres situées aux environs des tropiques. Suivant l'élévation annuelle de la température, dit M. le docteur Raynaud, médecin en chef des colonies, ces terres sont partagées en : 1° climats torrides, ayant de 38° à 25° de température ; 2° climats chauds, ayant de 25° à 15°. Les climats torrides forment, par leur ensemble à la surface du globe, un gigantesque anneau qui fait le tour de la terre par l'Afrique centrale, par les trois grandes péninsules du sud de l'Asie, par les archipels océaniens et les deux Amériques centrales. En certains points de cette zône torride, on constate la température de fournaise, 48° au Sénégal et 50° dans la mer Rouge ! Dans ces pays, l'humidité est un facteur dont il faudrait toujours tenir le plus grand compte. La quantité de vapeur d'eau contenue dans l'atmosphère est énorme et avec elle sa nocivité ne l'est pas moins. Une chaleur de 28° avec un air sec, comme celle que nous subissons dans les pays tempérés, est aisément supportable. Mais la même température de 28° avec 80 ou 90 centièmes de vapeur d'eau est intolérable à Saïgon, et même beaucoup plus accablante qu'une chaleur sèche de 40°, comme en Tunisie.

La tension de la vapeur d'eau atmosphérique augmente tellement que l'eau du corps exhalée ordinairement par les poumons et par la transpiration cutanée est retenue dans l'organisme et détermine à la fin une incurable pléthore.

Pour y échapper, l'Européen qui, à l'état de repos, équilibre avec peine la transpiration des climats torrides, doit, avant tout, éviter l'exposition au soleil et les efforts musculaires répétés sous ses rayons incandescents.

Dans les plaines basses, marécageuses, sur les terres d'alluvion non soumises à la culture régulière, dans les régions couvertes de forêts, d'herbes humides, le long des côtes arrosées de pluies abondantes, alternant avec un soleil ardent, les germes organiques contenus dans ce sol se développent rapidement sous l'action combinée de la chaleur et de l'humidité. Ils déterminent bientôt le paludisme ou intoxication palustre si désastreuse pour l'Européen confiant !

C'est au milieu de ces chaleurs, de ces efforts et de ces dangers que le P. Saladin fit un voyage au long cours de trois mois sur sa frêle nacelle.

« Nous avons visité, écrivait-il, tous les contours de ces pays sauvages et inhospitaliers, nous arrêtant dans tous les endroits habités où nous avions quelque espoir de semer l'Évangile. Bien des fois, nous avons été dans la nécessité d'aborder dans les baies pour éviter un infaillible naufrage. Deux fois, nous avons couru un danger très réel. La sainte Vierge nous a protégés ! — Et que dire des habitants à qui nous avons parlé de religion ? — Qu'un pays païen est triste ! et comme on sent le prix de la foi lorsqu'on se trouve au milieu d'un peuple qui ne la possède pas ! Ces peuplades sauvages sont vraiment assises à l'ombre de la mort ! Quand on essaie de leur faire entrevoir leur situation si triste et les moyens de salut, ces gens ouvrent de grands yeux où on lit le doute ; et un sourire de suspicion erre sur leurs lèvres. Ils vous invitent à vous retirer et à porter à d'autres de si bonnes nouvelles. Cependant la miséricorde divine a trouvé là aussi ses élus, quoiqu'en très petit nombre. »

Après ces trois mois de voyage, arrivé à 175 lieues de Bang-Kok, le P. Saladin se trouvait sur la limite assignée à son zèle par Mgr Vey. Il s'arrêta dans un port appelé Singara.

L'aurait-il voulu d'ailleurs, qu'il ne pouvait pousser plus avant sa périlleuse expédition. La fatigue, l'insomnie, la chaleur, la fièvre, le séjour prolongé dans une barque fétide déjà l'avaient abattu. Il se hâta d'aller saluer le gouverneur de la ville, et de lui demander une maison convenable pour s'y reposer, et prêcher ensuite la doctrine chrétienne. Le chef païen le fit conduire au sein d'un vaste cimetière chinois, nuit et jour infesté par les fréquentes incursions des tigres. Il y avait là un misérable réduit que notre apôtre appelle un vrai cabanon, bas, humide, ouvert à tous les vents, étroit, exposé à tous les coups de mer, comme à ceux des pirates et des voleurs. Le P. Saladin et ses compagnons refusèrent de l'accepter. Leurs instances furent vaines. Il n'y eut pas d'autre refuge pour eux. Ils furent contraints de s'y blottir ensemble.

C'est dans cet immonde taudis que l'Apôtre passa un mois, tantôt prêchant, comme saint Paul en sa prison, les païens qui venaient le voir par curiosité, tantôt cherchant çà et là, malgré les tigres, par la chasse ou la pêche, un peu de nourriture, le plus souvent introuvable, tantôt succombant sous le faix, allongé sur quelques feuilles sèches, aux brûlants accès de la fièvre qui le dévorait !

On raconte que le premier grand explorateur du Sahara, Barth, entrant dans le Fezzan, s'égara dans les fameux défilés de rochers du Rhât, que les Touaregs appellent Kasidjenoun (*château des démons*). Durant plusieurs jours, il erra dans les tortueux replis de l'immense labyrinthe.

Mourant de soif et de faim, il s'allongea sur le sable brûlant ; et, il en vint à s'ouvrir une veine et à boire son sang pour rafraîchir ses lèvres brûlées et sa gorge haletante. Un guide le retrouva, râlant déjà, couché au pied d'un tamarix ! Encore quelques heures, et la mort du voyageur allait s'ajouter au trépas de tant d'autres pionniers du désert d'Afrique ! Telle était à peu près la situation du pionnier de la Malaisie chrétienne.

Le P. Saladin, dénué de toutes ressources, de vivres, de remèdes et de secours, n'ayant même plus les moyens de retourner sur ses pas, pouvait bien s'écrier : « O Dieu, vous donnez, sous nos yeux, au petit oiseau vert appelé *Asfir*, sa pâture de chaque jour, en le nourrissant des insectes attachés aux pieds des éléphants ! Ah ! je vaux bien ce passereau ! Ne m'abandonnez pas ! »

Ce fut du fond de cet ignoble réduit (il faudrait dire tombeau) de Singara, que le Père eut encore la force d'écrire à Mgr Vey, un rapport circonstancié sur sa mission. Il est sous nos yeux émus, entièrement tracé au crayon, en caractères précipités, presqu'illisibles, inachevé !...

Quand il l'écrivait, sa main fiévreuse tremblait et son oreille entendait les horribles rugissements des fauves cherchant leur proie.

On sait que, dans les seules Indes anglaises, en 1875, les tigres à la peau jaune rayée de noir, attaquant l'homme avec une férocité plus redoutable que celle des lions et des panthères, ont fait 917 victimes humaines, et les boas et les serpents à lunettes vingt-six mille !

Cependant, la maladie du P. Saladin empirait de jour en jour. Depuis une semaine, il ne se soutenait plus qu'avec un peu d'eau de riz, son estomac refusant toute nourriture solide. Fallait-il se résigner à mourir au milieu de cette contrée absolument païenne ? L'apôtre ne put s'y résoudre. Il prit la résolution hardie de traverser encore la presqu'île malaise, et d'aller demander au collège général de Pulo-Pinang une nourriture et des soins qui lui étaient refusés à Singara.

Instruit de cette détermination, le cruel gouverneur païen s'y prêta d'autant plus volontiers qu'il craignait de voir le Père mourir sur ses terres, ce qui eût pu lui valoir une disgrâce à Siam. Il fit aussitôt préparer sept éléphants, avec vingt hommes d'escorte, et les offrit au missionnaire.

Après avoir longé la péninsule malaise du nord au sud, celui-ci allait maintenant la traverser encore dans toute sa largeur, de l'orient à l'occident. Ici, un autre ennemi, non moins terrible que ceux qu'il venait d'affronter, le menaçait. Malheur à lui s'il le rencontrait sur sa défaillante course !

Nos tempêtes d'Europe ne sont que les plus doux zéphirs en comparaison des cyclones de là-bas. Les ouragans des Indes revêtent des formes et des forces plus étranges et plus hideuses. Emportés par l'air échauffé dans ses tourbillons ascensionnels, les nuages et les sables, dit M. Dubois, s'arrondissent en gigantesques cylindres appelés simoun en Afrique; tiphon dans les Antilles et tornados dans les mers des Indes. Fouettées par la trombe aérienne, ces colonnes pirouettent sur leur axe comme des couples de valseurs, tantôt elles rasent le sol avec une extrême rapidité, tantôt elles s'avancent avec une majestueuse lenteur. Le vent promène ces géants au hasard de ses caprices, jusqu'à ce qu'ils se dissolvent. Les uns, hauts de plusieurs centaines de pieds, voient leurs sommets s'écrouler d'abord. D'autres, comme si on les brisait à coups de canon, se rompent tout à coup avec le fracas d'une explosion de mine. On en voit qui franchissent ravins, fleuves, collines et montagnes en un clin d'œil, semant partout la terreur et la ruine. Saisi de crainte, le spectateur reste immobile. Où fuirait-il ? c'en est fait de lui, si la trombe vient à le heurter, dans ses bonds redoutables, semblable au serpent qui enveloppe sa proie de ses replis, l'enserre de ses spirales et l'étouffe !

Enfin, après cinq mortelles journées de marches forcées, la caravane du P. Saladin saine et sauve, grâce à la miraculeuse énergie qu'il déployait encore, arriva dans la ville de Quédah. Il la congédia ; et, prenant un vapeur en partance, il gagna Pulo-Pinang, que six lieues seulement séparent de Quédah.

Écoutons ici son compatriote et ami le P. Chibaudel :

« Le cher P. Émile arriva dans l'île de Pinang, à la fin de novembre 1879, et descendit chez le missionnaire de l'endroit. C'est là, que j'allai le chercher, le lendemain, pour l'emmener et l'installer au collège situé à quelque distance, à la campagne.

« Quand je me trouvai en présence de ce cher malade, et qu'il s'approcha de moi pour m'embrasser, je reculai d'effroi. Comme il était changé ! Comme ce n'était plus le même Émile que j'avais connu à Paris douze ans auparavant !

« Cependant, je m'aperçus bientôt avec plaisir que

son caractère était bien toujours le même, franc, vif, joyeux, plein d'entrain. Il n'était nullement affecté de son état ; il croyait même que cet état n'était qu'accidentel, et provenait uniquement des fatigues de son long et pénible voyage. J'augurais favorablement de cette heureuse disposition d'esprit ; et, j'étais convaincu que le repos, la gaieté et une bonne nourriture produiraient tous leurs effets, et auraient promptement raison d'une anémie que personne alors ne soupçonnait être si avancée. Pendant deux mois que le Père resta à Pinang, rien en apparence ne vint démentir mon espoir. Durant tout ce temps, en effet, le P. Émile n'eut qu'une fois la fièvre, et encore assez faiblement.

« Quelques jours après son arrivée, en la fête de saint François-Xavier, il nous chanta la grand'messe, la dernière qu'il ait chantée ici-bas, et cela, sans qu'on remarquât en lui, ni pendant, ni après, plus de fatigue qu'à l'ordinaire.

« La bonne humeur et la gaieté ne l'abandonnaient jamais. Il suivait tous les exercices ordinaires de la communauté. Il faisait quelques promenades, soit à l'intérieur du collège, soit à l'extérieur. Il aimait surtout à visiter les chrétiens chinois des environs qui lui rappelaient ceux qu'il avait laissés à Siam. Il fut appelé à Singapore par Mgr Vey, son évêque, vers la fin de janvier, et nous le vîmes partir avec regret ; nous n'aurions pas voulu qu'il nous quittât avant que l'œuvre de son rétablissement fût achevée.

Un autre motif augmentait en nous les regrets de la séparation. Ayant vu de près pendant deux mois ce bien-aimé confrère, nous avions appris à l'apprécier. Ce que nous avons cru remarquer en lui de plus saillant, c'est une forte énergie de caractère, un grand esprit de foi bien édifiant, un zèle très ardent pour le salut des âmes, et un amour pour ainsi dire inexprimable pour sa chère mission de Siam. — Siam ! Siam ! il n'y avait rien sur la terre de comparable à Siam !

« Comme nous aimions à lui entendre raconter ses aventures, ses misères, ses difficultés, ses démêlés, soit avec les mandarins, soit avec les païens ! Comme il se rappelait bien tous les détails ! qu'il savait rendre son récit intéressant ! Heureux moments trop tôt écoulés ! »

« Ce fut donc vers la fin de janvier 1880 qu'il quitta Pinang pour se rendre à Singapore où l'attendait son évêque. Il eut le plaisir de faire le voyage en compagnie des deux vicaires apostoliques de la Birmanie, Mgr Bigàudet et Mgr Bourdon, de notre société et du préfet apostolique italien, le Père Biffi, se rendant, eux aussi, à Singapore où devait se tenir un synode régional.

« Le séjour de Singapore fut loin d'être favorable à sa santé. C'est ce qu'il m'écrivit quelques jours avant son départ pour la France dans une lettre qui est la dernière écrite par lui ici-bas, et où se peint son bon cœur et son esprit de soumission filiale à ses supérieurs, lettre que je garde comme un précieux souvenir de ce bien-aimé compatriote. En voici les principaux extraits :

« C'est pour vous et les chers confrères du collège que sont mes premières pensées et mes meilleurs souvenirs ; c'est à vous tous que je consacre mes premières forces. Depuis mon arrivée à Singapore, en effet, ma santé a été de mal en pis ; j'ai gardé continuellement le lit, et n'ai pu malgré mon vif désir, vous faire tenir de mes pauvres nouvelles. Aujourd'hui, sans être encore bien fort, je puis cependant m'allonger sur le fauteuil qui se trouve près de mon lit, et c'est lui qui me sert de table pour vous tracer ces mots. Il a été question de m'expédier en France. Je ne sais trop à quoi se décidera Sa Grandeur Mgr Vey. Je suis entre ses paternelles mains, et ce qu'il décidera sera toujours bien décidé.

« Mgr Gasnier, vicaire apostolique de Pinang, Malacca et Singapore, a été pour moi aux petits soins ; ses attentions à mon égard m'ont d'autant plus été au cœur que Sa Grandeur était plus occupée par les travaux du synode. Quel cœur d'or !

« P. S. — Il est décidé que je pars pour la France par la malle de jeudi prochain. Priez pour moi ! »

Les Evêques du synode de Singapore s'unirent tous à Mgr Vey pour presser le P. Saladin de se rendre à la décision imposée par les médecins anglais. Il résista longtemps. Il supplia. Il pleura. « S'il faut mourir, disait-il, je veux mourir à Siam ! » Sur l'ordre formel de son évêque, le Père s'inclina et obéit. Le P. Chibaudel raconte que le matin de son départ pour Marseille effectué le 8 février 1880, notre Apôtre lui dit :

«Maintenant, je n'ai plus qu'à me confesser et bien régler mes comptes avec N. S. On ne sait pas ce qui peut arriver en route!» Comme le plus humble de ses fils il s'agenouilla aux pieds de Mgr Vey, lui fit sa confession suprême et se releva prêt pour l'éternelle victoire !

Le voyage devait être très long et très pénible. La première moitié fut un perpétuel martyre. Un père du Saint-Esprit montant à bord à la station d'Aden, lui fut envoyé, comme un ange gardien, pour l'assister durant la seconde qui s'écoula dans un sommeil presque continuel.

Il est une spéciale maladie contractée dans les régions torrides et vers les tropiques dont les victimes sont innombrables dans l'Afrique centrale parmi les nègres. On l'appelle la peste du sommeil. C'est une anémie absolue, un affaissement complet, une léthargie sans fin, un coma total, durant la dernière période de la vie. Celui qui en est atteint se réveille bien quelques instants pour boire ou manger, mais il retombe aussitôt dans une profonde prostration de tout son être.

Le Commandant Marchand, héros de Fashoda, présentant aux acclamations de la France entière ses tirailleurs sénégalais, disait d'eux : « Ce sont les premiers soldats du monde. Pendant les trois ans de notre expédition à travers le centre de l'Afrique, nous n'en avons perdu qu'une dizaine. Trois sont morts de sommeil. C'est une maladie bizarre qui n'est pas connue en Europe, et sur la nature de laquelle les médecins ne sont pas fixés. Ils croient que c'est une affection de la moëlle épinière. Sans être fatigués, les malades s'endorment d'un sommeil très lourd. On les réveille pour les faire boire ou manger. Ils se rendorment, leur nourriture en main : et, un jour, ils ne se réveillent plus ! »

Le P. Saladin l'emportait avec lui à travers les océans. Le 7 mars 1880, il débarquait à Marseille et, soutenu par le P. du Saint-Esprit que la douce Providence lui avait envoyé, il se rendait aussitôt à la procure des missions étrangères, sans y être ni annoncé ni attendu. En se retirant aussitôt, son compagnon de route avait dit au concierge : « Si je n'avais été là, le Père, que j'ai eu grand peine à réveiller, serait resté endormi dans sa cabine, et, si par malheur il y avait été oublié, le vapeur en repartant l'aurait repris vers l'Indo-Chine ! »

A cette même heure, le P. Beauté, Procureur général à Marseille de la congrégation des Missions étrangères, accompagnait sur le bateau partant pour la Chine deux missionnaires.

De retour à la rue Nau, il apprend l'arrivée d'un Père bien malade qui s'est jeté tout habillé sur un lit, dans la première chambre ouverte. Il monte aussitôt, et trouve le P. Saladin plongé dans un profond assoupissement. Il le secoue, il l'embrasse, il l'appelle. Le malade se réveille souriant et dit avec peine : « Oh ! c'est vous le P. Beauté ! C'est fameux tout de même de trouver une si belle maison quand on arrive à Marseille ! »

On accommode sa couche : il s'y étend et de nouveau s'endort.

Ayant mandé M. le Dr Rouvier qui perdit espoir dès sa première visite, le Père Procureur passa la nuit au chevet du malade, veillant, d'heure en heure, à lui faire prendre une potion fortifiante, et se tenant prêt à lui administrer les derniers sacrements.

La journée du lundi se passa de même. Une sœur du Bon-Secours, Mme Saint-André, vint s'installer à son chevet. Sous sa maternelle main, la chambre prit aussitôt un air d'ordre familial qui plut au malade. « Ce qui me frappa le plus, écrit-elle, durant ces trois jours passés près de lui, ce furent et son grand esprit de foi, et son habitude de la prière, et sa soumission à la volonté de Dieu. Parfois je l'entendais répéter à demi-voix : « *Jésus ! Marie !* Mon Dieu, ayez pitié de moi !» Je n'ai pas moins admiré sa docilité parfaite à prendre tout ce que je lui présentais, et surtout son inaltérable patience. Malgré sa faiblesse et l'ennui que je lui causais, en le réveillant si souvent, il ne fit entendre aucune plainte. J'avais devant moi un modèle d'énergie, de piété, un vrai missionnaire. Il me dit un soir : « Ma sœur, une garde-malade doit être comme un Confesseur ! Si dans le délire du sommeil, je disais quelque chose d'indiscret, que ce soit secret pour vous ! »

Le lundi soir, un second médecin, M. Fabre, accompagnait M. le Dr Rouvier. Ils constatèrent l'implacable gravité du mal et murmurèrent en se retirant : « Ce bon Père est perdu ! » Il n'y avait donc plus à hésiter. Dans le courant de la journée, le Père Procureur lui avait habilement demandé l'adresse de son frère Ferdinand. « Est-ce pour lui écrire ? il ne faut pas le faire ! Ce serait lui porter un rude coup ! Je me reposerai quelques jours ici. Ensuite, j'irai le rejoindre, lui et ma chère Augusta ! » Néanmoins, le Père Beauté télégraphiait le soir même à Bordeaux et l'en avisait doucement. Émile leva les yeux au ciel et dit : « Vous avez bien fait ! »

La journée du mardi fut semblable aux deux premières.

Le mercredi matin, l'abbé Ferdinand arrive tout anxieux. Annoncé par le Père Beauté, il pénètre dans la chambre du malade encore assoupi. Il se jette à son cou. Il l'embrasse avec la plus poignante émotion. « Ah ! pauvre frère, dans quel état je te retrouve, mon bon ami ! »

Émile ouvre les yeux avec effort... et tranquille et souriant : « Ah ! te voilà, cher Ferdinand ! C'est vrai ! Je n'ai pas tout à fait aussi bonne mine que toi ! Et Augusta où est-elle ? Elle va venir aussi ? » Et le malade laissant couler une larme de joie de ses yeux qui, devant mille dangers, n'avaient jamais tressailli, s'assoupit de nouveau. Sur les dix heures, se réveillant, comme d'une profonde léthargie, il revient enfin à lui-même et cause encore avec son frère. Il apprend avec bonheur que sa sœur est en route. « Nous repartirons tous les trois ensemble, dit Ferdinand, et nous ne nous séparerons plus ! »

« Ah ! par exemple, ne comptez pas là-dessus, réplique Émile. Je resterai avec vous, trois mois, six au plus », et alors « Par file à droite ! En route vers Siam ! Vois-tu, un vrai missionnaire meurt dans sa mission ! » — « Mais tu seras bien content de nous voir réunis autour de toi. — « Fichtre ! si je serai content ! » Ce dialogue dura une demi-heure. Ferdinand regagnant espoir, revivait.

Cette conversation ne lui avait-elle pas rendu son Émile avec son enjouement et sa tendresse d'autrefois ? Témoin de cette fraternelle scène, le P. Beauté espérait, lui aussi, contre toute espérance. L'illusion ne fut pas longue.

A onze heures, le malade retombe dans sa léthargie. La sœur Saint-André ne cesse plus de le rappeler à lui et Ferdinand de l'embrasser. Tout est inutile. M. l'abbé Saladin veut alors provoquer une suprême consultation de trois médecins. Ils viennent ; et après avoir longuement conféré, ils lui disent : « Votre frère n'a aucun organe lésé ; mais, il n'y a plus une goutte de sang dans ses veines. Il ne peut pas vivre ainsi ! C'est déjà un réel miracle qu'il ne soit pas mort en mer ! »

« Oui, s'écrie le Dr Rouvier, ce Père est un vrai martyr ! il n'a pas versé son sang pour Dieu d'un seul jet ; mais, il l'a exhalé goutte à goutte pour lui ! »

« Oh ! Docteurs, vous ne voyez donc aucun remède pour sauver mon frère, aucun ? Votre science est donc impuissante ?

« Pardon, M. l'abbé, la science contemporaine a fait de grands progrès, il nous resterait une tentative suprême, celle de la transfusion du sang. Mais il nous faudrait un sujet décidé à se laisser prendre le sien pour l'inoculer à l'agonisant !... »

« Oh ! Docteurs, vous l'avez ce sujet ! c'est moi ! Mon sang appartient à mon frère. Il est le même ! Vous le lui donnerez ! Nous le sauverons ! Non ! Non ! Émile ne peut pas mourir ! »

« Monsieur l'abbé, pour subir une opération si grave, il faut être dans un état normal, calme et tranquille. A cette heure vous ne l'êtes pas. Attendons à demain. » — « Docteurs, comptez sur moi. J'irai de bonne heure à N.-D. de la Garde mettre sous la protection de la Sainte Vierge, votre opération. A huit soyez ici... promettez-le-moi...' en grâce : je l'exige pour sauver mon Émile ! »

« — Nous vous le promettons ! »

Parmi toutes les opérations que le progrès de la chirurgie contemporaine permet d'essayer, la transfusion du sang est au premier chef, la plus ingénieuse comme la plus terrible.

Elle consiste dans la double ouverture de la veine d'un malade épuisé et de la veine d'un robuste patient qui consent à verser son généreux sang dans la première. Un ingénieux appareil sert de canal entre les deux. Cette opération à peine connue depuis quarante ans et rarement pratiquée est regardée comme un dernier moyen de sauver les malades désespérés. Elle est des plus délicates et partant des plus dangereuses.

Tandis que le malade fixe sur les opérateurs ses yeux déjà voilés et vitreux, se demandant avec angoisse ce qui va se faire, on prépare l'appareil. Le plus grand péril consiste dans la possiblité de l'introduction d'une bulle d'air mêlée au sang, soit dans la veine de celui qui le verse, soit dans la veine de celui qui le reçoit. Dans l'un et l'autre cas, l'accident est mortel pour chacun des deux. On voit quelques mères risquer leur vie pour sauver ainsi un fils adoré.

Très rarement, pour ne pas dire jamais, un homme assez désintéressé se rencontre prêt à risquer ainsi sa vie pour sauver un malade qui succombe presqu'infailliblement dans l'opération en même temps que celui qui se dévoue pour le sauver!

Son voyage de la veille si anxieux, si précipité, et cette capitale opération à subir le lendemain matin, exigeaient une nuit de repos pour Ferdinand.

Admirable d'attentions envers les deux frères, le

P. Beauté voulut qu'il se retirât dans une chambre contigüe à celle d'Émile et que la sœur Saint-André seule le veillât. Jusqu'à minuit, elle ne cesse pas de l'entendre soupirer et prier. Soudain, vers deux heures du matin, elle constate une agitation très vive. Elle s'empresse de prévenir le P. Procureur. Il vient et trouve le Père Saladin à genoux sur son lit, faisant des efforts inouïs pour s'y maintenir ainsi. Il le prend dans ses bras. Haletant, l'agonisant défaille et retombe lourdement sur sa couche. Plus d'illusion ! La fin est arrivée ?

Aussitôt prévenu de cet état, l'abbé Ferdinand accourt. Il prend les mains de son frère dans les siennes, et trouvant le pouls imperceptible : « Ah ! qu'en pensez-vous ? murmura-t-il. Il me semble que le moment approche ! »

Si, comme nous venons de le voir, il y a dans la science contemporaine une subite transfusion du sang, il y a de même, dans la vie surnaturelle, une mystérieuse transfusion des âmes.

A ce moment solennel, il semble que l'énergie et la vertu de l'âme d'Émile passent dans celle de Ferdinand. Tandis que le P. Beauté va prendre le surplis, l'étole et les saintes huiles, il se dresse au chevet de son frère ; et, ne voulant pas le laisser mourir sans qu'il ait eu le mérite d'offrir à Dieu son holocauste, il le secoue et l'appelle fortement. Comme un voyageur se reposant de sa course, Émile dormait toujours.

« Pourquoi me réveilles-tu, cher Ferdinand ? sou-

pire-t-il. — Émile, Émile, du courage ; il nous en faut
à tous les deux maintenant. Moi, j'ai le devoir de t'aider à faire le sacrifice de ta vie. Toi, celui de songer
à paraître devant Dieu : tu es perdu, tu n'as plus que
quelques instants à vivre et tu vas être devant Lui ! »

« Mais je suis prêt, répond Émile avec une angélique sérénité, comme si on lui proposait une douce
promenade. Et Augusta, n'est-elle pas arrivée ? —
Cher Émile, il faut d'abord demander à Notre-Seigneur
pardon de tous les péchés de ta vie !. — Oh ! je me
suis confessé en partant ; mais ce pardon, je le lui
demande encore et de tout mon cœur. Avertis le Père
Beauté pour les derniers sacrements, car maintenant
il n'y a plus que le ciel ! — Eh bien, Émile, je vais te
donner la sainte absolution. »

Et la main de Ferdinand ouvrant tous les trésors de
la miséricorde divine, les fit tomber dans l'âme de son
frère. « Et maintenant, cher Émile, bénis-moi, bénis Augusta, bénis tous nos parents, tous nos amis ! — Oui,
oui, je vous bénis tous ! »

Émile aperçoit alors le P. Procureur revêtu des ornements sacrés : « Dépêchez-vous, Père Beauté, sou-
pire-t-il, dépêchez-vous ! » Le Père lui administre
l'extrême-onction.

A genoux, accablé d'émotions et brisé de douleur,
Ferdinand pleure au pied du lit. Et les deux frères répondent ensemble à toutes les prières, et on les
entend soupirer : *Ora pro me! Ora pro eo! Amen!
Amen!*

Vers trois heures du matin, le P. Beauté a fini de réciter les prières des agonisants. Il arrive à ces pa-paroles entre toutes solennelles : « Partez de ce monde, âme chrétienne !... » Mais, tout ému, il s'est arrêté ! Le Père Saladin s'en aperçoit aussitôt. Il interrompt son râle... Il s'écrie : « Mon Dieu ! vous voulez que je meure ! j'accepte ! *Fiat ! Fiat !* Oh ! Oh ! Père Beauté... Continuez maintenant... Continuez ! »

Telle est sa dernière parole ! Et le P. Beauté achève la prière liturgique. Et la sœur Saint-André pose sur les lèvres du mourant une croix indulgenciée qu'il baise pieusement. Et, cinq minutes après, Ferdinand se lève... Il s'approche... Et les yeux d'Émile se fixent sur les siens, avec une expression tranquille où déjà rayonne une céleste joie...

Et il exhale un léger soupir... et il laisse doucement tomber sa tête sur la poitrine de son frère. « Ah ! c'est fini ! s'écrie Ferdinand, levant les bras au Ciel, mon frère, mon Émile, adieu ! »

Et il lui ferme les paupières, et il s'agenouille à ses pieds comme au grand jour du départ, et il les couvre de ses baisers, et il les arrose de ses larmes. Ah ! le jour qui luisait encore à peine était pour Émile plus grand encore ! C'était celui de l'Église triomphante où le cœur empourpré des martyrs brille, comme déjà sur terre dans la liturgie de l'Église souffrante, plus resplendissant que celui des Confesseurs même Pontifes ! Et aussitôt, aidé par les deux privilégiés témoins de ces indescriptibles scènes, le Père Beauté et la sœur Saint-André, Ferdinand pare sur sa dernière couche son Émile bien-aimé comme la victime placée sur l'autel. Il le revêt de l'amict, symbole de la force; de l'aube, symbole de la pureté; du manipule, symbole de la fécondité; de l'étole, symbole de l'immortalité; de la chasuble, emblème de la gloire; et il met entre ses mains le calice vermeil, testament du sacrifice d'un Dieu lui-même, et la patène d'or, mémorial sacré de son éternelle oblation!

Et c'était digne! et c'était juste! Le Ciel venait de s'entr'ouvrir pour un autre François-Xavier, son émule dans les mêmes missions! et dans le sein de Dieu, le grand Apôtre des Indes pouvait l'accueillir en lui disant : « Viens! Nous avons été tous les deux, et tu as été comme moi, un autre Christ sur les lointains rivages par tes mains en baptisant les gentils, par tes pieds en l'annonçant à de nouveaux peuples, par ta bouche en le prêchant à de nouvelles régions, par ton cœur en l'aimant par dessus tout, et en exhalant pour lui jusqu'à la dernière goutte de ton sang. Parti depuis dix ans, l'âme pleine d'espoir et de vaillance, comme moi, tu n'as fait qu'exciter ton zèle, animer ton dévouement, exalter ta foi! et tu es arrivé enfin au bout de ta course hardie, après avoir planté le drapeau de Jésus-Christ sur des terres où je n'avais fait que le montrer! Oh! Viens! Viens! Ma couronne et ma palme sont tiennes! »

Étendu sur sa blanche couche, Émile semblait se reposer tranquillement de ses travaux. Son visage portait l'empreinte de cette sérénité céleste et de cette paix suave dont la mort laisse le juste comme tout revêtu. Devant lui, on ne ressentait pas cette instinctive répulsion qu'inspirent les ordinaires défunts. On éprouvait au contraire un sentiment tenant à la fois de l'attrait, de l'admiration, du respect et de l'amour. Déjà ces dépouilles sacrées ne paraissaient plus être celles d'un homme !

La science avait déclaré qu'il n'y avait plus en elles une seule goutte de sang humain !

C'étaient sur terre les restes diaphanes d'un Ange !

« Oh ! ce n'est pas un mort! murmurait sans cesse la sœur Saint-André, qui en avait vu tant d'autres. C'est un lys ! »

Ce nom vénéré de l'Ange gardien du Père Émile, durant ses trois jours d'agonie, nous rappelle un de nos plus pieux souvenirs de la Ville Éternelle.

Avant que le vandalisme piémontais eût mis à sac ses monuments sacrés, quand on avait traversé la place du Quirinal dite de Monte-Cavallo, admiré les statues colossales des cavaliers qui la décorent de Castor et Pollux, attribuées à Phidias et Praxitèle, on trouvait aussitôt, à droite dans la voie Pia, le portique semi-circulaire de la belle église Saint-André, construite par le célèbre Bernini.

Après y avoir contemplé la profusion des marbres, l'admirable tableau du Bourguignon au maître-autel, celui de la chapelle Saint-Stanislas Kostka, par Maratte, l'urne en lapis lazzuli renfermant le corps du jeune et aimable saint, nous aimions à traverser le noviciat général de la Compagnie de Jésus placé aussi sous le vocable de Saint-André, et à venir nous agenouiller dans la cellule de Saint-Stanislas, transformée en oratoire.

Là, dans ce béni sanctuaire choisi entre tous par le pape Léon XIII, nouveau prêtre pour célébrer sa première messe, et devant le chef-d'œuvre du sculpteur Le Gros, représentant au naturel le bienheureux Saint étendu sur son lit de mort, enveloppé dans sa soutane faite d'un seul bloc de marbre noir, laissant émerger une tête d'albâtre et deux mains d'ivoire qui pressent un lys de neige sur sa poitrine entr'ouverte, nous aimions à soupirer cette même parole :

« Oh ! ce n'est pas un mort, c'est un lys ! »

Tel paraissait le P. Émile Saladin sur sa couche dernière.

Et maintenant aurait chanté le grand poète : *Manibus date lilia plenis*, c'est-à-dire : Jetons donc à pleines mains des lys sur ce tombeau !

Il serait facile, mais superflu, d'écrire un volume avec la relation des hommages qui saluèrent la mémoire d'Émile à la nouvelle de sa mort. Citons du moins, en les abrégeant, les plus autorisés. La vie, l'épopée, le trépas surtout de l'Apôtre y forcent la louange de tous.

Dès le lendemain, la chaire comme la presse religieuse de Marseille racontent avec émotion cette admirable fin, et nous lisons dans la *Semaine liturgique de Marseille*, nᵒ du 21 mars 1880 :

« Vendredi, une suite nombreuse et sympathique accompagnait à la gare, la dépouille mortelle d'un missionnaire, décédé dans la maison bien connue des frères Germain.

« Le P. Émile Saladin, missionnaire de Siam, revenu à Marseille pour refaire sa santé ruinée par onze années de travaux apostoliques, est mort d'épuisement quatre jours après son arrivée en France, donnant jusqu'au dernier moment les marques d'une rare énergie et d'une abnégation parfaite. M. l'abbé Ferdinand Saladin, vicaire à Saint-Michel de Bordeaux, mandé par dépêche télégraphique, a encore eu la consolation de se voir reconnu et même accueilli avec gaieté par le moribond. Rien de plus touchant et de navrant à la fois comme ces derniers épanchements de deux âmes sacerdotales se retrouvant, après onze ans de séparation, pour échanger quelques paroles sur le bord du tombeau ! »

La dépouille mortelle du Père fut dirigée sur Villefranche. Arrêtée dans son voyage par une dépêche en gare de Montauban, Mˡˡᵉ Augusta vint l'y recevoir avec le chanoine son oncle. Tous étaient descendus chez Mᵉ Farjou, célèbre avocat, dont la famille s'était toujours parfaitement identifiée aux joies et surtout aux épreuves des Saladin.

On lisait dans le *Journal de Villefranche* de Rouer-
gue, le 20 mars 1880 :

« Samedi dernier, on célébrait dans l'église Saint-
Joseph, au milieu d'un long cortège d'amis, les
obsèques d'un jeune missionnaire, décédé à Marseille, où il est arrivé mourant de l'Indo-Chine, et
dont les précieux restes venaient, par les soins de
l'amitié fraternelle, reposer dans notre cimetière,
auprès de la cendre de son père et de sa mère. Heureux ceux qui peuvent ainsi dormir leur dernier
sommeil près des parents tendrement aimés dans la
vie ! Le P. Saladin avait passé à Siam onze années
de laborieux apostolat, ne trouvant jamais qu'il en
eût fait assez. C'est dans sa dernière expédition que
notre compatriote eut le plus à souffrir, en proie à
toute sorte de privations, n'ayant souvent pour toute
nourriture que du poisson avarié. Il y cueillit le
germe de la mort ou plutôt la belle occasion de couronner son long martyre.

« Dieu, dont les desseins sont impénétrables, enlève
ainsi, contre toute prévision, aux affections de la
terre, ceux qu'il voit mûrs pour le Ciel. Ce sont des
fleurs que les anges cueillent dès le matin, tandis
qu'elles sont dans leur plus vif éclat et dans leur
plus balsamique parfum. C'est un honneur pour
Villefranche de posséder le tombeau de ce glorieux
martyr. »

Le vaillant M. Alazard, ancien maître d'Émile à Saint-Pierre, l'un de ses plus insignes bienfaiteurs, par les nombreux et larges secours qu'il lui envoyait à Siam, et rédacteur de la *Revue religieuse* de Rodez, écrivait le 19 mars 1880 :

« Nous voulons laisser à d'autres le douloureux honneur de donner au P. Saladin une belle place dans la galerie des apôtres aveyronnais. Ils diront ses œuvres, ses courses, sa générosité, ses saintes ardeurs. Ils lèveront le voile de modestie qui couvrait cette belle vie, et nous révèleront que bientôt, ce généreux athlète aurait été élevé à la dignité épiscopale et au rang de vicaire apostolique.

« On peut dire de ses funérailles, célébrées samedi à Villefranche, qu'elles ont été un triomphe décerné à un martyr de l'apostolat.

« Au moment où le train qui le portait entrait en gare, les cloches des trois paroisses de la ville sonnaient à toutes volées. On jeta sur son cercueil un voile blanc semé de fleurs blanches et orné d'une couronne de fleurs rouges. Le deuil conduit par M. le chanoine Saladin, M. l'abbé Saladin, Mlle Augusta Saladin, traversa les rues de la ville au milieu d'une foule compacte, sympathique, recueillie, attristée.

« Le service funèbre eut lieu dans l'église de Saint-Joseph, en présence de tout le clergé de la ville et des environs. M. l'Archiprêtre donna l'absoute. L'immense cortège des prêtres et des fidèles suivit la dépouille du jeune Martyr de l'apostolat jusqu'au cimetière où il reposera dans la paix, en attendant le jour de la résurrection, où Dieu glorifiera son corps comme il a déjà glorifié son âme. »

Le T. R. P. Delpech, supérieur des Missions étrangères à Paris, annonçant à la communauté la fatale nouvelle, prononçait ces graves paroles : « La mort du P. Saladin est une perte irréparable pour notre Congrégation et pour la Mission de Siam. Ce Père est un de ces rares missionnaires qui dépassent et bien au-delà toutes nos espérances. Quand il partit d'ici, nous comptions absolument sur lui; il nous avait donné des preuves non équivoques de son zèle et de son dévouement; mais je dois le déclarer, nous n'attendions pas autant qu'il a donné à Dieu, aux âmes et aux Missions. C'était le modèle achevé du vrai missionnaire. »

Le P. Maury, directeur du séminaire des Missions étrangères. 15 mars 1880 : « Nous avons perdu, vous, un frère bien-aimé, nous, un confrère qui avait conquis toute notre affection, et la Mission de Siam un apôtre plein du zèle le plus ardent. Mais le Ciel compte un élu de plus ! Tous, nous gagnons un protecteur devant Dieu qui a voulu le couronner. J'étais plein d'estime pour ses belles qualités; et, je me plaisais à penser que ce Dieu lui réservait prochainement sur terre une place plus élevée que celle où il a, pendant plus de dix ans, donné l'exemple de toutes les vertus apostoliques. Tous ses confrères saluaient en lui déjà le premier évêque du Laos. »

Le P. Rouseille, directeur au séminaire, et, en juillet 1880, successeur de M. Delpech, comme supérieur de la Congrégation : « Dès que j'ai reçu la dépêche m'annonçant la mort du P. Émile Saladin j'ai fondu en larmes. Il avait été mon fils spirituel le plus aimé, durant ses trois ans de séjour à la rue du Bac. Je le pleurerai toujours comme un père pleure son enfant de prédilection ! »

Le P. Péan, Directeur au même séminaire, avait prêché la retraite d'ordination d'Émile. A la mort de Mgr Dupont, il avait été demandé comme évêque de Siam. Émile avait écrit de lui : « Quelle perle d'évêque nous aurions eu avec M. Péan ; mais, Paris n'a pas voulu le lâcher ! » Dans la lecture spirituelle aux aspirants, au lendemain de sa mort, il leur arracha des larmes par le récit émouvant qu'il leur fit de sa vie et de son trépas.

L'illustre M. Vigouroux, Directeur d'Émile au séminaire d'Issy, le 21 mars 1880 : « A l'instant même, je viens d'apprendre, avec une douloureuse surprise et une émotion profonde, la nouvelle inattendue de la mort de notre cher Émile. Je le pleure avec vous, mais je le prierai désormais pour nous tous ! »

M. Piot, supérieur de Notre-Dame des Champs. « Au milieu de notre douleur, nous avons le droit d'être fiers d'un enfant qui nous fait honneur, et le devoir de remercier Dieu de la destinée sublime aux yeux de la foi de celui qui est sorti de nos rangs pour devenir un véritable apôtre. Je parlerai d'Émile aux élèves actuels de Notre-Dame des Champs. Ce sera pour eux un beau modèle et un puissant encouragement. »

Le R. P. Beauté écrit de Marseille le 9 octobre 1880 : « Je suis heureux de transmettre à la famille Saladin tous les détails se rapportant à la mémoire de notre cher apôtre. M. Chibaudel, supérieur du collège de Pulo-Pinang, se rendant à Paris où il est nommé directeur au séminaire des Missions étrangères, m'a informé que notre cher P. Émile avait été envoyé pour visiter des contrées dont il allait être nommé vicaire apostolique. Mgr Vey avait l'intention de donner une partie de son vicariat de Siam et du Laos pour créer cette nouvelle mission. La sainte volonté de Dieu n'a pas permis l'exécution de ce projet, mais il reste pour la famille Saladin une gloire ineffaçable. »

Son Éminence, le cardinal Donnet, archevêque de Bordeaux : « Vous avez perdu un frère. J'ai donc perdu un fils. Pleurez-le, cher enfant, mais laissez votre père chanter au Seigneur le cantique d'actions de grâces. *Te gloriosus Apostolorum chorus. Te Martyrum candidatus laudat exercitus !* »

Son Éminence le cardinal Foulon, archevêque de Lyon : « Émile était pour moi un autre Stanislas Kostka. De tous les deux, il faut dire : *Consummutus in brevi explevit tempora multa.* »

Son Éminence le cardinal Bourret, évêque de Rodez, écrivait de Vabres : « Ce cher enfant m'appartenait par les liens de la parenté spirituelle. Je ne dois pas le plaindre sur terre, mais le féliciter au Ciel ! Pour nous qui avons la foi, une telle mort est un gain inestimable et devant Dieu et devant les hommes. »

Sa Grandeur Monseigneur Costes, évêque de Mende : « Au moment de son départ pour les missions, j'avais embrassé le P. Saladin à Rodez. Il était plein de force, et tout animé de saintes ardeurs. Il est maintenant dans le sein de Dieu. Ne le plaignons pas ! Prions-le ! »

M. Gervais, vicaire général de Bordeaux : « Je n'avais pas l'honneur et le bonheur de connaître votre frère : mais, tout ce que j'ai appris de lui me force à me réjouir et féliciter au lieu de pleurer avec vous. »

Mgr Compans, grand vicaire de Bordeaux : « Ce cher martyr est désormais pour les siens et tous ses amis un protecteur assuré dans le Ciel ! »

Le 10 juin 1880, Sa Grandeur Mgr Vey, évêque de

Siam, répond à la lettre que lui adressait, le 19 février, Mlle Augusta :

« Quand je recevais votre lettre, la triste nouvelle ne m'était pas encore parvenue. Je me réjouissais de votre bonheur et de l'accomplissement de votre désir. Il n'y avait pas, en effet, à croire, lors de son départ de Singapour, que le bon Dieu voudrait l'appeler si tôt à lui.

« De l'avis des docteurs anglais, le climat natal et les soins de la famille devaient rapidement lui rendre la santé ; mais, notre cher malade ne comptait que sur un court séjour en France, et j'eusse été obligé de modérer, par mes lettres, ses vœux ardents d'un trop prompt retour.

« Son cœur avait définitivement adopté Siam pour patrie. La divine Providence ne voulait pas que nos espérances de guérison fussent réalisées. Que la sainte volonté de Dieu soit faite !

« Sans doute, les sacrifices et le dévouement de notre cher missionnaire, avaient déjà mérité la récompense des saints. Le lendemain de la pénible nouvelle qui nous attristait tous à Siam, tous les missionnaires résidant à la capitale et moi, nous étions réunis dans l'église du Calvaire pour offrir, dans un service solennel, nos prières à la divine miséricorde. Plusieurs centaines de néophytes baptisés de la main d'Émile, joints aux anciens chrétiens, unissaient leurs prières au divin sacrifice, afin de payer un tribut de reconnaissance et d'amour à celui qui avait donné sa vie pour leur salut. Dans une courte allocution, je disais à tous ces chrétiens réunis, combien profonde devait être leur gratitude envers le missionnaire qui sacrifie tout, et brise les liens les plus chers, en venant arracher leurs âmes aux ténèbres de l'erreur.

« Quand j'arrivai à parler de notre si regretté défunt, l'émotion me gagnait, gagnait l'assistance et entrecoupant ma voix, m'obligeait à m'arrêter. Une explosion de sanglots partant vraiment du cœur, dit combien était profond l'amour des chrétiens pour celui qu'ils avaient appelé longtemps leur père spirituel. Dans toutes les églises de la mission, il a été, suivant l'usage, célébré un office pour le repos de son âme. C'est surtout à Bang-Xang, son dernier poste, dont il a dû vous parler souvent, qu'éclata la douleur des chrétiens. Ils perdaient en lui celui qu'ils appelaient leur plus ferme appui, leur espoir en ce monde et celui de leurs enfants.

« Vous l'avez appris par ses lettres, le bon Dieu en prenant votre frère m'a enlevé un ami dévoué. Il était aussi celui de tous les missionnaires qui le chérissaient et l'estimaient. Sa perte a été bien vivement sentie au point de vue des intérêts de la mission entière, et de cette douce fraternité chrétienne qui fait de tous les missionnaires un seul cœur et une seule âme. J'en ai la ferme conviction, il nous attend au Ciel au milieu de ces âmes d'élite qui, n'ayant pas reculé devant les plus grands sacrifices, ont une large part à la gloire des élus. »

Mgr Gasnier, évêque d'Eucarpie, vicaire apostolique
de Malacca : « J'avais longuement vu, et même soigné
de mes propres mains, le P. Émile à Singapour. Je
m'étais entretenu souvent avec lui du pays qu'il avait
eu le courage d'explorer. C'est un saint et un martyr ! »

Mgr Louis Galibert, évêque d'Eno, vicaire apostolique de la Cochinchine orientale, écrivait de Lang-Son,
le 29 août 1879, à notre Émile cette lettre qu'il reçut au
Ciel : « Cher ami, qu'avez-vous pensé, en apprenant
que j'étais nommé évêque ?... Cette nouvelle si extraordinaire a dû faire naître en vous, qui m'avez connu
plus intimement, des sentiments que peut-être vous
n'avez pas osé me manifester.

« Hélas ! je n'y comprends rien moi-même ! Un
pécheur comme moi succéder à un Mgr Charbonnier !
à un vénérable Mgr Cuéno ! l'un confesseur et l'autre
martyr de la foi ! Priez beaucoup pour que je sois
moins indigne de la dignité comme de la charge qu'on
m'impose.

« Oh ! qu'est devenu cet heureux temps de notre
séminaire à Paris ! Vous souvient-il de ce bréviaire
que nous avons récité si pieusement ensemble, dans
votre chambre, avant de nous séparer pour toujours,
et de ces joyeuses journées de Meudon, et des bains
de Saint-Cloud où les *Milou !* et les *Louisou !* étaient
échangés avec tant de plaisir ! J'éprouve en vous
écrivant, les mêmes sentiments d'affection, de zèle et
de piété que vous m'inspiriez alors ! »

Monsieur l'abbé Fages, grand vicaire de Paris :
« J'avais assez connu Émile pour apprécier son mérite
et ses vertus. Plusieurs fois, je me rappelle l'avoir vu
au séminaire des Missions Étrangères. J'avais remarqué en lui une fermeté et une simplicité qui faisaient
déjà bien augurer de ses succès. Il était alors solidement vertueux, prêt à tous les sacrifices pour le salut
des âmes. Séparé de nous par l'immensité de l'Océan,
il a réalisé depuis toutes ces bonnes promesses.

« J'ai lu le récit de sa mort si touchante, ses derniers
entretiens avec vous, quand il avait déjà un pied dans
la tombe ! J'ai versé des larmes d'édification et de
sainte joie ! Nous le retrouverons un jour là-haut, si
nous sommes fidèles à marcher sur ses nobles
traces ! »

M. Icard, supérieur général de Saint-Sulpice, de
passage à Bordeaux, voulut entretenir Ferdinand de
la vie et de la mort de l'Apôtre, seul à seul, dans
l'humble chambre du vicaire de Saint-Michel. Il en
écouta tous les détails avec ravissement. « Émile,
disait-il, est un modèle à citer à tous les séminaristes,
à tous les prêtres, à tous les missionnaires. »

M. Garriguet, supérieur du grand séminaire de
Bordeaux et successeur de M. Icardcomme, Directeur
du grand séminaire de Saint-Sulpice à Paris : « Un tel
missionnaire, victime de ses longs travaux et de ses

héroïques sacrifices, n'a pas besoin de nos prières superflues.

« Dieu lui doit sa plus belle couronne. Il en a fait un martyr. Il l'a ramené de l'extrémité de la terre pour lui accorder la grâce de mourir en France, dans les bras de son frère, comme pour prendre ses commissions pour le Ciel ! Bénissons-la, cette main de Dieu, si douce, même quand elle nous frappe dans nos affections les meilleures ! »

Le P. Rousseau, son plus intime ami de Paris et de Siam, écrit : « Ce que j'ai le plus admiré en Émile, c'est son obéissance. Quand il fut brusquement changé de Bangkok à Banolk-Khuet, toute sa vie comme toutes ses œuvres étaient brisées. — Son évêque lui dit : « Avez-vous quelque observation à me présenter ? — Aucune, Monseigneur, je n'ai qu'à m'incliner et à obéir. Votre volonté est pour moi celle de Jésus-Christ lui-même ! »

« Et il partit aussitôt, résigné à tout, mais le cœur atteint d'une blessure qui ne se cicatrisa jamais. C'était aussi son esprit de foi. Personne au monde n'en saura jamais l'ardeur. Dieu seul et moi qui fus son Confesseur la connaissaient.

« C'était encore une protection visible de Dieu et de Marie sur tout son ministère. Plusieurs fois, il a échappé, sur mer et sur terre, à des dangers mortels, grâce à une préservation d'en haut bien visible. Sûrement sa mère, qu'il avait vue couronnée au Ciel, a demandé et obtenu de Dieu qu'il pût venir reposer à côté d'elle en France. Cent fois, il aurait dû mourir à Siam! Il devait aussi, tout au moins, succomber en mer durant son retour en France! Je sais qu'il a opéré, de son vivant, plusieurs prodiges qui sont de vrais miracles. Entr'autres, il a guéri subitement un de ses catéchistes atteint d'un horrible ulcère, et que les médecins avaient déclaré perdu à bref délai. Quant au soin de sa nourriture, il n'en avait aucun. « Qu'importe ce que l'on mange pourvu que l'on se nourrisse », tel était son principe. Il était adoré de tous ses confrères, béni de tous les chrétiens, et profondément respecté des païens eux-mêmes qui ne savaient s'expliquer tant d'abnégation et d'héroïsme! »

M. l'abbé Hertzog, curé de la Madeleine à Paris : « Notre Émile bien-aimé est maintenant dans le repos de son maître. Puisse-t-il nous y garder une petite place! Puisse-t-il par ses prières nous obtenir une vie et une mort comme les siennes! »

M. l'abbé Acard, curé de N.-D. des Blancs-Manteaux à Paris : « Notre Émile a eu le plus enviable de tous les sorts. Il a tout sacrifié pour Dieu. Jésus qui est infiniment riche, généreux et juste a voulu abréger ses travaux, en le couronnant avant l'âge. Il est plus heureux que nous qui restons plus longtemps au milieu des combats et misères d'ici-bas. Hélas! nous ministres du Seigneur, à mesure que nous avançons dans la vie, nous voyons se rompre, tour à tour, nos plus doux liens ! C'est notre chemin de croix, où nous sommes abandonnés de tous ! Mais que la fin est belle ! Que de joies nous sont réservées près de Celui qui est, dès maintenant, la pleine récompense de notre cher Apôtre ! »

M. l'abbé Blériot, curé de Saint-Pierre-de-Montrouge à Paris : « J'ai toujours eu l'ambition d'être un véritable frère du P. E. Saladin. Maintenant, je suis fier d'avoir un frère et si grand et si puissant auprès de Dieu. »

M. Tournemire, chanoine de Rodez : « Émile m'était d'autant plus cher que, durant trois années, il avait été mon enfant spirituel. Connaissant son âme forte et généreuse, je n'avais jamais été étonné ni de son départ, ni de sa vie, ni de sa mort. Tous ceux qui l'avaient connu l'admiraient et l'aimaient. Les hommes lui destinaient, paraît-il, des dignités. Dieu, meilleur que les hommes, l'a trouvé digne du Ciel et de la double auréole des confesseurs et des martyrs. Elle dépasse en beauté, honneur et gloire toutes les mîtres de la terre ! »

M. Marty, directeur au grand séminaire de Coutances : « Ce généreux Émile ! je l'avais toujours jugé un grand cœur. Son héroïque vocation ne m'a donc pas surpris ; mais je croyais que sa carrière apostolique serait plus longue. Il tient la palme et le souverain bonheur ! »

Le Révérendissime Père Denis, alors sous-prieur de l'abbaye de Conques, aujourd'hui abbé mitré de Saint-Michel de Frigolet : « Le cher et regretté P. Saladin restera une des gloires les plus pures de sa Congrégation et du diocèse de Rodez. »

M. le chanoine Corbin, à Bordeaux : « *Et erit sepulcrum ejus gloriosum !* Le Seigneur a revêtu déjà l'âme de ce héros d'une auréole de gloire. Il appartenait à une congrégation de braves. Il a suivi magnanimement leurs traces. »

M. l'abbé Turq, curé de Saint-Joseph de Villefranche, disait à ses paroissiens au prône qui suivait sa sépulture : « Mes frères, je ne serais pas étonné que le P. Saladin fût un jour placé sur nos autels. »

M. l'abbé Sarrauton, curé-archiprêtre de Saint-Sever (Landes) : « Vous avez bien raison d'être fiers d'avoir un tel héros dans la famille. C'est une gloire chrétienne qui vous impose de grands devoirs envers Dieu ! »

Un des prédicateurs les plus distingués du diocèse de Rodez, M. l'abbé Carrié, curé de Saint-Amans-de-Varès : « J'étais au petit séminaire, le voisin au dor-

toir du P. Saladin. Des yeux inexpérimentés comme
les miens ne pouvaient pas prévoir en lui le missionnaire futur si hardi et généreux ; mais ils admiraient
sa bonté et sa simplicité qui lui gagnaient tous les
cœurs. Il a tout sacrifié pour le Christ et son Église, et
gaiement il s'est sacrifié lui-même tout entier. »

Assez de roses empourprées ! Assez de lys éclatants
sur ce glorieux sépulcre ! Il y faut une guirlande
d'immortelles ! Un chrétien poète, M. le chanoine
L. Vidal, curé de Saint-Augustin, à Villefranche
d'Aveyron, vient l'y poser à son tour.

Aux nobles cœurs vaillants qui n'ont pas de mesure,
Aux héros généreux, Dieu, qui n'est pas ingrat,
Donne la récompense et paye avec usure
Quelques ans de labeur et de rude combat !

Nous le pensions, nous tous, quand vers le cimetière
On portait ton cercueil couvert de voiles blancs ;
Nous disions : il s'en va dormir près de sa mère,
L'apôtre qui partit voilà bientôt onze ans.

Un bâton à la main, le christ à la ceinture,
Tu nous quittais heureux pour de brûlants climats ;
Vaillante était ton âme, ardente ta nature,
Il te fallait l'épreuve et la mort des soldats !

Elle vint sans retard... oh ! qu'elle était sereine,
Cette mort si farouche à nous tous ici-bas !
Ce n'était pas pour toi la rude Souveraine,
Mais une sœur discrète et l'appelant tout bas !

Elle te racontait les palmes immortelles
Que les anges du ciel tressent aux Iles d'Or,
Dans ces mondes sans fin d'étoiles éternelles
Dont les rayonnements font pâlir le Thabor !

Mais, ami, tu sais bien que quand la coupe est pleine,
Le travailleur la boit avec avidité ;
Tu sais bien qu'aux moissons qui recouvrent la plaine,
Il faut le moissonneur à la saison d'été...

. . . .

Ainsi vous voyant mûrs, ô martyrs, pour les Cieux,
Dieu vient vous moissonner aux solennelles heures,
Et veut qu'à ses côtés, apôtres radieux,
Vous soyez les soleils, des divines demeures !

L'illustre écrivain Gœrres a tracé de main de maître
cette intéressante description d'une antique église
d'outre-Rhin : « On y voit des figures de chevaliers à
genoux, sur un tombeau, les mains jointes. Au-dessus
sont placées quelques raretés merveilleuses de l'Asie
qui semblent être là pour attester, comme des témoins
muets, les voyages du mort dans la terre sainte. Les
arcades obscures de l'église couvrent, dans l'ombre,
ceux qui reposent. On se croirait au milieu d'une
forêt dont la mort a pétrifié les branches et les feuilles, de manière qu'elles ne peuvent plus ni se balancer
ni s'agiter quand les siècles, comme le vent des nuits ,
s'engouffrent sous leurs voûtes prolongées.

Des inscriptions en lettres de bronze, à demi détrui-
tes par l'humide vapeur du temps, indiquent confu-
sément leurs grandes actions qui redeviennent de la

fable, après avoir été si longtemps une éclatante
vérité. »

Ainsi, un siècle prochain luira où l'Indo-Chine
catholique, dédiera un monument impérissable au
P. E. Saladin, dans sa première église chrétienne de
la Malaisie centrale. Et Siam y déposera une couronne
de palmes, avec ces mots : « *A notre intrépide missionnaire.* » Et la Malaisie conquise à Jésus-Christ y
portera une couronne de lauriers, avec cette inscrip-
tion : « *A mon premier Apôtre!* » Et comme les titres
de leurs glorieuses victoires sont gravés, en lettres
d'or, sur le drapeau des braves, on inscrira, sur chaque feuille, un de ces noms chéris qu'il avait toujours
aux lèvres, et au cœur : Saint-Pierre — Notre-Dame-
des-Champs — Saint-Sulpice. — Issy — Bankok —
Banxang — Banolk — Khuet — Siam — Paklat —
Pitriu — Singara — Siam !

Et les mérites et les immolations de notre martyr
vaudront le salut de ces infidèles régions et le pardon des coupables ou des impies. Et ses sueurs, et
son sang germeront, comme une semence féconde,
sur des continents nouveaux, et la moisson se lèvera
opulente sur Siam, et la grâce fleurira sur la Malaisie
païenne où, le premier, de sa main vaillante, le P. E.
Saladin a planté l'étendard du Roi des Apôtres, la
Croix de l'adoré Jésus-Christ.

En terminant ces humbles pages, saluons avec

admiration la grande Société des Missions Étrangères de Paris, mère spirituelle de notre héros, composée de pauvres missionnaires partis armés de leur seule croix, tous saintement jaloux de souffrir, pour Dieu et la Religion, les enivrantes voluptés du martyre, et s'en disputant les chances, en Extrême-Orient, comme des affamés qui se partagent les miettes d'un festin. Sur terre, il n'est pas d'œuvre catholique plus belle, plus importante, plus divine que la sienne. Il l'avait bien compris, ce prince français, dernier descendant de saint Louis, descendu dans la tombe en serrant sur son cœur les plis immaculés de son drapeau sans tache, quand sa royale main déjà glacée par la mort traçait, en son testament, cette phrase si laconique et si expressive : « Je lègue cinq cent mille francs à la Propagation de la Foi. » Au crépuscule de notre XIX⁰ siècle l'histoire doit enregistrer ce legs comme étant le dernier service de la monarchie française à la seule chose sacrée d'ici-bas, le règne de Dieu par la conquête des âmes jusqu'aux extrémités de la terre. Il est l'or de saint Louis au service de l'Église catholique, à défaut de son sceptre et dans le séculaire sommeil de son épée. Les catholiques de France et du monde entier devraient tous imiter, dans la mesure de leurs facultés, ce magnifique exemple du comte de Chambord, et, par une clause spéciale de leur testament, favoriser l'œuvre incomparable des Missions étrangères de Paris.

Les travaux de cette Société disent hautement ses

mérites. Elle compte 1.099 membres en y comprenant ceux qui se trouvent dans les établissements communs, 28 missions, dans l'ensemble desquelles on compte 33 évêques, plus de 1.000 missionnaires avec un nombre de prêtres indigènes supérieur à 560.

En 1896, les baptêmes de païens adultes s'élevaient à 38.882 ; en 1897, le chiffre est monté à 46.826. Comme le fait observer, avec raison, la préface du compte-rendu, ces conversions si nombreuses ne constituent pas, à elles seules, les progrès réalisés. Elles sont loin de donner la mesure exacte du travail accompli par les ouvriers apostoliques. La vie d'une mission s'affirme encore de bien d'autres manières : par les soins que réclament les écoles, par la direction des séminaires et hôpitaux, la construction d'oratoires ou de chapelles dans les nouveaux postes, l'instruction plus assidue des néophytes et leur formation aux pratiques de la vie chrétienne, enfin par l'administration régulière des fidèles souvent disséminés sur d'immenses territoires. La Société a 2.160 catéchistes. Elle dessert, dans les missions, 4.310 églises ou chapelles, dirige 39 séminaires comptant près de 1.950 élèves et 2.697 écoles ou orphelinats qu'ont fréquentés, en 1897, 84.318 enfants.

L'année 1898 est appelée, dans les annales de la Société, *l'année des grandes bénédictions de Dieu*. En effet le chiffre des adultes baptisés dans le courant de cet exercice s'est élevé au chiffre presque incroyable de 72.700. Jamais, depuis 285 ans que cette Société existe, elle n'avait enregistré un pareil résultat.

Voici le tableau complet des baptêmes et conversions, en cette même année 1898 :

Baptêmes d'enfants de chrétiens. . .	43.595
Conversions d'hérétiques.	371
Baptêmes d'infidèles adultes	72.700
Baptêmes d'enfants païens en danger.	193.363

En lisant ces chiffres officiels, on est légitimement orgueilleux de se dire catholique et français !

Aussi bien, notre dernière parole doit-elle être l'expression d'une invincible espérance pour cette autre mère du Père Saladin, si chère à nos cœurs, qui s'appelle la Patrie.

C'est un fait éclatant et reconnu, dans l'Univers tout entier, que la France est la principale source et comme l'unique mamelle de la Propagation de la Foi ; et que, sans elle, l'expansion divine de l'Église catholique, dont son obole annuelle de cinq millions est l'aliment vital, cesserait aussitôt dans le monde.

Gesta Dei per Francos ! chantaient nos aïeux, c'est-à-dire :

« Par les Francs, ses soldats, le Christ est Roi du monde ! »

Le mot est vrai dans le passé comme dans le présent, et il restera vrai dans l'avenir.

Elle n'est donc pas prête à mourir la féconde mère

de pareils héros! Elle n'est donc pas close l'ère de ses miracles! Elle n'est donc pas finie l'histoire de ses fils, comme notre Émile, sublimes de bravoure, de désintéressement, de simplicité, d'idéal, de piété, de vaillance et de foi! Oui, nous le croyons :

« Entre les mains de Dieu, la France est immortelle. »

En prononçant ces graves paroles, le Souverain Pontife, Léon XIII, a reconnu et proclamé lui-même cette vérité historique : « Quelles que soient ses épreuves et ses tristesses actuelles, la France ne saurait périr, car ses enfants catholiques font plus qu'aucune autre nation pour la diffusion de l'Évangile par leurs aumônes et surtout par leurs apôtres, prêtres, religieux et religieuses qui sont les meilleurs des missionnaires. Les catholiques de France font ainsi la plus belle des réponses aux calomnies de leurs adversaires. Ils sont les meilleurs citoyens de leur pays, les plus consciencieux et les plus généreux. Unis à leurs prêtres et à leurs évêques, ils sauveront la France en continuant à faire d'elle, sur tous les continents, L'Apôtre de l'Évangile. »

FIN.

TABLE DES MATIÈRES

Bar-le-Duc. — Imprimerie Comte-Jacquet, Facdouel dir.

— *Du même auteur*: **L'Ordre de la nature et le Miracle.** 1 vol.

— **L'Ame de l'homme**, par J. GUIBERT, supérieur du séminaire de l'Institut catholique de Paris. 1 vol.

— **Faut-il une religion ?** par l'abbé GUYOT. 1 vol.

— *Du même auteur* : **Pourquoi y a-t-il des hommes qui ne professent aucune religion ?** 1 vol.

— **Nécessité scientifique de l'existence de Dieu**, par P. COURBET. 1 vol.

— *Du même auteur* : **Jésus-Christ est Dieu.** 1 vol.

id. **Convenance scientifique de l'Incarnation.** 1 vol.

— **Etudes sur la pluralité des mondes habités et le dogme de l'Incarnation**, par le R. P. ORTOLAN.

I. — *L'Epanouissement de la vie organique à travers les plaines de l'infini.* 1 vol.

II. — *Soleils et terres célestes.* 1 vol.

III. — *Les Humanités astrales et l'Incarnation.* 1 vol.

— *Du même auteur*: **La Fausse Science contemporaine et les Mystères d'Outre-Tombe.** 1 vol.

id. **Vie et Matière ou Matérialisme et Spiritualisme en présence de la Cristallogénie.** 1 vol.

id. **Matérialistes et Musiciens.** 1 vol.

— **L'Au-delà ou la Vie future d'après la foi et la science**, par l'abbé J. LAXENAIRE. 1 vol.

— **Le Mystère de l'Eucharistie. — Aperçu scientifique**, par l'abbé CONSTANT. 1 vol.

— *Du même auteur* : **Le Mal**, sa nature, son origine, sa réparation. 1 vol.

— **L'Eglise catholique et les Protestants**, par G. ROMAIN. 1 vol.

— *Du même auteur* : **L'Inquisition**, son rôle religieux, politique et social. 1 vol.

— **Mahomet et son œuvre**, par I. L. GONDAL, professeur d'apologétique et d'histoire au séminaire Saint-Sulpice. 1 vol.

— *Du même auteur* : **L'Eglise Russe.** 1 vol.

— **Christianisme et Bouddhisme** (*Etudes orientales*), par l'abbé THOMAS, vicaire général de Verdun. 2 vol.

— *Du même auteur* : **Dieu auteur de la vie.** 1 vol.

id. **La Fin du monde d'après la Foi.** 1 vol.

— **Où en est l'hypnotisme**, son histoire, sa nature et ses dangers, par A. JEANNIARD DU DOT, auteur du *Spiritisme dévoilé*. 1 vol.

— *Du même auteur* : **Où en est le spiritisme.** 1 vol.

id. **L'Hypnotisme et la science catholique.** 1 vol.

id. **L'Hypnotisme transcendant en face de la philosophie chrétienne.** 1 vol.

— **L'Apologétique historique au XIXe siècle. — La Critique irréligieuse de Renan**, etc. par l'abbé Ch. DENIS. 1 vol.

— **Nature et Histoire de la liberté de conscience**, par l'abbé CANET. 1 vol.

— **L'Animal raisonnable et l'Animal tout court,** par C. DE KIRWAN. 1 vol.

— **La Conception catholique de l'Enfer,** p. l'abbé BRÉMOND. 1 vol.

— **L'Attitude du catholique devant la Science,** par G. FONSEGRIVE. 1 vol.

— *Du même auteur :* **Le Catholicisme et la Religion de l'Esprit.** 1 vol.

— **Du Doute à la Foi,** par le R. P. TOURNEBIZE, S. J. 1 vol.

— *Du même auteur :* **Opinions du jour sur les peines d'outre-tombe.** 1 vol.

— **La Synagogue moderne,** sa doctrine et son culte, par A. F. SAUBIN. 1 vol.

— *Du même auteur :* **Le Talmud et la Synagogue moderne.** 1 vol.

— **Evolution et Immutabilité de la doctrine religieuse dans l'Eglise,** par M. PRUNIER, supérieur de grand séminaire. 1 vol.

— **La Religion spirite,** son dogme, sa morale et ses pratiques, par I. BERTRAND. 1 vol.

— *Du même auteur :* **L'Occultisme ancien et moderne.** 1 vol.

— **L'Hypnotisme franc et l'Hypnotisme vrai,** par le Docteur HÉLOT. 1 vol.

— **L'Eglise et le Travail manuel,** par l'abbé SABATIER. 1 vol.

— **Unité de l'espèce humaine,** *prouvée par la similarité des conceptions et des créations de l'homme,* par le marquis de NADAILLAC. 1 vol.

— *Du même auteur :* **L'Homme et le Singe.** 2 vol.

— **Le Socialisme contemporain et la Propriété,** par M. G. ARDANT. 1 vol.

— **Pourquoi le Roman à la mode est-il immoral et pourquoi le Roman moral n'est-il pas à la mode?** par G. d'AZAMBUJA. 1 vol.

— **Comment se sont formés les Evangiles,** par le P. TH. CALMES, professeur au grand séminaire de Rouen. 1 vol.

Viennent de paraitre :

— **L'Impôt et les Théologiens.** *Etude philosophique, morale et économique,* par le comte de VORGES, ancien ministre plénipotentiaire, membre de l'Académie de Saint-Thomas, etc., etc. 1 vol.

— *Du même auteur :* **Les Ressorts de la Volonté et le libre Arbitre.** 1 vol.

— **Nécessité mathématique de l'Existence de Dieu.** *Explications — Opinions — Démonstration,* par René de CLÉRÉ. 1 vol.

— **Saint Thomas et la Question juive,** par Simon DEPLOIGE, professeur à l'Université Catholique de Louvain. 1 vol.

— **Premiers principes de Sociologie Catholique,** par l'abbé NAUDET. 1 vol.

— **La Patrie.** — *Aperçu philosophique et historique,* par J. M. VILLEFRANCHE. 1 vol.

— **Le Déluge de Noé et les races Prédiluviennes,** par C. de KIRWAN. 2 vol.

— **La Saint-Barthélemy,** par Henri HELLO. 1 vol.

— **L'Esprit et la Chair.** *Philosophie des macérations*, par Henri Lasserre, auteur de *Notre-Dame de Lourdes*, etc., etc. 1 vol.

— **Le Problème Apologétique**, par l'abbé C. Maxo, docteur en philosophie. 1 vol.

— **Le Levier d'Archimède ou la Mécanique céleste et le Céleste Mécanicien**, par le R. P. Ortolan. 2 vol.

— **Ce que le Christianisme a fait pour la femme**, par G. d'Azambuja. 1 vol.

— **L'Hypnotisme et la Stigmatisation**, par le Docteur Imbert-Gourbeyre. 1 vol.

— **L'Education chrétienne de la Démocratie**, *essai d'apologétique sociale*, par Ch. Calippe. 1 vol.

— **La Religion catholique peut-elle être une science ?** par l'abbé G. Frémont. 1 vol.

— *Du même auteur :* **Que l'Orgueil de l'Esprit est le grand écueil de la Foi**, *Théodore Jouffroy, Lamennais, Ernest Renan.* 1 vol.

— **La Révélation devant la Raison**, par F. Verdier, supérieur de Grand Séminaire. 1 vol.

— **Confréries musulmanes.** — *Histoire – Discipline — Hiérarchie*, par le R. P. Petit. 1 vol.

— **Pratique de la Liberté de conscience dans nos Sociétés contemporaines**, par l'abbé Canet. 1 vol.

— **Comment peut finir l'Univers**, d'après la science, par C. de Kirwan. 1 vol.

— **Les Théories modernes de la Criminalité**, par le Docteur Delassus. 1 vol.

— **Faillite du matérialisme**, par Pierre Courbet, 3 vol. *se vendant séparément :*

I. — *Historique.* 1 vol.

II. — *Discussion ; l'atome et le mouvement.* 1 vol.

III. — *Discussion ; l'éther, le gaz, l'attraction. Conclusion. — Appendice.* 1 vol.

— **Le Globe terrestre**, par A. de Lapparent, Membre de l'Institut, professeur à l'Ecole libre des Hautes Etudes. 3 vol. *se vendant séparément.*

I. — *La Formation de l'écorce terrestre.* 1 vol.

II. — *La nature des mouvements de l'écorce terrestre.* 1 vol.

III. — *La Destinée de la terre ferme et la Durée des temps.* 1 vol.

— **De la Connaissance du Beau**, *sa définition, application de cette définition aux beautés de la nature*, par l'abbé Gaborit, archiprêtre de la Cathédrale de Nantes. 1 vol.

— **Le Diable dans l'Hypnotisme**, par le docteur Ch. Hélot. 1 vol.

— **De la Prospérité comparée des nations protestantes et des nations catholiques**, *au point de vue économique — moral — social*, par le R. P. Flamarion, S. J. 1 vol.

— **L'Art et la Morale**, par le P. Sertillanges, dominicain, docteur en théologie. 1 vol.

— **La Sorcellerie**, par I. Bertrand. 1 vol.

— **Qu'est-ce que l'Ecriture sainte ?** *Les Livres inspirés dans l'antiquité chrétienne. Théorie de l'inspiration*, p. le P. Th. Calmes. 1 vol.

HISTOIRE ANECDOTIQUE DE LA FRANCE
Par Ch. D'HÉRICAULT

Ouvrage publié en sept beaux volumes in-8º ou séries, formant chacun un tout complet et se vendant séparément.

Chaque série ou volume orné de *huit gravures* hors texte.
Prix : 5 fr. : *franco*, 5 fr. 50

1ʳᵉ Série : **Les Origines du peuple Français,** *deuxième édition.* — 2e Série : **Le Moyen Age.** — 3ᵉ Série : **La Renaissance.** — 4ᵉ Série : **L'ancien Régime.** — 5ᵉ Série : **La Révolution.** — 6ᵉ Série : **Le Régime moderne.** — 7ᵉ Série : **La Période contemporaine.**

Cette histoire, composée surtout de documents, résume **tous les travaux historiques du XIXᵉ siècle**; elle est donc destinée à *compléter* toutes celles qui ont paru jusqu'ici.

Aussi érudite que les plus savantes, elle est, grâce au plan original et sagement moderne adopté par M. Ch. d'Héricault, d'une lecture plus *facile,* plus *intéressante* qu'aucune des précédentes. En tenant l'esprit sans cesse en éveil, elle impose à la mémoire les renseignements qu'elle fournit sur tout ce qui a constitué la vie nationale *depuis les plus lointaines origines jusqu'en 1870.*

Elle permettra ainsi aux jeunes esprits de s'emparer définitivement des notions historiques que leur ont données les livres de classe. Elle fixera et ornera leur mémoire comme leur imagination. Ils n'oublieront plus et comprendront mieux les faits que les livres n'ont pu qu'esquisser et les personnages qu'on leur a seulement nommés, quand ils auront vu **les uns et les autres colorés et vivants de la couleur** comme **de la vie qu'ils eurent réellement.**

C'est là un de ses mérites. Elle en a un autre encore.

Non seulement elle complète toutes les histoires publiées jusqu'ici, mais elle répond très exactement au besoin des lecteurs d'aujourd'hui.

La connaissance plus répandue des généralités de l'Histoire rend désirables les renseignements détaillés sur les hommes et sur les incidents. On veut avoir des lumières sur tout et connaître particulièrement **les dessous. les intimités.** ce que les histoires générales ne disent pas. C'est cet instinct de notre siècle que la présente histoire satisfait. Aussi cet ouvrage s'adresse non seulement à ceux qui ne savent pas encore, mais à ce **grand public.** qui veut tout savoir. Aux uns et aux autres elle montre les *détails* et dans un TEL RELIEF, dans une telle lumière, qu'il est *impossible désormais de les oublier.*

HISTOIRE DE FRANCE
RACONTÉE A MES ENFANTS
Par E. DE MOUSSAC
avec introduction par M. le marquis A. DE SÉGUR

1 vol. gr. in-8º jésus, orné de 162 belles gravures ou portraits (11ᵉ édition). Prix, broché, *franco*, 6 fr. 50 ; reliure toile, fers spéciaux. 9 fr.

CAUSERIES HISTORIQUES

1re Série : LES HISTORIENS DE LA REVOLUTION ET DE L'EMPIRE
Par Edmond BIRÉ
1 beau vol. in-8°. Prix : 3 fr. 50 ; *franco*, 4 fr.

Il n'est point de drame, point de roman, qui puisse égaler en intérêt et en émotion l'histoire de la Révolution française et celle du premier Empire. Aussi le public accueille-t-il avec une faveur marquée, les ouvrages qui leur sont consacrés et qui sont de jour en jour plus nombreux. Ils formeront bientôt toute une bibliothèque. Cette bibliothèque, tout le monde ne peut pas l'avoir ; ces livres d'histoire, même en s'en tenant à ceux parus en ces dernières années, tout le monde n'a pas assez de loisirs pour les lire. On les trouvera résumés dans les *Causeries historiques* de M. Biré, avec suite, avec intérêt, avec agrément. L'éminent critique ne s'est point borné d'ailleurs à signaler ce qu'ils pouvaient présenter de neuf et de particulièrement intéressant ; à l'occasion de chacun de ces ouvrages, il a rétabli sur un grand nombre de points l'exacte vérité des faits, et détruit, en passant, plus d'une légende. Son livre est donc le complément nécessaire de toutes les histoires de la Révolution et de l'Empire. Les qualités ordinaires de l'auteur, l'érudition rare, la solidité des preuves, la clarté de l'exposition, la vivacité du récit se retrouvent, dans ce nouveau volume de M. Edmond Biré, avec plus d'éclat et de force encore que dans ses précédents ouvrages : il a sa place marquée dans toute bibliothèque littéraire et historique.

DU MÊME AUTEUR :

CAUSERIES HISTORIQUES
2e Série
LES HISTORIENS DE LA RESTAURATION, DE LA MONARCHIE DE JUILLET ET DU SECOND EMPIRE
1 beau vol. in-8°. Prix : 3 fr. 50 ; *franco*. . . . . . 4 fr.

HISTOIRE DE L'ÉGLISE
Par F.-X. KRAUS
docteur en théologie et en philosophie, professeur d'histoire ecclésiastique à l'Université de Fribourg.

3e édition francisée par P. Godet et C. Verschaffel, prêtres de l'Oratoire. — Trois beaux et forts volumes in-8°. — Tome Ier, 519 pages. Tome II, 595 pages. Tome III, 591 pages imprimées en caractères *neufs* et *très lisibles*. — Prix : 12 fr. ; *franco*, 14 fr.

Table analytique. — Brochure in-8° (86 pages). Prix. . . . . . 0 fr. 75

Ouvrage adopté dans la plupart des grands séminaires.

Le décisif succès de cette *Histoire de l'Église*, devenue promptement classique dans un grand nombre de séminaires, tant de France que dés pays de langue française, les éloges que lui ont décernés à l'envi les instituteurs du jeune clergé, les maîtres de la science, M. de Rossi, le bollandiste Ch. de Smedt, le cardinal Bourret — pour ne nommer que les plus illustres —, tout faisait un devoir aux PP. Godet et Verschaffel d'apporter des soins particuliers à cette nouvelle édition. On peut dire qu'entre leurs mains le Manuel du docteur Kraus est devenu une œuvre originale, une œuvre française de toutes pièces, forme et fond.

LES COMPAGNONS DE JEANNE D'ARC
Par Henri CHAPOY
avocat à la Cour d'appel de Paris,
avec une préface par M. Jules ROY
professeur d'Institutions politiques à l'École nationale des Chartes.
Un beau volume in-8°, orné de 8 gravures. 3e édition.
Prix : 5 fr. ; *franco,* 5 fr. 50

« Ce n'est pas ici, à proprement parler, une nouvelle vie de Jeanne d'Arc. Jeanne fait bien le centre de l'œuvre ; mais c'est surtout l'entourage de la Pucelle que M. Chapoy s'est proposé de nous montrer. Après avoir analysé l'état général de la France au commencement du xve siècle et les débuts du règne de Charles VII, il étudie l'enfance de Jeanne, ses compagnons à Domremi, parents, visions, amis et petites camarades. Ensuite viennent les compagnons célestes (les voix, saint Michel, saint Gabriel, sainte Catherine, sainte Marguerite), les compagnons du départ et de la route, Chinon et le duc d'Alençon, Poitiers et le tribunal ecclésiastique, la cour de Charles VII, le roi, le connétable de Richemond, le ministre Georges de la Trémoille, ce que M. Chapoy appelle les « compagnons muets », l'armure, l'épée de sainte Catherine de Fierbois, les étendards de la Pucelle, puis les compagnons militaires, La Hire, Saintrailles, les capitaines et les soldats de cette armée qui devint plus tard l'armée nationale, les compagnons d'Orléans, c'est-à-dire Dunois et derrière lui le peuple tout entier, enfin la Chevauchée de la Loire et l'expédition qui aboutit au sacre de Charles VII à Reims. »
(*Revue de la Société des Études historiques.*)

A TRAVERS L'ORIENT
(ÉTUDES D'HISTOIRE RELIGIEUSE)
Par M. l'abbé PISANI
docteur ès-lettres, professeur à l'Institut catholique de Paris.
1 beau vol. in-8°. Prix : 4 fr. ; *franco,* 4 fr. 50.

« Ce n'est pas non plus au livre de M. l'abbé Pisani : *A travers l'Orient,* qu'on pourra reprocher de manquer d'actualité. L'Orient est très à la mode aujourd'hui, et les raisons les plus sérieuses de l'intérêt qu'il nous inspire ne sont pas naturellement celles dont il est le plus question dans les Journaux du boulevard. Le problème qui domine en effet ici tous les autres est celui-là même dont Léon XIII s'est préoccupé avec une si constante sollicitude : l'union des Églises dissidentes de l'Orient. Or, pour résoudre ce problème, ou tout au moins pour en bien juger, car la solution en est difficile, il faut avant tout en connaître les précédents historiques, et c'est à les exposer que M. l'abbé Pisani consacre son livre. L'éminent professeur est, personne ne l'ignore, l'une des personnes du monde entier qui connaissent le mieux ces matières ; son livre, qui raconte l'histoire des Églises d'Orient avant et depuis le concile de Florence, est un livre de haute valeur et en même temps très intéressant à lire. »

(Journal *La Vérité*.)

Campagnes Contemporaines de l'Armée Française

DEPUIS 1830 JUSQU'A NOS JOURS

11 beaux volumes in-8º ornés chacun de *huit portraits* et se vendant séparément. — Prix du volume, 5 fr. ; *franco*, 5 fr. 50

Ouvrage couronné par l'Académie francaise et adopté par le Ministère de la Guerre pour les bibliothèques de garnison.

RÉCITS ALGÉRIENS, par E. Perret, ancien capitaine de zouaves.   2 vol.
Premier volume : 1830-1848. — Deuxième volume : 1848 à nos jours.

RÉCITS DE CRIMÉE (1854-1856), par le même. . . . . 1 vol.

LES FRANÇAIS EN ITALIE (campagne de 1859), suivi des *Français en Chine, en Syrie et en Cochinchine* (1860-1861), par le commandant L. Grandin. . . . . 1 vol.

LES FRANÇAIS AU MEXIQUE, récits de guerre (1862-1867), par le Général Thoumas . . . . 1 vol.

RÉCITS MILITAIRES (1870-1871) (*Gaulois et Germains*), par le général Ambert. . . . . 4 vol.
Les quatre volumes du général Ambert, ont pour sous-titre : le 1ᵉʳ, **L'Invasion** ; le 2º, **Après Sedan** ; le 3ᵉ, **La Loire et l'Est** ; le 4ᵉ et dernier, **Le Siège de Paris.**

LES SOLDATS FRANÇAIS AU TONKIN, par le commandant J. Sarzeau . . . . 1 vol.

LES FRANÇAIS AUX COLONIES (**Sénégal et Soudan français. — Dahomey. — Madagascar. — Tunisie**), par le même. . . . . 1 vol.

Exposer aux yeux des jeunes générations, appelées toutes désormais à passer sous les drapeaux, un tableau à la fois fidèle et attrayant des *Campagnes de l'armee française* en ce dernier demi-siècle, telle est l'œuvre éminemment patriotique qu'ont bien voulu s'imposer plusieurs de nos officiers et généraux des plus distingués, aussi experts à tenir la plume qu'à manier l'épée.

Nous n'avons pas à faire valoir auprès du grand public français le mérite de ces *Récits militaires contemporains*, couronnés par l'Académie française et adoptés par le ministère de la guerre pour les bibliothèques de garnison, il nous suffira de dire que leur inépuisable succès dépasse toute espérance.

HISTOIRE DE L'ART CHRÉTIEN
DES ORIGINES A NOS JOURS
par F. BOURNAND

*Professeur d'Esthétique et d'Histoire de l'art
à l'École professionnelle catholique et à l'Association polytechnique,
lauréat de la Société d'encouragement au Bien,
ancien élève de l'École des Hautes-Études, ancien vice-président
du Cercle catholique de Saint-Roch.*
2 beaux volumes in-8° cavalier.

Ouvrage orné de nombreuses gravures.

2° édition. — Prix : 8 fr. ; *franco*. . . . . 10 fr.

Cet important ouvrage, fruit de nombreuses années d'études et de professorat, est un des plus complets sur la matière. Il comprend non seulement l'étude de l'architecture, de la sculpture, de la peinture chrétiennes, mais encore l'étude du mobilier religieux et de la musique religieuse.

Il sera utile aux prêtres, aux amateurs, aux directeurs de la jeunesse, comme à tous ceux qui ont intérêt à connaitre tout ce qui touche à l'art chrétien.

NOTRE-DAME DE PONTMAIN
Par Louis COLIN

1 beau vol. in-8° écu, *orné de nombreuses gravures.*
Prix : 4 fr. ; *franco*, 4 fr. 50

« A côté du *Parfum de Lourdes*, son aîné, le livre de M. Colin sur *Notre-Dame de Pontmain* mérite de prendre rang. On retrouvera, dans ce dernier, la même foi, le même charme, le même sentiment, le même talent, la même poésie rayonnante d'amour envers Marie. C'est le récit de l'apparition pleine d'espérance de la Vierge miséricordieuse, après nos derniers désastres. »

(*Le Polybiblion.*)

DU MÊME AUTEUR :
LE PARFUM DE LOURDES
RÉCITS ET SOUVENIRS

3° édition. — 1 beau volume in-8° écu de 440 pages. Prix : 3 fr. 50 ; *franco*, 4 fr.

LA SALETTE
Par M. l'Abbé I. BERTRAND

Nouvelle édition. 6° tirage. 1 vol. in-8° écu de 526 pages sur beau papier, orné de 18 gravures. — Prix, 4 fr. ; *franco*, 4 fr. 50

Ouvrage approuvé par NN. SS. les Évêques de Grenoble et de Verdun.

Les archives de l'Évêché de Grenoble ont été mises à la disposition de M. l'abbé I. Bertrand pour la composition du présent ouvrage. Aussi son histoire de *Notre-Dame de la Salette* est-elle une histoire *complète et définitive.*

LE CARDINAL BOURRET
SOUVENIRS INTIMES
Par M. l'Abbé E. RICARD
son ancien secrétaire, son ancien vicaire général

1 beau vol. in-8ᵉ avec portrait. 3ᵉ édition. — Prix : 4 fr. ; *franco*, 4 fr. 50

Ouvrage honoré de l'approbation de S. Ém. le Cardinal RAMPOLLA, secrétaire d'État de S. S. Léon XIII.

« La grande figure de l'évêque de Rodez se dessine en quatre tableaux qui forment la grande division de cette étude : *Vie d'Initiation. — Vie de Préparation. — Vie d'Apostolat. — Vie de Sacrifice.* — L'auteur n'a pas prétendu écrire une vie ; il veut laisser au temps le soin de dire le dernier mot, aux passions de se calmer, aux préjugés de tomber, aux hommes d'être plus justes. Il fait simplement sa déposition, il rend témoignage, suivant son expression. Nous appliquerons à son œuvre ce qu'il dit lui-même du cardinal Bourret, recueillant ses souvenirs sur le cardinal Guilbert : « On y lit, avec les plus grands traits de l'éminent « *archevêque*, qui a tenu une si grande place dans l'Église de France, « des souvenirs originaux, des anecdotes piquantes, des traits pittoresques « qui font entrer plus intimement dans la vie du Pontife. »

(*Semaine religieuse de Valence.*)

OUVRAGES DE J. DE LA FAYE
lauréat de l'Académie française, adoptés par le Ministre de la Guerre pour les Bibliothèques de garnison.

HISTOIRE DU GÉNÉRAL DE SONIS, dédiée au général de Charette. 1 beau volume in-8ᵒ orné de *huit portraits ou gravures* hors texte. 17ᵉ édition. — Prix : 4 fr. ; *franco* . . 4 fr. 50

HISTOIRE DE L'AMIRAL COURBET. Ouvrage précédé d'une introduction par l'amiral Jurien de la Gravière, membre de l'Académie française. 1 beau vol. in-8ᵒ, orné de *huit portraits* hors texte. 16ᵉ édition. — Prix : 4 fr. ; *franco* . . . . . . 4 fr. 50

UNE FAMILLE DE MARINS. — LES DU PETIT-THOUARS. Ouvrage précédé d'une Introduction par le contre-amiral E. Fournier, major de la Flotte. 1 vol. in-8ᵒ, orné de *huit* gravures *hors texte.* — Prix : 4 fr. ; *franco* . . . . 4 fr. 50

LE GÉNÉRAL AMBERT, sa vie et ses œuvres. 1 vol. in-8ᵒ, orné de *six* portraits. — Prix : 3 fr. ; *franco.* . . . . 3 fr. 50

CINQUANTE ANS DE VIE MILITAIRE. — LE GÉNÉRAL DE LAVEAUCOUPET. *Ouvrage couronné par l'Académie française.* — 1 beau vol. in-8ᵒ, orné de *huit* portraits ou gravures hors texte. 2ᵉ édition. — Prix : 4 fr. ; *franco.* . . 4 fr. 50

UN HOMME DE BIEN : HONORÉ ARNOUL, *fondateur de
la Société d'encouragement au bien.* 1 vol. in-8°, avec préface
de M. Stéphen Liégeard. 2° édition. — Prix : 2 fr. 50 ; *franco.* 3 fr. »

**L'IRLANDE AU XIX° SIÈCLE. — O'CONNELL (ses alliés
et ses adversaires).** 1 beau volume in-8°, orné de *six*
gravures. 4° édition. — Prix : 4 fr. ; *franco* . . . . 4 fr. 50

UN APOTRE AU XIX° SIÈCLE : L'ABBÉ DE CESSAC,
curé-archiprêtre de Guéret. 1 vol. in-8° avec portrait. —
Prix : 4 fr. ; *franco* . . . . 4 fr. 50

SOUVENIRS ET RÉCITS (1870-1871)

Les Soldats Français dans les prisons d'Allemagne

Par **M.** le chanoine GUERS

*missionnaire apostolique, ancien aumônier de l'armée du Rhin,
au 17° corps d'armée et en Tunisie.*

**Ouvrage adopté par le Ministère de la Guerre pour les
Bibliothèques de garnison.**

1 beau volume in-8°, orné de *huit portraits* hors texte. 5° édition.
Prix : 4 fr. ; *franco,* 4 fr. 50.

Dédié à la jeunesse française, ce livre raconte tour à tour les épreuves,
les tourments et les martyres de cette génération *(encore la nôtre)*, sur
la terre du lointain exil. L'auteur nous décrit également avec charme
les principales curiosités d'outre-Rhin, les mœurs, les coutumes, les
qualités et les vices de nos vainqueurs.

L'ALLEMAGNE CATHOLIQUE AU XIXe SIÈCLE

WINDTHORST

(ses alliés et ses adversaires)

par M. G. BAZIN

1 beau vol. in-8° avec portrait. 2° édition. — Prix : 4 fr. ; *franco,* 4 fr. 50

« Synthétiser en quelques pages la vie d'un peuple, afin de préparer
au lecteur la connaissance du pays et des évènements contemporains,
grouper ces faits autour d'un homme qui personnifie, en Allemagne,
la résistance du droit contre la force, la justice contre l'arbitraire, la
liberté contre la tyrannie : C'est tout le plan du nouvel ouvrage de
M. Bazin. Chez nous comme en Allemagne, le danger est terrible ;
pourquoi dans les mêmes perils n'avons-nous pas les mêmes défen-
seurs? »

BERRYER
SA VIE ET SES ŒUVRES
Par le R. P. LECANUET
prêtre de l'Oratoire.

8e édition. 1 beau vol. in-8º de 500 pages, orné de deux belles gravures
(portrait de Berryer et château d'Augerville).
Prix : 6 fr. ; *franco, 6 fr.* **75.**

SŒUR ROSE
Sa vie et son Œuvre.
LA MESSE RÉPARATRICE
Par M. Arthur LOTH
Rédacteur de l'Univers.

1 beau et fort vol. in-8º écu. Prix : **4 fr.** ; *franco,* **4 fr. 50**

La pratique de la *Messe réparatrice* fut révélée par Dieu à une humble et pauvre femme, bien connue aujourd'hui sous le nom de *Sœur Rose*, qui, après une vie héroïque de souffrance et de dévouement dans le monde, au sein de la plus obscure et de la plus pénible condition, mourut le 13 octobre 1382, sœur converse au monastère des Norbertines à Sainte-Anne de Bonlieu (Drôme).

C'est la vie édifiante, extraordinaire de cette femme, dans le monde et dans le cloître, qui est racontée par M. Arthur Loth, avec les circonstances qui se rapportent à l'origine et au développement de l'œuvre de la *Messe réparatrice*, aujourd'hui érigée en archiconfrérie par un bref de Sa Sainteté Léon XIII, de 1886, et recommandée à la piété des fidèles par un mandement doctrinal de Mgr l'évêque de Valence, de la même année.

OLGA NYLANDER
SIMPLE VIE
Par Alix AYLICSON

1 beau volume in-18 jésus avec portrait.— Prix : **2 fr. 50** ; *franco,* **2 fr. 75.**

Suédoise et Luthérienne, Olga vint en France pour faire son éducation, abjura et devint une catholique ardente et sincère. Elle mourut à vingt ans dans l'espérance de posséder sans voiles, au Paradis, cette vérité qu'elle avait su comprendre ici-bas.

OUVRAGES DE M. J.-M. VILLEFRANCHE

VIE DE DOM BOSCO, fondateur de la Société salésienne.
1 beau vol. in-8º, 15e édition. Prix : **4 fr.** ; *franco* . . . . . **4 fr. 50**

HISTOIRE DU GÉNÉRAL CHANZY. 1 beau vol. in-8º avec
portrait. 6e édition. Prix : **4 fr.** ; *franco* . . . . **4 fr. 50**

DIX GRANDS CHRÉTIENS DU SIÈCLE. Donoso Cortès, O'Connel, Ozanam, Montalembert, de Melun, Dupont, Louis Veuillot, Garcia Moreno, de Sonis, Windthorst. — 1 beau vol. in-8°, orné de dix portraits. 4ᵉ édition. Prix : 3 fr. 50 ; *franco* . . . . **4 fr.** »

LA RUSSIE CONTEMPORAINE. — **LES TSARS DU XIXᵉ SIÈCLE.** 1 beau volume in-8° orné de portraits. — Prix : 4 fr. ; *franco* . . . . **4 fr.** 50

HISTOIRE DE NAPOLÉON III. 2 beaux volumes in-8° avec portraits. 2ᵉ édition. Prix : 8 fr. ; *franco*. . . . . **9 fr.** »

Cette histoire de Napoléon III, par M. Villefranche, annoncée depuis plus de vingt ans, a été préparée par des recherches multiples, laborieuses et ininterrompues.

C'est la condensation d'un immense travail. Mais ce qui fait son principal mérite, c'est qu'elle est dégagée de tout parti pris, de toute passion, sauf la passion de la justice. Ni pamphlet, ni panégyrique : la *vérité !*

LES ILLUSTRATIONS

ET LES CÉLÉBRITÉS DU XIXᵉ SIÈCLE

Chaque série (un beau vol. in-8°, titre rouge et noir) forme un tout complet et se vend séparément. — Prix, *franco*, **3 fr. 50**

1ʳᵉ *Série*. — **Léon XIII.** par Louis Teste. — Le général **Vinoy**, par le général Ambert. — Le **Frère Philippe**, par J. d'Arsac. — **Montalembert**, par J. Fourier. — **Drouot**, par le général Ambert. — **Sœur Rosalie**, par J.-H. Olivier. — **Jasmin**, par Camille d'Arvor. — **La comtesse de Chambord**, par P. Vedrenne. — Le **maréchal Moncey**, par le général Ambert. — **Armand de Melun**, par Dom Piolin. — **Eugénie et Maurice de Guérin**, par C. d'Arvor, 1 vol.

2ᵉ *Série*. — Le **général de Lamoricière**, par A. Rastoul. — **Augustin Cochin**, par G. Pinta. — Le **maréchal de Saint-Arnaud**, par le général Ambert. — **Louis Veuillot**, par H. de Mongeot. — **Chateaubriand**, par P. Vedrenne. — **R. P. de Ravignan**, par A. Vivier. — La **R. Mère Marie Javouhey**, par Dom Étienne Babin, 1 vol.

3ᵉ *Série*. — Le **prince impérial**, par F. de Barghon Fort-Rion. — **Dom Prosper-Louis-Pascal Guéranger**, par Dom Piolin. — **M. Lainé**, par Ch. de Négrondes. — **H. Flandrin**, par C. de Beaulieu. — **Dupuytren**, par le docteur de Puyset. — Le **prince J. Poniatowski**, par le général Ambert. — **Charles X**, par P. Vedrenne. — **Abraham Lincoln**, par A. Tachy. — **Boieldieu**, par J. d'Apprieu. — Le **duc de Reichstadt**, par Jean Mandé. — Le **maréchal Pélissier, duc de Malakoff**, par le général Ambert. — **David Livingstone**, par J. d'Arsac. — **Jean Reboul**, par le baron de Prinsac. — **Marie-Amélie**, reine des Français, par Alexis Sauèr.

4e *Série*. — **Hyacinthe-Louis de Quélen**, archevêque de **Paris**, par J. Guillermin. — L'amiral **de la Roncière le Noury**, par J.-S. Girard. — Le général **J.-A. Garfield**, par A. Tachy. — Le général **Cavaignac**, par le général Ambert. — Le **Père Félix**, par Alexis Franck. — **Etienne Geoffroy Saint-Hilaire**, par Joseph Lebrun. — Le **duc de Richelieu**, ministre de Louis XVIII, par P. Vedrenne. — **David d'Angers**, par C. de Beaulieu. — **Cavour**, par Edmond Robert. — Le général **Margueritte**, par le général Ambert. — Mme **Récamier**, par J. de Cherzoubre. — **Paul Besançon**, le dernier maire français de Metz, par J. d'Arsac. — **Joseph et Xavier de Maistre**, par J. des Aperts. — Le général **Lafayette**, par Anatole de Gallier, 1 vol.

5e *Série*. — **Silvio Pellico**, par. J. d'Apprieu. — Le **comte Henri de Riancey**, par Ch. de Montrevel. — **Bugeaud**, par le général Ambert. — **Ozanam**, par Dom Piolin. — Mgr **Affre**, par J. Guillermin. — Le général **Foy**, par Élie Fleury. — **Auguste Barbier**, par J. d'Apprieu. — Les **Frères Haüy**, par Joseph Lebrun. — **Schneider**, par J.-S. Girard. — **Royer-Collard**, par V. Vedrenne. — **Le Play**, par A. Rastoul. — Mgr **Gerbet**, par Dom Piolin. — **Daniel Manin**, dictateur de Venise, par J. Morey. — Le **colonel Taillant**, défenseur de Phalsbourg, par le général Ambert, 1 vol.

6e *Série*. — **Rossini**, par le comte de Sars. — **Thénard**, par le docteur Alfred Tivier. — **Edgar Quinet**, par J.-M. Villefranche. — **Ingres**, par C. de Beaulieu. — Les **quatre sergents de la Rochelle** (Bories, Goubin, Pommier, Raoulx), par Charles de Négrondes. — **Rostopchine**, par le marquis de Ségur. — **Jean-Marie de La Mennais**, fondateur de l'Institut des Frères de l'Instruction chrétienne, par J. d'Arsac. — **Léopold Ier**, roi des Belges, par C.-J. Drioux. — La **comtesse de Ségur**, née Rostopchine, par le marquis de Ségur. — **Maximilien Ier**, empereur du Mexique, par J. d'Apprieu. — **Casimir Delavigne**, par Ch de Négrondes. — **Auguste Sibour**, archevêque de Paris, par J.-M. Guillermin. — **Villemain**, par Victor Jeanroy. — **Joseph Jacquard**, par J. Lebrun. — **Lord Palmerston**, par Jean Mandé. — Le **dessinateur Cham** (comte de Noé), par C. de Beaulieu, 1 vol.

7e *Série*. — **Louis-Philippe Ier**, roi des **Français**, par J.-S. Girard. — **Charles Nodier**, par le baron de Prinsac. — Mgr **Dupanloup**, par M. Morey. — **Adolphe Thiers**, par J.-M. Villefranche. — Le général **Cambriels**, par Ch. de Montrevel. — Le général **Chanzy**, par J. de Baudoncourt. — **V. de Verna**, premier président de l'Œuvre de la Propagation de la Foi, par le général Ambert. — Le général **baron Ambert**, par le général Ambert, son fils. — Le **duc et la duchesse d'Orléans**, par Ch. de Montrevel. 1 vol.

8e *Série*. — **Napoléon III**, par le général Ambert. — **Madame Swetchine**, par J. de Cherzoubre — Le **cardinal Consalvi**, par F. de Montagney. — **Carnot**, par J. Nicolas. — Le **cardinal Guibert**, par H. Demesse. — **Joubert**, par le marquis de Ségur. — **Jouffroy**, par V. Jeanroy-Félix.— **M. de Martignac**, par Prosper Vedrenne.— **Cuvier**, par dom Piolin. — **Gœthe**, par J. d'Apprieu. — **Charles-Albert**, roi de Sardaigne, par A. Tachy. — **Mgr de Ségur**, par le marquis de Ségur. — **Eugène Delacroix**, par C. de Beaulieu. — Le **sergent Blandan**, par E. Perret, capitaine de zouaves. 1 vol.

9ᵉ *Série*. — Le **T. H. Frère Philippe et les Frères pendant la guerre de 1870-1871**, par le général Ambert. — **Dumouriez**, par Élie Fleury. — Le **R. P. Captier**, par J. d'Arsac. — **Victor Cousin**, par J. des Apperts. -- Le **maréchal Ney**, par E. Perret, capitaine de zouaves. — Le **prince de Metternich**, par Albert Lepitre. — Le **cardinal Maury**, par J. Nicolas. — **Viollet-Leduc**, par F. Bournand. — **Lord Byron**, par J. d'Apprieu.— Le **R. P. Rey**, fondateur de la colonie agricole de Citeaux, par J. Guillermin. — **Siéyès**, par J. Morey. — Le **prince Eugène de Beauharnais**, par le comte de Sars. 1 vol.

10ᵉ *Série*. — Le **général Daumesnil**, par le général Ambert. — **Proudhon**, par J.-M. de Baudoncourt. — **Marie-Christine de Savoie**, par Jacques de la Faye.— Le **vicomte de Narbonne-Lara**, par V. Jeanroy-Félix. — Le **maréchal Davoust**, par Marcel Poullin. — **Jean-Baptiste Isabey**, par C.-A. de Beaulieu. — Le **cardinal Morlot**, par J. Guillermin. — **Francis Garnier**, par le colonel F.-A. Protche. — Le **vice-amiral Bouet-Willaumez**, par A. Dupré-Lassalle. — **Gustave Doré**, par C.-A. de Beaulieu.— Le **général Pajol**, par le général Ambert. — **Pie VIII**, par dom Piolin. 1 vol.

11ᵉ *Série*. — **Général Decaen**, par le comte de Sars. — **Gambetta**, par J.-M. Villefranche. — **Duchesse d'Angoulême**, par René de Saint-Chéron. — **Claude Bernard**, par Alfred Tixier. — **Louis XVIII**, par J. Nicolas. — **Mgr de Salinis**, par dom Piolin.— **Ponsard**, par J. d'Apprieu. — **Nicolas Ier**, par Aimé Giron. — **O'Connell**, par A. Lepitre. – **Masséna**, par E. Perret. — Les **volontaires de l'Ouest** (1870-1871) : **Cathelineau**, par Alexis Franck. 1 vol.

12ᵉ *Série*. — Le **P. Lacordaire**, par J. Guillermin. — **François II**, roi des Deux-Siciles, par Ch. de Montrevel.— Le **maréchal Soult**, par le général Ambert. — Le **duc de Berry**, par Ch. de Négrondes. — **Berryer**, par Albert Lepitre. — L'**amiral de Mackau**, par Jacques de la Faye. — **Ampère**, par J.-B. Jeannin.— **Frayssinous**, par J. Nicolas. — **Guizot**, par Ch. Barthélemy. — **Félicité de La Mennais**, par Mgr Ricard. — Le **Pape Léon XII**, par dom Piolin. 1 vol.

« *Les Illustrations du dix-neuvième siècle* en sont à leur douzième série : plus de soixante mille volumes se sont écoulés en quelques années, et vraiment elles méritent l'accueil flatteur que leur a fait le monde littéraire. Ce sont des biographies écrites avec talent par des auteurs connus, tels que le général Ambert, dom Piolin, Rastoul, le colonel Protche, etc., etc. On y rencontre les personnages les plus divers. Dans le premier volume, je note en courant Léon XIII, le général Vinoy, Montalembert, Drouot, la touchante figure de sœur Rosalie, Eugénie et Maurice de Guérin, etc.; dans la douzième série paraissent

Lacordaire, Berryer, Ampère, Frayssinous, La Mennais, etc. Tous ces portraits, que des anecdotes choisies avec soin rendent plus ressemblants, forment une sorte de galerie fort intéressante, où l'on peut sans fatigue se mettre au courant de l'histoire contemporaine, et puiser dans l'exemple de nos gloires nationales l'amour de la France et de l'Eglise. »

P. M.

(Etudes religieuses des RR. PP. Jésuites.)

BIOGRAPHIES DU XIXᵉ SIÈCLE

(Suite des Illustrations et Célébrités du XIXe siècle)

Chaque série ou volume (avec portrait des personnages) forme un tout complet et se vend séparément. — Prix, *franco*, 3 fr 50

1ʳᵉ *Série*. — Général de Pimodan, par Jacques de la Faye. — **Victor-Emmanuel II**, par Ch. de Montrevel. — **Duc de Morny**, par Adolphe Racot. — **H. Perreyve**, par V.-A. Lertora. — **Général de Ségur**, par le marquis de Ségur. — **A. de Tocqueville**, par J. Nicolas. — **Alexandre Iᵉʳ**, empereur de Russie, par le marquis de Ségur. — 1 beau volume in-8°, orné de 7 portraits *hors texte.*

2ᵉ *Série*. — Paul Iᵉʳ, empereur de Russie, par le marquis de Ségur. **R. P. Milleriot**, par Alexis France. — **Marquis de Jouffroy**, par P. de Pradel. — **Drouhyn de Lhuys**, par Paul Antonini. — **Sainte-Beuve**, par J. Guillermin. — **Amiral Courbet**, par E. Perret. — **William Pitt**, par A. Lepitre. — 1 beau volume in-8°, orné de 7 portraits *hors texte.*

3ᵉ *Série*. — Augustin Thierry, par Ch. Barthélemy. — **Baron de Stein**, par René de Saint-Chéron. — **R. P. Gratry**, par Napoléon Peyrat. — **Fouché**, par A. Lepitre. — **Abd-el-Kader**, par E. Perret. — **Gaillard**, peintre-graveur, par C. de Beaulieu. — **Général de Brauër**, par A. de Sars. — **Amiral Dumont d'Urville**, par G. d'Aurgel. — 1 beau volume in-8°, orné de 8 portraits *hors texte.*

4ᵉ *Série*. — Georges Cadoudal, par le commandant Grandin. — **Schiller**, par J. d'Apprieu. — **Théodore Aubanel**, par A. Ricard. — **J.-B. Dumas**, par René de Chazelles. — **Ferdinand IV et Marie-Caroline**, roi et reine de Naples, par Jacques de la Faye. — **Le cardinal de Bonnechose**, par dom Piolin. — **Michelet**, par A. Lepitre. — **Le général Moreau**, par E. Perret. — 1 beau vol. in-8°, orné de 7 portraits *hors texte.*

5ᵉ *Série*. — Les frères Montgolfier, par Paul Combes. — **Prince Frédéric-Charles**, par le commandant Grandin. — **Comte de Falloux**, par A. Ricard. — **Mᵍʳ de la Bouillerie**, par le marquis de Ségur. — **Brizeux**, par J. Guillermin. — **George Gordon**, par Constant Améro. — **Cardinal Fesch**, par J. des Aperts. — **Charles Darwin**, par A. Ricard. — 1 beau volume in-8°, orné de 8 portraits *hors texte.*

6ᵉ *Série*. — Victor Hugo, par Albert Lepitre. — **Paul-Louis Courier**, par A. Ricard. — **Le général Pichegru**, par le capitaine

Perret. — **L'Impératrice Joséphine**, par Jacques de la Faye. — **J.-B. Carpeaux**, par François Bournand. — Le **vénérable J.-B. Vianney**, curé d'Ars, par J. Nicolas. — **Alfred de Musset**, par J. Guillermin. — 1 beau volume in-8°, orné de 7 portraits *hors texte*.

7e *Série*. — **Pie IX**, par le R. P. dom Piolin. — **Garcia Moreno**, par le commandant Grandin. — **Alexandre II**, par le marquis A. de Ségur. — **Émile Littré**, par J. d'Arsac — Le **général Changarnier**, par le capitaine E. Perret. — **Arthur Schopenhauer**, par A. Ricard. — **Lacépède**, par Louis Lavy. — 1 beau volume in-8°, orné de 7 portraits *hors texte*.

8e *Série*. — Le **comte de Chambord**, par J. d'Arsac. — **Ludovic Vitet**, par Ch. d'Héricault. — **Félicien David**, par Ch. de Montrevel. — Le **cardinal Pie**, par un docteur en théologie. — **Guillaume I**er, empereur d'Allemagne, par J. de Baudoncourt. — **Grégoire XVI**, par le R. P. dom Piolin. — 1 beau volume in-8°, orné de 6 portraits *hors texte*.

9e *Série*. — **Amiral Duperré**, par le capitaine E. Perret. — **Milosch, Obrénovitch**, par Constant Améro. — **L'Impératrice Marie-Louise**, par J. de la Faye. — **Berlioz**, par X. de Railles. — **Prince Albert**, par J. de la Valette. — **Benjamin Constant**, par A. Ricard. — **Maréchal Oudinot**, par le commandant Grandin. — 1 beau vol. in-8°, orné de 7 portraits *hors texte*.

10e *Série*. — Le **général Lecourbe**, par le commandant d'Equilly. — **Frédéric III**, empereur d'Allemagne, par J. de Baudoncourt. — Le **général de Sonis**, par J. de la Faye. — **Danilo I**er, prince de Montenegro, par Constant Améro — Le **maréchal Brune**, par J.-B. Jeannin. — **Bernadotte**, par le général Ambert. — **Lamartine**, par J. d'Arsac. — 1 beau volume in-8°, orné de 7 portraits *hors texte*.

11e *Série*. — **Alfred de Vigny**, par J. Guillermin. — **Grouchy**, par le capitaine E. Perret. — **Paoli**, par P. Antonini. — **Madame Barat**, par A. Rastoul. — **Dupin aîné**, par J. Morey. — **Marquise de la Rochejacquelin**, par P. Lertora. — **Abbé Gorini**, par J.-M. Villefranche. — 1 beau volume in-8°, orné de 7 portraits *hors texte*.

12e *Série*. — **Joachim Murat**, par le commandant Grandin. — **Georges III**, par Jean de Lavalette. — **Portalis**, par A. Lepitre. — **Toussaint Louverture**, par J. de Baudoncourt. — **Lord Beaconsfield**, par René de Saint-Chéron. — **François Arago**, par J.-B. Jeannin. — Le **Père Champagnat**, par J. de Baudoncourt. — 1 beau volume in-8°, orné de 7 portraits *hors texte*.

« Cette publication mérite à tous égards d'être recommandée aux bibliothèques chrétiennes C'est une manière fort intéressante et fort pratique d'apprendre l'histoire contemporaine, que de lire ces récits où les personnages les plus célèbres de notre époque parlent, agissent sous nos yeux. Comme les auteurs sont avant tout des hommes de bien, ils ont su tirer de ces récits l'enseignement patriotique et religieux qui doit être le but de tout écrivain sérieux. Les sujets sont très variés, et partant peuvent davantage intéresser les lecteurs. »   A. Lefèvre.

(Etudes religieuses des RR. PP. Jésuites.)

UN ÉVÊQUE D'AUTREFOIS : Mgr BERTEAUD

ÉVÊQUE DE TULLE

Par M. l'abbé BRETON

supérieur du petit séminaire de Brive.

1 beau vol. in-8° avec portrait. — Prix : **5 fr.** ; *franco, 5 fr. 50.*

VIE DU VÉNÉRABLE COTTOLENGO

FONDATEUR DE LA « PICCOLA CASA » DE LA DIVINE PROVIDENCE

SOUS LES AUSPICES DE SAINT VINCENT DE PAUL

Par Mgr CONSTANS

Camérier de S. S. Léon XIII.

Ouvrage approuvé par NN. SS. BERTHET, évêque de Gap, et GERMAIN, évêque de Rodez

1 beau vol. in-8° avec portrait. — Prix : **4 fr.** ; *franco, 4 fr. 50.*

UN APOTRE AU XIXᵉ SIÈCLE : L'ABBÉ DE CESSAC

CURÉ-ARCHIPRÊTRE DE GUÉRET

Par J. DE LA FAYE

1 beau vol. in-8° avec portrait. Prix : **4 fr.** ; *franco, 4 fr. 50.*

Ouvrage dédié à Sa Grandeur Mgr Renouard, évêque de Limoges.

FLEURS DE SOLITUDE

POÉSIES

Par l'abbé Joseph GUILLERMIN

Membre de l'Académie pontificale des Arcades,

avec lettre-préface de M. Emile OLLIVIER, de l'Académie française.

1 joli vol. in-18 jésus. — Prix : **2 fr. 50** ; *franco, 2 fr. 75.*

MOIS DE MARIE DE N. D. DE LA SALETTE

Par le R. P. VILLARD

Missionnaire de la Salette.

1 fort volume in-18 jésus. 2ᵉ édition. — Prix : **2 fr.** ; *franco, 2 fr. 25*

LE SAVOIR-VIVRE POUR LES JEUNES GENS
Par M. M. SALVA

1 joli volume in-18 jésus. — Prix : 2 fr. 50 ; *franco*, 2 fr. 75.

Nous offrons aujourd'hui au public un ouvrage qui nous était depuis longtemps demandé et qui, croyons-nous, répondra à un besoin *très spécial*. On n'avait pas encore publié de livre de SAVOIR-VIVRE à l'usage exclusif des jeunes gens, du moins sous la forme pratique, très moderne et très autorisée du présent volume. Il conviendra également au collégien dont il formera insensiblement les manières et même les sentiments, et au jeune homme qui, privé de famille ou éloigné des siens, se trouve arrêté et embarrassé lors de son entrée dans le monde par l'ignorance ou la connaissance imparfaite des usages de la bonne société. L'auteur a fréquenté le meilleur monde, ses avis sont sûrs, et la politesse qu'il enseigne est inspirée par un sentiment plus haut, le souci d'autrui et de ce qui lui est dû.

TABLE DES MATIÈRES

PREMIÈRE PARTIE. — Ce qui est de tous les temps. — Le maintien, le rire, la voix. — Le nez, éternuements, bâillements, le tabac. — Soin et propreté. — L'ordre, les parfums. — Le langage, l'argot. — Conversations. — La tenue à l'église. — La tenue à table. — La blague. — Les jeux. — Le respect humain. — La distinction. — La pose. — En bloc.

DEUXIÈME PARTIE. — Le respect. — Avec les ecclésiastiques et les religieux. — Avec les vieillards. — Avec les professeurs. — Le haut du pavé. — Dans un escalier. — La politesse en famille. — En voyage. — Savoir écouter. — Avec les inférieurs. — Dans les magasins. — La timidité. — La susceptibilité considérée au point de vue du savoir-vivre. — Discrétion. — Exactitude. — La plaisanterie. — Le tact. — L'égoïsme. — Des manies. — La complaisance. — La loyauté.

TROISIÈME PARTIE. — Les visites. — Les saluts. — Le chapeau. — Les présentations. — Appellations. — Le costume. — Le deuil. — Les bijoux. — Invitations. — Les lettres. — Les cartes de visite. — Les présents. — Les soirées. — Usages surannés. — Les convois. — Demande en mariage, fiançailles. — Garçon d'honneur. — Parrain. — Chez les autres.

LE FOND ET LA FORME
Le savoir-vivre pour les jeunes filles,
Par M. MARIAN et G. BÉAL

1 joli volume in-18 jésus. 5e édition. Prix : 2 fr. 50 ; *franco*, 2 fr. 75.

Le *fond* et la *forme* ! Il est impossible de les séparer, de les dire indépendants. Celui-là, quoi qu'on fasse, influe sur celle-ci, et la forme, quelle qu'elle soit, laissera voir à un moment donné ou la pauvreté ou la richesse du fond. M. MARYAN et G. BÉAL, dont les noms, à eux seuls, sont une garantie de moralité et d'intérêt, ont voulu unir l'un et l'autre dans ce livre, — livre nouveau et charmant, qui offre ce grand avantage de pouvoir être mis entre toutes les mains.

Bar-le-Duc. — Imprimerie Comte-Jacquet, Facdouel dir.

www.ingramcontent.com/pod-product-compliance
Lightning Source LLC
LaVergne TN
LVHW021228170726
843501LV00003B/708